語られた教祖

近世・近現代の信仰史

大森智辯…「宗祖さまと私」…脱魂型…
〈作法〉…内在的理解…日常性…
ジェンダー…女人救済…神懸かり…
親鸞…自由討究…信者…
日蓮…メディア…姉崎正治…
金光大神…実意丁寧神信心…自伝…
中山みき…遡及する歴史…親心…
平田篤胤…学神…「玉襷」

幡鎌一弘＝編
宮本要太郎＋永岡崇＋堀内みどり＋井上善幸＋
大谷栄一＋竹部弘＋幡鎌一弘＋遠藤潤

法藏館

はじめに

幡鎌一弘

日本の新宗教のいくつかの特徴の中でも、教祖（ここでは開祖・祖師・開山などと表現される教団創始者を一括して教祖と表現する）の占める位置が大きいことはしばしば指摘される。とりわけ近代日本に次々と誕生した新宗教の教祖は、根源的生命の湧出の究極的媒体あるいは流出口であり、救済者そのものと位置づけられる（対馬路人・西山茂・島薗進・白水寛子「新宗教における生命主義的救済観」〈『思想』第六六五号、一九七九年〉）。

従来の新宗教研究において、多くの場合、教祖に焦点をあて、教祖の人生をたどりながら教祖によって開示された教義あるいはその活動を読み解いてきた。たとえば、宗教社会学研究会編集委員会編『教祖とその周辺』（雄山閣、一九八七年）を読み直してみよう。この書は、「教祖の理論的考察」「教祖とその信仰体験」「教祖と教祖をめぐる集団」「教祖とその時代」の四部からなり、教祖をカリスマととらえるための理論研究のほか、おもに近代日本と鎌倉時代の宗教とを扱っている。その中でも「教祖とその信仰体験」の諸論文は、カリスマとしての教祖の誕生を教祖の内面から浮き彫りにしているように、教祖そのものが叙述の対象となった。「教祖と教祖をめぐる集団」でも、集団（教団）における教祖化の過程が丹念に追われるが、対象となった教団の歴史が浅かったこともあり、やはり教祖に力点が振り向けられていた。もっとも、同書において、島薗進「教祖の宗教的指導者崇拝の研究課題」

におけるマス・メディア論、川村邦光「教祖のドラマトゥルギー――カリスマの制度化と継承――」の「教祖神話」の指摘があり、本書に先行する議論であったことには注目しておきたい。

島薗・川村を引き受け、本書に寄稿する宮本要太郎の議論を踏まえれば、教祖が没した後、残された信仰者あるいは弟子たちは、救済論的切望をいだきつつ、あるいは組織の核とすべく、聖なる人間（教祖）としての記憶を呼び覚まし、教祖を主人公とした物語をつむぎだそうとする。人間によって創作され、共有される（読まれる）ことで一つの共同体（教団）を維持する救済史的歴史物語が、教祖伝ということになる。

ここでは、記憶論・物語り論を踏まえた構築主義の立場から、教祖と教祖伝を理論的に説明しなければならないかもしれない（詳しくは本書宮本要太郎論文を参照されたい）。しかしながら、教祖の生き様を知り、教祖へ思いをはせることを通して、〈生きた〉教祖によって救済願望が満たされていく信仰実践の場を目の当たりにしたとき、理論的説明を抜きにしても、教祖と信者とを結ぶ教祖伝の役割の大きさは実感される。その一方、教祖伝は、教義と組織の根本であるがゆえに、解釈の正統性をめぐる力学にさらされ、教団内外の政治状況とも無関係ではありえない。宗教や歴史の研究者が教団の教祖伝を批判しつつ、独自の教祖像を構築する営みもまた、ある意味、一つの教祖伝の創出ということができる。教祖伝は、教義・信仰・学問などから、組織や布教（共同体への成員の同化あるいは排除）などといった多様な問題が凝縮される場なのであり、それ自身をゆっくりと見つめ直すことは、宗教理解の方法として重要であることは間違いない。

本書は、如上の問題関心のもと、「教祖とは何か」という問いを念頭に置きながらも、教祖と信者あるいは一般社会とを媒介し、教祖を教祖たらしめている伝記（物語）である「教祖伝」に注目する試みである。どこまで成功したかは読者の判断にゆだねるしかないが、教団史における教祖在世時代と没後、教祖の神格化（救済者）と人間化（求道者）、教団の内と外すなわち信仰者・教学者と非信仰者・宗教学者、あるいは信仰と学知（科学的・実証的）といった対立項をゆるがし、あるいは転倒させながら、宗教研究を深めてみたい。

それでは、本書に寄稿している各論者の議論を簡単に紹介しておこう。

今後、教祖伝を論じる際に、必ずや踏まえられなければならない論考になるであろう、宮本要太郎「聖なる歴史としての教祖伝——ナラティヴによる脱構築と再構築——」は、総括的に教祖伝の意義を論じ、物語り論を軸に多岐に及ぶ論点を提示する。教祖伝によって教祖が構築され記憶されることによって信仰共同体が支えられる。また、歴史的な存在である教祖にコスモロジカルな意味を見つけ「今」「私」と結び付けることで、宗教的な意味を持つことになる。一方で、言語化（神話化）された教祖自身は、ダイナミズムを失っていくことを指摘している。とはいえ、教祖を構築しようとする営みは、教祖によって脱構築されるのであり、教祖の「客観性」が解釈に開かれている限り、教祖とその信仰共同体は再活性化を保証されていると結論づけている。

宮本の論考が信仰共同体、すなわち教団と信仰者にとっての教祖を中心に論じたのに対して、永岡崇「新宗教文化の脱教団的展開——教祖研究の〈作法〉をめぐって——」は、宗教研究者による教祖研究を広義の教祖伝あるいは宗教文化として取り上げ、教団の内と外を隔てる壁を突き破ろうとする。その際のキーワードが、教祖の言葉・史料に接する、あるいは理論を活用する〈作法〉である。性急に結論を出すことを戒めながらも、〈作法〉への着目を通して、新宗教研究を一九七〇年代の大衆文化に位置づけると同時に、信仰／非信仰の間を架橋させようと試みるのである。

堀内みどり「ジェンダーの視点から見た教祖伝」では、鎌倉新仏教・新宗教の女性論を議論の俎上に載せ、先行研究における新宗教の女性教祖観と対比的に天理教の教祖伝を読み解いている。ジェンダー論を考えるとき、教祖伝がどのような立場で書かれているのかということと、読み手が教祖伝に何を仮託し読み出そうとしているのかという論点を示唆している。

堀内は、鎌倉新仏教も取り上げたが、井上善幸と大谷栄一はそれぞれ親鸞・日蓮の教祖伝を専論とする。井上善幸「如来の化身としての親鸞・一学徒としての親鸞」では、「如来の化身」「一学徒」の二つの親鸞像の議論が、ともに中世という歴史の中に生きた親鸞への関心が低いという共通点を持つと批判する。親鸞の時代あるいは親鸞の解釈者の歴史性に注意を促す「得者」という概念によって、真宗教学を歴史に開き、現代世界まで貫く真理を問おうとする。

井上が救済論的立場を強調したのに対して、大谷栄一「日蓮はどのように語られたか?――近代日蓮像の構築過程の文化分析――」は、文化史的側面つまり教団外での日蓮伝の影響力に光を当てる。大谷は、日蓮伝を近代日本の歴史的・社会的・文化的文脈で産出されたものと位置づけ、日蓮主義の隆盛の中で生産・消費されていく日蓮伝を時系列的に追う。ここでは、信仰者・研究者の二分法は容易に許されず、各種のメディアを通じて提示された多様な日蓮像が、読み手の歴史的・社会的文脈に即しながら需要（消費）されていることが明らかにされる。

竹部弘と幡鎌一弘は、新宗教の中でも歴史の深い金光教・天理教のそれぞれの教祖伝編纂過程を跡づけていく。竹部弘「教祖像の力学――金光教の教祖探究から――」では、金光大神の教祖伝が、一つ一つ史実を確定しながらも、教団内における教祖理解の違い、あるいは編纂の立場の違いによって異なった叙述が生み出されてきたことや、教祖伝の編纂がやがて教義論・教団観に展開したことを具体的に示している。とはいえ、それらの叙述がのちに提出された教祖の自伝によって、揺るがされることになった。竹部がいうように「教祖が何であるか」（構造内の位置や機能的存在意義）が、教祖の自伝（自己認識）すなわち「教祖とは誰か」によって問い直されるのである。

幡鎌一弘「『稿本天理教教祖伝』の成立」は、天理教の教祖伝の編纂過程において、東京帝国大学文学部宗教学研究室に学んだ知的エリートたちを主たる担い手とし、歴史と教義がせめぎあい、教義が教祖伝の叙述の柱となっていくこと、「月日のやしろ」と「ひながたの親」という二つの概念の止揚が、究極的にはその存在を信じることに依存しており、教祖伝が信仰共同体を前提として編まれ、教祖が信者に独占されたことを指摘している。

遠藤潤「教祖論・教団論からみた平田国学——信仰・学問と組織——」は、小林健三が教祖伝（「大壑御一代略記」）・経典の整備を通して平田篤胤の門人組織（気吹舎）を教団とみたのに対して、平田家には神格化した篤胤を含めた祭祀対象があったが、それは家内の小規模なものであり、『毎朝神拝詞記』『玉襷』の編纂過程を検討すると、小林のいう教団化をそこに見出すことは難しいと結論づけた。かわって明治になって誕生した平田神社・本教教会に注目するが、そこでも信仰と学問とが分化する中で学問の祖を信仰対象とする限界を指摘している。


充実した各論考は、それぞれ味読願うこととして、屋上屋を架すことを恐れず、本書の全体を俯瞰する意味で、今少し議論を重ね、いくつかの論点を析出してみよう。

まず、教祖伝を編纂する母体を確認しておこう。教祖の事績をまとめようとする動きは、宮本が紹介した辯天宗・智辯の伝記である山岡荘八監修『生命の水——愛に生きる智辯尊女』（ダイニチ出版、一九六五年）、天理教の「こふき話」の中の「教祖略伝」のように生前に始まる場合もあるが、基本的に、教祖没後、すなわち教祖の死を契機に本格的に開始される。教祖が教祖伝を書くことはないのである。親鸞（一二六二年没）の伝記が『親鸞伝絵』にまとめられたのが、永仁三（一二九五）年であり、前年の永仁二年の親鸞三三回忌に儀礼が確立した報恩講と密接に関係していた（井上論文）。法然（一二一二年没）の場合は、没後一〇年前後に、『知恩講私記』などの伝記がまとめられた（中井真孝『法然伝と浄土宗史の研究』思文閣出版、一九九四年）。日蓮（一二八二年没）の場合、没後しばらくして遺文が収集され始め簡単な編年紀が作られたが、本格的なものは、一五世紀に、日蓮宗の勢力が広がってから作られた『元祖化導記』（一四七八年）である（大谷論文）。教団によって違いはあるが、教祖伝は、まずは弟子・信者によって編纂されなければならず、萌芽的にせよ組織として教団が存在していることが前提になる。竹部が紹介したような教祖自身の自伝的史料の重要性は言を俟たないが、その一方で、多くの人々が登場し、多様な経験・伝承から結ばれた教祖伝には、人々の参入する可能性が開かれている（宮本・幡鎌論文）。

ところで、親鸞三三回忌を契機として『親鸞伝絵』が作られたように、教祖の顕彰の契機として、死後行なわれる遠忌・年祭があった。たとえば、天理教では、中山みき（一八八七年没）の教祖五〇年祭、七〇年祭を大きな契機としていたし（幡鎌論文）、金光教においても、金光大神（一八八三年没）の三〇年祭・五〇年祭・七〇年祭などを目指して教祖伝編纂が企画された（竹部論文）。辯天宗でも智辯の三三回忌に教祖伝が出版されている（宮本論文）。そのほか、開教（立教）、あるいは教祖の生誕などが契機になりえた。

そもそも、日本宗教史上、このような遠忌（年祭）を大規模に行なうようになったのは、永禄四（一五六一）年の親鸞三〇〇回忌が最初であり、この遠忌によって、親鸞は「開山上人」として明確に位置づけられ、教団組織が確立していく（安藤弥「親鸞三〇〇回忌の歴史的意義」〈『真宗教学研究』第二七号、二〇〇六年〉）。以後、五〇年ごとに繰り返される遠忌のたびに親鸞伝が各種の媒体を通して喧伝されることになる（井上論文、大桑斉「呼応としての御遠忌史」〈『真宗研究』第五二輯、二〇〇八年〉）。浄土宗でも事情はさして変わらず、寛文元（一六六一）年の法然四五〇回忌以後、遠忌ごとに法然伝がさかんに出版されたのである（北城伸子「法然伝と出版文化」〈『大谷大学大学院研究紀要』第一七号、二〇〇〇年)。くしくも、二〇一一年は、法然・親鸞の大遠忌の年に当たっていた。この数年、遠忌記念の出版、展覧会(一種の出開帳である)、演劇の上演、学術シンポジウムが企画され、法然・親鸞が顕彰されたことは記憶に新しい。

以上のように、教祖を顕彰しようとする弟子・信者の教団組織、その中核に位置づけられた教祖、遠忌という歴史を回顧する契機という要素が、教祖伝の作成を促しているといってよいだろう。ヘーゲルは、国家の登場とともに散文的な歴史記述がもたらされると指摘するが(ヘーゲル『歴史哲学講義(上)』長谷川宏訳、岩波文庫、一九九四年)、「国家」を「教団」に読み替えれば、教団というシステムが歴史を要請し、その始まりを明示する教祖伝が重要な意味を持ったということになろう。逆に、平田国学の門人組織は、篤胤に対する崇敬を含め宗教的要素を色濃く持っていながら、学問としての性格、国家との関係などから、宗教教団としては成立しえなかったということになるのかもしれない(遠藤論文)。

教祖伝が教団の根幹にかかわる聖典になると、教団の権威や秩序と切っても切れないものになる。江戸時代には親鸞伝の考証が行なわれるが、合理的・実証的思考方法と同時に、それが本願寺に伝わるものかどうかが正当性の根拠になっている。さらに、『親鸞伝絵』は、本山から末寺に下付されるものになった(塩谷菊美『真宗寺院由緒書と親鸞伝』法藏館、二〇〇四年)。教祖との距離が教団の秩序の基幹になったわけである。江戸時代には、本山における考証によって教祖伝に註釈が付されたり解釈されたりし、正しい史実・正しい解釈が教団の権威と正統性を保証するものになった。

教団の権威を高め、教化に大きな役割を果たすと同時に、その権威を揺るがしもする両刃の剣が、出版・演劇といった各種のメディアであり、教団に回収しえない多様な宗教文化を構成する。

浄土真宗・日蓮宗ともに、学寮・檀林で正統的教学として教祖伝の註釈書あるいは教義書が作成、出版されて巷間に流布した。最澄・空海・法然・道元などについても僧伝が上木された（渡邊昭五・林雅彦『伝承文学資料集成第一五輯　宗祖高僧絵伝（絵解き）集』三弥井書店、一九九六年）。また、丁子屋（法藏館本家）、平楽寺、文昌堂、麗沢堂といった仏教書を多く扱う書肆も誕生する。これらの書肆を通して出版された教祖伝によって本山が権威を高め、民衆の教化をすすめた。平田篤胤の門人組織は、篤胤の著書の出版によって支えられ、運動として展開したといっても過言ではない。

その一方、異なった門派や末寺が異説を含んだ教祖伝を出版したり、本山の力の及ばない地方の書肆が出版したりするようになると、一元的な本山の教学独占を脅かしつつ、多様な由緒が広く認知されていくことになった。教祖伝の文化的展開としてごく早いものが、寛永年間（一六二四～一六四四）の古浄瑠璃の「しんらんき」であり、浄瑠璃本としても上木された。その後、寛文年間（一六六一～一六七三）に親鸞物の浄瑠璃の上演が東本願寺によって差し止められてからは、正式に上演できなくなったが、他に偽装することで、その命脈を維持することになる（沙加戸弘『真宗関係浄瑠璃展開史序説――素材の時代――』法藏館、二〇〇八年）。近世後期になると日蓮を題材とする歌舞伎・浄瑠璃が数多く上演された。また、教祖に関する宝物の開帳も盛んに行なわれ、そこで教祖に関する伝承が語られた。昭和になると中山みきを題材とした浄瑠璃・演劇もあった。

一九世紀になると、教団の手を離れ、在家あるいは読み本作家の教祖伝が絵入りで出版されるようになる。親鸞伝では池田東籬『親鸞聖人御一生記絵抄』や緑亭川柳『親鸞聖人御化導実記』（一八五八年）、暁鐘成の作と推定されている『親鸞聖人御一代記図絵』（一八六〇年）などが誕生する（前掲大桑論文、塩谷菊美『語られた親鸞』法藏館、二〇一一年）。日蓮伝では、中村経年『日蓮上人一代図会』（一八五八年）、大谷論文で触れている在家信者・小川泰堂『日蓮大士真実伝』（一八六七年）などが出されている。明治以後、『日蓮大士真実伝』は再版を繰り返し、『親鸞聖人御一代記図絵』『日蓮上人一代図会』は一九二〇年から二一年に発刊された『日本歴史図会』（国民図書）に再録されて、人々に読まれることになる。『日本歴史図会』には、『日本国開闢由来記』『平家物語図会』『太平記図会』などの読み本が含まれており、武士などと同様、教祖も歴史上の人物として、読まれるようになったのである。

作家によって教祖伝が作られるようになる流れは、新宗教にも及び、竹部論文で扱われた碧瑠璃園（渡辺霞亭・勝）は、『金光教祖』（宗徳書院、一九一二年）のほか、『天理教祖中山美伎子』（育文館、一九一〇年）、『黒住教祖一代記』（宗徳書院、一九一四年）を書いている。さらに、碧瑠璃園は、『親鸞聖人』（霞亭会、一九一六年）、『日蓮聖人』（霞亭会出版部、一九一九年）、『弘法大師』（霞亭会、一九一五年、高野山開山一一〇〇年記念）など、幅広く教祖伝を記すことになる。同じように親鸞を描いた戯曲『出家とその弟子』（一九一七年）で有名な倉田百三は、晩年、天理教を題材とした『大地にしく乳房』（精華堂書店、一九三八年）を著した。宮本論文で扱われた山岡荘八監修の『生命の水――愛に生きる智辯尊女――』は教団による教祖伝であるが、文学者による教祖伝の流れに位置づけることも可能であろう。教団の外側で宗教文化が色濃く展開し、とりわけ大谷の取り上げる日蓮は社会に強い影響力を持った。アマゾンのランキングによれば、現在、もっとも広汎に読まれている親鸞伝は五木寛之の『親鸞』（講談社、二〇一〇年）であり、東京帝国大学で宗教学の教鞭をとっていた姉崎正治の日蓮伝が幅広く読まれたことを考えてみると、大谷の分析対象とする宗教文化の枠組みでは、学問知による分析・記述という「〈作法〉」（大谷・永岡論文）のもつ重要性と、教祖伝という教団の根幹にかかわるものにもかかわらず、読み手にとって教団の内外という記述者の属性がそれほど重要ではないことを示唆してやまない。また、非教団的で出版とかかわりが深く、宗教文化という枠組みで考えてみると、幕末の平田国学と大正・昭和初期の日蓮主義には共通点が見出せるだろう。

絵本・漫画につながる問題で、おそらく高度経済成長期ぐらいまでは、こうした宗教文化の肥沃な土壌のうえに、教団の教化活動が成り立っていたのだろうし、さらに個人化されたものとしての新霊性文化（スピリチュアリティ）に通じるものがあるように思う。

とはいえ、親鸞伝の浄瑠璃がいち早く差し止められたように、一般の教祖伝が教団に受け入れられるとは限らない。教学あるいは実証性が高められれば、江戸後期以来流布した伝記小説や節談説教は否定され、芹沢光治良『教祖様』（角川書店、一九五九年）のように、独自の教祖像を提示し広汎な支持者を得たがために、教団から忌まれるということも起こりえた。アメリカ映画『ダ・ヴィンチ・コード』（二〇〇六年）に対して、カトリック教会がボイコットを呼びかけたように、メディアの強い影響力は教会の秩序・権威との間に緊張をはらむのである。

ついで指摘しておかなければならないのは、近代化の思考・学問、さらには日本の宗教学の動向である。金光教・天理教といった新宗教は、近代化する社会の中で淫祠邪教視されていた。仏教も新宗教に対してそのようなまなざしを投げかけていたが、自らも、近代社会の中で改革を余儀なくされた。

井上論文で触れられた清沢満之、大谷論文で日蓮理解に強い影響力を持ったという高山樗牛は、ともに東京帝国大学で哲学を学んだ。個人を重んじる近代思想の前に、教祖像もまた「如来の化身」である親鸞、現証利益をもたらす祖師・日蓮、あるいは還相者といった救済者・教化者から、人間の側に立つ「学徒」すなわち求道者あるいは「イゴイスト」へと転回していった。

これと裏腹の問題が、教祖の存在・事跡の実証性である。実証史学の前に、日蓮は明治二〇年代に「龍口法難無根説」「元寇予言否定説」にさらされ（大谷論文）、明治末年には親鸞の存在も否定されることになる（親鸞抹殺論）。江戸時代に行なわれていた実証（考証）は、史料批判を徹底する近代史学の方法に堪えられなくなったのである。

このような批判に対し、実証的手法によって反論することを通して、教団の内側に近代史学の方法が浸透した。その際、中立性・客観性の点から、教団人より教団外部の学者の実証が重要視されることもあった（福島和人『近代日本の親鸞――その思想史――』法藏館、一九七三年）。竹部・幡鎌の論じた新宗教における教祖伝の編纂において、外部に人材を求め、あるいは実証を重んじた流れと無関係ではあるまい。

金光教は姉崎に教祖伝編纂を相談し、天理教の教団エリートのなかでも姉崎門下は重要な役割を果たすことになった。史学の実証的あるいは宗教学の手法を内面化して創られたこれらの教団の教祖伝が、求道者から救済者へと、親鸞・日蓮とは逆の歩みをたどることになったのは、きわめて興味深いことである。

教団側には、信仰・教義を説明するために宗教学や史学の方法が浸透したが、中立性・客観性が重んじられる宗教学でも、その出発点では、信仰対象が研究対象になっていたという（高橋原「東京大学宗教学科の歴史――戦前を中心に――」〈林淳・磯前順一編『季刊日本思想史』第七二号、二〇〇八年〉）。また、島薗進の「内在的理解」という方法も、信仰対象とはいえないまでも、教祖との共感を下敷きにしたものだった（永岡論文）。今日、宗教学の学としての客観性・中立性が大きく揺らいでいることからすれば（磯前順一「〈日本の宗教学〉再考――学説史から学問史へ――」〈『季刊日本思想史』第七二号〉）、宗教学の「方法」（永岡の言葉で言えば「〈作法〉」）と教学の方法には決定的な差がないことになる。しかし、両者には乗り越えがたい壁があることも事実であり、「内在的」という言葉は、立ち位置の外在性の裏返しでもある。教学と宗教学（あるいはここに歴史学を含めてもよいかもしれない）は、教学と文学同様、反発と相互依存とを繰り返しながら、宗教文化を構築しているのである。

数百年あるいは数十年の時間のなかで繰り返し描かれた教祖は、仏教にせよ、新宗教にせよ、救済者（神）と求道者（人）という交わることがない二種類の遺伝子をもつキメラのような存在にもみえる。おそらくどちらが本源的かと問うことはさして意味のないことだろう。そもそも、この二つの性格は、教祖の性格であると同時に、人々が教祖の人生を解釈し意味づけたものでもある。

もう一度、教祖伝の基本的な二つの要件を確認しよう。一つは、教祖が教祖伝を編むことは決してないこと、二つ目は、教祖を主人公とすることなしには、教祖の物語はありえないことである。第一点目は、過去の存在である教祖を、物語によって現存させることも含意している。そして、この二つの点は、教祖がすべての性格を自ら説き示した、あるいは逆に、信者や弟子・研究者が教祖に意味を与えた（構築した）、という一元論に還元されることを拒むだろう。教祖の物語は、救済者と求道者、教祖と信者・研究者、過去と現在という、容易には解消しえない二分法を内包して成立するのであり、だからこそ、多様な解釈を可能にするのである。

このような教祖伝を読むことを通して、教祖の言葉に新たな意味や価値が付与され、新たな教祖伝が書かれてきたし、今またそれらを読み出すことが期待されている。これは、宮本をはじめ本書の論者が繰り返し論じているところである。教祖の意図は、学問や信仰によって肉付けされた解釈の総和に他ならないから、新たな読みによって教祖をめぐる学問・信仰は活性化し、教祖自身も姿を改めるのである。そのとき、気をつけなければならないのは、対立する要素を解消しようとすることではなく、むしろその対立が何によってどのようにつなぎ合わされ、何が周縁化されているかを見極めることである（ジョナサン・カラー『新版　ディコンストラクションⅠ』〈岩波書店、二〇〇九年〉）。おそらく、それは、困難に直面し、その解決を教祖に求める日々の信仰生活の中で、ささやかながら繰り返し試みられている営みに他ならないのである。

本書は、二〇〇八年度・二〇〇九年度に天理大学おやさと研究所で行なった研究会の報告書である。研究会には、

「開祖論・教祖論の構築・脱構築」と名称をつけていた。構築・脱構築と相反するような名称を冠したのは、脱構築にはどこかに「解体」「破壊」というニュアンスを抱えており、そのように一義的にとられることは、かならずしも本意ではなかったからである。しかし、いかような立場で「教祖」を論じるにせよ、従来の研究を乗り越えていくためには、既存の枠組みそのものを問い、自らを成り立たせている足場を揺るがせながら、次へ進むしかない。シェリー・ワリアは、エドワード・W・サイードの言葉を引いて、知識人とは、「自分が享受してきたものから離れていなければならず、「いつも通りのものを、まるで一時的なもの、自分とは相容れないもののように見つめる」もののことである」と評している〈シェリー・ワリア『サイードと歴史の記述』〈永井大輔訳、岩波書店、二〇〇四年〉一二頁〉。その構えが重要なのである。教祖伝の編纂過程を問い、教祖を物語る行為〈物語り〉を多様な観点から分節化し、宗教学や教学の足元の亀裂をさらすことによって、忘れ去られていた教祖像をめぐる対立や葛藤・矛盾あるいは依存関係などを読み解くことが可能になるだろう。信仰の来し方を問い、行く末をみつめたいという思いも込め、報告書を、『語られた教祖――近世・近現代の信仰史――』と題して、江湖に問うこととする。

なお、本書を編むについて、技術的なことを含め以下の二点について申し添える。

一つには、近年、明治五年一二月の改暦以前における西暦〈ユリウス暦・グレゴリオ暦〉・和暦の対照を月日にまで厳格に適応することも見られるようになったが、本書では、特に断りのない限り、通用されている年単位での西暦和暦対照表に準じている。

ついで、論文を執筆する際の作法として、研究史上に登場する研究者には敬称を用い、研究対象ではそれを略すことがあるが、本書ではすべての敬称を略すことにした。教祖伝の編纂過程を追うということは、研究史が研究対象であり、研究対象となる人物・著作と研究者とを区分することに意味がないばかりか、本旨に反するからである。

教祖をめぐる長い研究史の末端に連なる本書の営みが、将来において何らかの形で研究対象となって位置づけられたとすれば、これに過ぎる喜びはない。ご叱正をお願いしたい。

語られた教祖――近世・近現代の信仰史――＊目次

語られた教祖

——近世・近現代の信仰史——

聖なる歴史としての教祖伝
――ナラティヴによる脱構築と再構築――

宮本要太郎

死後聖人とされた人が、もしこの世に生き返って来て自分の伝記を読むことができるとしたら、非常に驚くであろう。その伝記は正確に保存された想い出を元にしており、その物語にある聖者と生活の大半を共に過ごした人びとによって、信仰心に基づいて編集されたものである。その場合、蒐集された出来事の多くは、当の聖人も知らないであろうし、実際には生じたことがなかったこともあろう。

（アルヴァックス一九八九、一一〈頁・以下同〉）

「聖なる人間」に関する記憶は、しばしば彼らに対する帰依者たちの救済論的切望によってそのつど再構成されていくのであり、それゆえに聖者たちの個々の「生」は、それぞれの社会的・文化的・歴史的特殊性に根ざしつつも、それらを超越していくことが可能になるのである。

（宮本二〇〇三、一六）

はじめに

宗教をその発生形態で分類する場合の操作概念として、「創唱宗教」というものがある。個人もしくは複数の創唱者（founder）によって創始・提唱された宗教を意味する。その創唱者は、教団によって、教祖、開祖、宗祖などと称されるが、ここでは便宜的に「教祖」という名称に統一して考察を進めたい。この教祖は、それぞれの宗教集団において指導的な役割を果たし、その意味でしばしば模倣の対象とされるが、時には救済論的な立場から、死後あるいは生前から、神的な存在とみなされて崇拝の対象となることもある（宮本二〇〇〇、二二九〜二三〇）。模倣の対象（範例）であれ、崇拝の対象（生神）であれ、教祖は自らが創唱した宗教共同体において絶対的な影響力を持っており、その力は教祖の言行を通じて共同体の成員に行き渡る(1)。教祖の言葉は神の啓示とされる場合もあれば、人類普遍の知恵とみなされることもある。また、教祖の行ないは苦難にあえぐ人びとを救済する菩薩行とされることもあれば、信者にとって正しい信仰の指針となることもある。

したがって教祖の死は、宗教共同体にとっては危機的な出来事であるといわれる。しかし、生前の教祖の言葉を直接耳にし、その行動を目の当たりにした信者は、教祖亡き後も、その体験（教祖体験）を自らの信仰の源泉として生きていくことが可能である。より危機的な状況はむしろ、教祖を直接知らない人が増えることで、教祖の求心力が薄れてしまうということではないだろうか。もちろん、教祖の死という出来事が、信者たちにとってはまずは受け入れがたい事態であることは疑いえない。しかし、この出来事がかえって信者たちの結束を固めることは十分ありうるし、そもそもこの出来事が共同体の崩壊に帰結するのであれば、それは教祖の影響力が皮相的なものにすぎなかったことの証左であるといえよう。長い目で見た時、宗教共同体にとってより根源的な、したがってしばしば致命的な問題は、教祖についての記憶が信仰の活力たりえなくなること、すなわち教祖が「忘却」されることではなかろうか。[2]

さて、ここで「忘却」という言葉を用いたが、教祖についての「記憶」は、教祖を直接体験した人たちだけの占有物であろうか。言い換えれば、生前の教祖を知らない信者の場合、教祖は単なる過去の人（歴史的存在）にすぎないのであろうか。もしそうであるとすれば、教祖の「忘却」は時間の経過とともに必然的であるに違いない。しかし、実際は、多くの場合、教祖についての「記憶」は、教祖亡き後も絶えず更新され、そのことで信仰を活性化し続けているのである。その重要な契機のひとつが「教祖伝」である。教祖伝とは、教祖についての聖伝、すなわち聖なる伝記であり、そのような伝記は、それが対象とする人物を「聖なる存在」として描いている点で他の伝記から区別される。その意味で聖伝は神話と親和性を持つ。一方で聖伝は、ある人間を通して歴史にあらわれる「聖なるもの」について語る。すなわち、歴史的存在者としての「個人」の言行を伝えつつ、同時にその「個人」を媒介にして顕現される超越的なるもの、永遠なるものが、解釈され、表現されるのである。したがって聖伝の叙述は、必然的に「神話＝歴史的」（mytho-historical）なものにならざるをえない（宮本二〇〇三、一三）。

一般に神話と歴史は二項対立として捉えられることが多い。一方で宗教的「実在」としての教祖をめぐる記憶を再構成する（神話化する）ことと、他方で共有されうるイメージとしての〈教祖〉を構築する（歴史化する）こととが、（対立を孕みながらも）相補的に働きあう〈場〉としての教祖伝は、この二項を媒介し、両者が矛盾することなく同時に生き生きと生きられうることを可能にする、いわば触媒としての役割を果たしている。本論は、このような教祖伝の機能を、その物語（り）的構造に求め、そのダイナミズムの一端を明らかにすることをめざす。また、公的な（権威的な）教祖伝を脱構築する記憶（想起）の力についても触れてみたい。

かかる目的に沿うために本論が依拠するのは、物語（り）論的アプローチである。[3]アーサー・ダントーの『歴史の分析哲学』[4]（一九六五年）からヘイドン・ホワイトの『メタヒストリー』（一九七三年）を経てポール・リクールの『時間と物語』（一九八三〜一九八五年）にいたる一連の著作は、物語論の立場から歴史の意味の再検討を迫るものであったが、そこで得られた知見は宗教研究にどのように応用できるのだろうか。まず、一方で、「宗教的物語」を、歴史実証主義の言う「歴史」を相対化するものとしての〈歴史〉として位置付け、その相対化作用を歴史的状況の中に見ることで、そのような「宗教的物語」を「宗教的物語」たらしめている構造を解釈しようとするアプローチが想定される。このアプローチが明らかにしようとするのは、ある特定の歴史叙述《ヒストリオグラフィー》を生み出す宗教的・政治的・歴史的力学であり、神話と歴史との融合の諸様相である。他方、宗教共同体の成立と展開が「宗教的物語」（たとえば縁起や教祖伝や教団史など）を生み出し、また改訂していく史的過程を跡付けることで、ある特定の宗教共同体を支える神話＝歴史としての物語生成の歴史叙述が可能になろう。ここにおいてめざされるのは、ある特定の「宗教的物語」が成立・展開する過程についての「歴史」を叙述することであり、神話と歴史との融合のプロセスを明らかにすることでもある。

竹沢尚一郎は、「物語論的アプローチ」の副題をもつ『宗教という技法』において「宗教の核心にあるのは物語である」（竹沢一九九二、四）と述べているが、古今の宗教がいかに多くの物語を伝えているかを俯瞰してみれば、その指摘はあながち的外れなものとはいえない。宗教は、天地創造を語り、人間の救済を語り、世界の終末を語り、またブッダやイエスやムハンマドが何をし、何を語ったかを語る。そしてこれらは皆、物語として、すなわち、過去に起こったさまざまな出来事を筋（プロット）という因果の糸で結び合わせ、一貫した意味構造を浮き彫りにする説明の様態として、機能している。まさに「宗教は、創造、人間の運命、そして生と死のすべてを説明するための究極の物語——人生の友となる物語——を私たちに与えるために存在する」（ブロックルマン一九九八、一三一）のである。人間が生きていくためには自らが体験すること（とりわけ実存的危機）に意味を見出さなくてはならない。それに対して範例的な意味を示してくれるのが宗教の物語である。したがって、文学作品を分析して物語の宗教的諸側面を論じたマーク・レッドベターが指摘しているように、「物語は、真実ではなく、意味への欲求に動機づけられている」（Ledbetter1989, 5）ともいえよう。あるいは、物語の作用を幅広く分析した心理学者ドナルド・ポーキンホーンが次のように述べていることを思い起こしてもよい。すなわち、「物語は、人間が時間（temporality）や個人的な行為の体験に意味を与えようとする企てである。物語の意味は、人生の目的を理解する際に形を与えたり、毎日の行動や出来事をエピソードの組み合わせに結びつけたりする。また、自分の人生の過去の出来事を理解し、未来の行動を計画するための枠組みを提供する。それは人間の存在を意味あるものとする根源的な企てなのである」（Polkinghorne1988, 11）。それでは物語（とくに宗教的物語）のこのような働きはいかなる構造において可能になるのであろうか。

一　教祖神話の創出

まずは教祖伝の具体的な事例として、本論では大阪府茨木市に本部を置く辯天宗とその教祖を取り上げたい。この教団は、信者数が十数万人程度の[5]、規模としては中くらいの新宗教教団である。教団名はあまり知られていないかもしれないが、教団を母体とする学校法人によって運営されている智辯学園や智辯和歌山は高校野球でも有名であろう。

宗教法人辯天宗冥應寺として設立されたのは昭和二七（一九五二）年であるが、[6] 実質的な立宗は、教祖[7]・大森清子＝智辯（明治四二〈一九〇九〉年～昭和四二〈一九六七〉年）が立宗の神命を享《う》けた昭和二六年にさかのぼる。しかし、信仰的により重要なのは、二五歳の智辯が大辯才天女尊から初めて天啓を享けたとされる昭和九（一九三四）年四月一七日の出来事であり、教団ではこの日を「宗祖霊顕祭」として記念している。[8]

この時の天啓は、以下のようなものであった。大森智祥と結婚して十輪寺（高野山真言宗・現奈良県五條市）に住むことになった清子は、昭和八年に次男を出産した頃から原因不明の病気に苦しんだ。ある日、寺の境内の祠に放置してあった辯才天像を礼拝供養したところ、病気が回復した。翌年の四月一七日のこと、境内で草花の手入れをしていた清子に異変が起こった。息苦しさを覚えた清子が家にあがって休もうとした時だった。その時の様子は次のように伝えられている。

突然、天井が破れる様な音がとどろいた。ハッとしてふりあおごうとしたとたん、体になにかが激しくつきあたった感覚がして、清子は、そのまま、前にのめりこんで気を失った。

気がついた時、清子は、水の中にいた。清明で澄徹した水であった。ふしぎなことに、水ということは、はっきりと肌に感ぜられたにもかかわらず、呼吸は安らかであった。どこからともなく、東洋的な楽音が流れてきた。

水中に、白い小蛇がふいと姿を現わした。清子をさそうように、泳ぎ出す。そのあとを追うと、小蛇の姿がすっと消えたかと思うと、そこに、一人の女神が現われた。

画像などで見なれた姿と、細部にいくぶんのちがいがあるように思われたが、清子にはこれが辯才天そのものであることが直感的に判った。

清子は、ひれふした。いや、水中のことであるから、清子の心がひれふしたということであろう。

水中の辯才天。それは玲瓏という形容がピタリとあてはまる姿であった。裳裾がゆるやかになびいていた。水に溶け入りそうに、うすく、すきとおっていた。

辯才天は口を開いた。

「よく来た。そなたの成長を待っていた」

清子の頭の中に、涼風が吹きぬけて行った。

「そなたは人妻となり、人の子の母となって、もはや、世の人とたちまじっての修行は終えた。これより先は、この辯才天の顕神、身代わりとなって、現世にあって、人の苦しみ、悩みを救うがよい」

辯才天はさっと手をふった。澄明な水が静かに流れ出した。

「低きにながれ、低きにしみとおるのが水じゃ、水の心を心とせよ。水の心のある所、辯才天は、常にそなたとともにあって、現世苦業を滅するであろう。いざ、両手を前に」

清子は、つかれたように、両手を合わせ、てのひらを上に向けて待った。

「神の智恵をそなたに伝える。うけとれ」

声とともに、辯才天の手から金色の砂がさらさらと流れ出た。金剛智をたたえた金剛砂なのだ。

砂はこぼれて清子の掌の上にもりあがり、あふれこぼれて水中に散った。その上に、更に砂はこぼれつづけた。四次元の世界から無限循環をするように、砂は辯才天の手からやむことなく、流出してくるのだ。

（山岡一九六五、一一三～一一五）

ここにビジュアルに再現されているのは、典型的な神との出会いの体験である。読者の眼前にありありと繰り広げられる光景の描写に、著名な歴史小説家でもある監修者・山岡荘八の脚色を感じ取ることも可能かもしれないが、重要なのは、この出来事が辯天宗にとって「歴史の起源（紀元）」でもあるということである。すなわち、「あらゆる創唱宗教は教祖の出現という出来事によって、歴史を二つに区切る。この教祖の出現という出来事こそ、その宗教にとっての「神話」の核心である。教祖の出現をめぐって、その宗教の中心的な物語が作られていく」（島薗一九九二、九）。辯天宗において「教祖」の誕生は、一介の寺庭《じてい》婦人（住職の配偶者）にすぎなかった大森清子が「辯才天の身代わり」として人を救う身となったという神話的（かつ歴史的）出来事に縁《よ》る。それは「辯才天の顕神」によって開かれる新たな神話の創生でもあった。このような教祖神話は、教祖に帰依する人びとにとって、世界の、そして自らの人生の有意味性を理解するための枠組みとして働くがゆえに、救済史神話でもある。

この体験の後、大辯才天女尊よりたびたび享ける「神示」をもとに人助けに専念した清子であったが、無資格で祈願祈禱をすることが警察の取り締まりの対象になるに及んで、昭和一四（一九三九）年、高野山真言宗太融寺（大阪市）にて受戒灌頂を受けている（法号＝智辯）。直接神の指示を伝える「神示」[9]を始めとする霊験は、戦中戦後の混乱期に人口に膾炙し、近畿地方を中心に信者が急増した。しかし、大阪は茨木の地に新しい本部本殿が完成し、智辯学園が開校されるなど、教団活動が順調に展開する中、昭和四二（一九六七）年二月一五日に五七歳で没している（教団内ではこの出来事を「御遷神」と称する）。それ以降、教団においては毎年二月一五日に「遷神祭」が、四月一日に「生誕祭」が執行されている。

「宗祖霊顕祭」「遷神祭」ならびに「生誕祭」が亡き教祖の遺徳を偲んで感謝することを主眼としたパフォーマンスであるとすれば、生前の教祖についての思い出を語り伝えていこうとする営みの成果が、広い意味での教祖伝（教祖の行為＝生き様を伝える伝承）であるといえよう。教祖が死去してから二二年目の平成一一（一九九九）年（すなわち二三回忌の年）に、生前の教祖を知る人びとが語るエピソードを収録して発行された『宗祖さまと私』（大森光祥一九九九）は、そのタイトルが示すように、個人的《パーソナル》な教祖伝である。[10]全部で三巻から成る『宗祖さまと私』に収められているのは、教団の機関紙である『妙音新聞』に掲載されてきた諸信者それぞれの「宗祖さまと私」をめぐるエピソードである。ここに収録された一四三名分の「宗祖さま」の記憶は一つとして同じものがない。[11]しかし、これら多様なエピソードを通じて通奏低音のように奏でられているのは、教祖に対する思慕の念であり、その教祖から見た自分の信仰のいたらなさであり、そのような自分でさえも救ってくださる教祖に対する感恩の情の吐露である。

教祖を再構成しようとする試みはこれだけではない。たとえば、先に引用した、教祖の晩年に出版された『生命の水――愛に生きる智辯尊女』（山岡一九六五）は、山岡荘八が監修して大森智辯の誕生から出版当時にいたる一代記をルポルタージュ風にまとめたものである。また、立宗五〇年を記念して刊行された『智辯尊女』（辯天宗本部二〇〇二a）は、写真をふんだんに使用して、教祖の生涯をビジュアルに再構成している。この年には合わせて、教祖のエピソードと二十数名の信者のインタビュー映像とで構成された『まことの心――宗祖さま物語』（辯天宗本部二〇〇二b）のDVDが制作された。さらに、辯天宗第一世管長の大森智祥（明治三三〈一九〇〇〉年～昭和六二〈一九八七〉年）が、自身の妻でもあった「御宗祖」＝智辯の思い出をつづった『無量の日々』（大森智祥一九七九）も、ありし日の智辯を生き生きと語っている。

これらの出版物は、すべて教祖に関するエピソードをもとに教祖像を現出させようとするという点で、教祖伝というジャンルに含まれる。ここで注目したいのは、これらの教祖伝が教祖を直接知らない信者にとっての意味である。生前の教祖を知る信者にとってこれら教祖伝は、教祖についてのパーソナルな記憶を想起させる契機として働くであろう。しかし、教祖を直接知らない信者にとっては、これら教祖伝を通じて教祖の「記憶」が形成されるのである。生前の智辯を思い起こすことのできるものにとって、教祖は慈母のような存在であれ、厳しい教え親であれ、まずは生身の人間である。しかし、人間としての教祖を知るすべのない人びとにとって、解釈され、編集され、構成された物語を通してのみ伝えられる教祖は、最初から人間を超越した聖なる存在として立ち現われる。ポール・ブロックルマンにならって、日常世界に生きる人間が日常世界を超えた聖なる世界と交わることを可能にする物語として神話を定義するならば、このような物語はまさに「教祖神話」と呼ぶことができよう（ブロックルマン一九九八、一四二）。この教祖神話が創出され語られることによって初めて教祖は、生前の教祖を知らない信者にとって生き生きとした存在となりうるのである。

二　出来事と記憶

教祖が人びとの記憶に生き続けるということは、教祖その人のイメージ（教祖像）の形象化（有形化）を助ける媒体があって初めて可能になる（宮本二〇〇二、一一五）。先に見たように、辯天宗においても口承伝承から文字テクストや映像にいたるまで幅広いメディアがそのために活用されている。ここで教祖像の形象化がいかなる構造において可能になるのかを、出来事と記憶の関係から考えてみたい。

教祖伝を構成する多くのエピソードは、教祖を教祖たらしめるさまざまな出来事について語るが、個々の出来事は、出来事として切り取られ、解釈され、再構成されることを通じて、初めて〈出来事〉として知覚されるのであって、解釈＝再構成される以前の出来事それ自体は、したがって「語りえぬもの」である。また、エピソードを伝える人びとの記憶は、教祖伝という解釈の様式を経て〈出来事〉についての記憶となるが、同時にそれは、表現されることによって共有されうる記憶、すなわち〈記憶〉となる。言い換えれば、教祖伝を構成する個々の出来事は、教祖という存在を前提として初めて意味を持ちうるということである。過去の出来事はそれ自体としてではなく、つねに事後的に獲得された「意味」を通じて記憶される（宮本二〇〇二、一一六～一一七。野家一九九八、五二）。教祖に起こったさまざまな〈出来事〉やそれらのエピソードについての〈記憶〉が解釈され共有される時、教祖像の形象化が促される。

重要なのは、〈出来事〉と〈記憶〉の間の循環関係である。存在論的には、出来事は記憶に先行する。出来事が存在しなければ、それについて記憶することはありえない。しかし認識論的に言うと、出来事それ自体を経験していないものにとっては、〈記憶〉が〈出来事〉に先行する。なぜなら、〈記憶〉されたものを通じて初めて〈出来事〉について知ることができるからである（宮本二〇〇二、一一七）。物語論的歴史理解を援用するまでもなく、「過去の出来事は「描写」されるのではなく、想起的に「構成」されるのである」（野家二〇〇五、一一四）。文字言語によって叙述される教祖伝は、〈教祖〉（を構成するさまざまな出来事）を記録（記憶）することを目的としている。しかしいったん教祖伝が成立すると、それは出来事の解釈という行為を要求する。記憶された出来事（すなわち教祖伝を構成する一連のエピソード）と、出来事によって（再）解釈を促される記憶（エピソードの意味を探求すること）とは、教祖伝において循環しながら相互に補足し合いつつ、教祖についての一連のイメージを構成する（すなわち教祖像を形象化する)。

このいわゆる解釈学的循環においては、個々の出来事についての断片的伝承、すなわち出来事の記憶が、時間軸に沿って構成されること――あるいは、冒頭に触れたリクールの言葉を借りれば「統合形象化」(configuration)――によって、教祖伝の構築という新たな出来事が生じ、さらにその教祖伝が受容されることで、この出来事の意味が共有される(リクール一九八八)。教祖伝を読む(聴く)ものは、すでにその伝記の主人公が聖なる存在であり、その言行は人びとの救済を約束するものであることを知っている(記憶している)。それゆえにこそ、個々のエピソードの象徴的・救済論的な意味が解釈され、理解される。しかし、その人物が救済者であるという教祖伝の前提は、個々のエピソードを通して絶えず想起され、繰り返し確認されることによってのみ保証される(宮本二〇〇二、一二三)。野家啓一が指摘するように、まさに「「知覚的体験」を「解釈学的経験」へと変容させるこのような解釈学的変形の操作こそ、「物語る」という原初的な言語行為、すなわち「物語行為」を支える基盤にほかならない」(野家二〇〇五、一八)のである。(12)

ここで看過できないのは、物語られる記憶に必然的に伴う社会性(ないし共同性)であろう。モリス・アルヴァックスによれば、記憶は二重の意味で社会的である。すなわち、一方で、個人が思い出を所有したり、集団がそれを共有したりできるためには、思考様式、解釈の図式、観念や価値の体系、象徴形式、集団の自己像などの関連づけの枠組みが当の集団内においてあらかじめ共有されていなければならない。他方、集団によって共有されている記憶(集合的記憶)は、その担い手である集団の自己イメージに合わせて、想起される部分もあれば忘却される部分もある(アルヴァックス一九八九)。語られたパーソナルな体験は、集団の記憶に組み込まれ、他の体験と結び付けられることで、「構造化」され「共同化」される。それは同時に「解釈学的変形」ないし「解釈学的再構成」でもあるが、この物語行為こそ、個人的な体験を共同の体験（経験）へと再構成する言語装置である（野家二〇〇五、一一四～一一五）。

『宗祖さまと私』や『まことの心――宗祖さま物語』に収められたそれぞれのエピソードを通して、語り手たちは智辯から直接語りかけられた自分自身の体験を物語る。教祖の言葉は、それぞれの人生の指針として何度も咀嚼され、生活の節目節目にその意味が問い直される。信者たちの語りにおいては、世界が教祖の言葉で表現されるのではなく、教祖の言葉が世界を構成しているという意味で、一種の言語論的な転回が見受けられる[13]。このように「構造化」され「共同化」されることで教祖の言葉は、「まことの教え」として、信仰共同体内部の語りそのものの共通言語となるのである[14]。

三　教祖伝の神話＝歴史性

歴史以前の始原の時について語る一般の神話とは異なり、教祖神話の主人公は、歴史上の人物である。その意味で、教祖伝は必然的に歴史叙述であるが、物語としての歴史叙述は、記憶の「共同化」と「構造化」とを実現する言語的制作（ポイエーシス）にほかならない（野家二〇〇五、一四七）。教祖が歴史的存在であるという事実は、一方で教祖のリアリティを保証するが、他方で教祖を歴史的コンテクストに結び付ける（歴史的制約性あるいは歴史負荷性）。それは教祖が生きた時代のコンテクストであるだけでなく、その教祖が語られる語りそれ自体のコンテクストでもある。教祖伝というテクストを読み、そこに描写されている出来事の意味を自分の信仰的実存に引き付けて解釈するものは、この二つのコンテクストの間隙を主観的に飛び越える。ガダマーも論じているように、過去のテクストの理解は、解釈の現在を離れてはありえない。むしろ過去のテクストの理解は、過去の地平と現在の地平を融合する過程、すなわち「地平の融合」(Horizontverschmelzung)であり、過去のあるテクストを解釈することは、それを現在の地平に置くことのみならず、そのテクストを取り巻く過去の地平と解釈の現在の地平とをつなぐことでもある(ガダマー一九八六)。

過去の一つの出来事を語ったとしても、それは物語ではない。それは出来事の単なる記述にすぎない。この出来事が「物語」となるためには、他の出来事との意味論的な連鎖が必要である。教祖神話を信仰生活の「原テクスト」として読むものにとって、自分の生活の上で生じる重要な出来事の意味は、教祖が体験した出来事(の記憶)との連関において見出される。「宗祖さま物語」という副題を持つ『まことの心』における語り手たちは、教祖を語ることを通して、自分にとっての教祖の意味を語りつつ、自分の体験の意味を発見(創出ないし構成)していく。パーソナルな教祖物語は、教祖の出来事と〈私〉の出来事とを因果論的に結び合わされることで生み出される[15]。

教祖伝の歴史性を理解する上で、この視点は重要であろう。なぜなら、先に述べたように教祖伝はまたすぐれて歴史叙述でもあるからである。教祖伝が対象として描き出すのはあくまでも歴史の中の「人間」であり、したがってその叙述は歴史叙述のそれである。しかしその歴史は、単に過去の出来事の叙述ではない。教祖伝を読むもの、すなわち解釈するものは、その教祖伝が伝える「聖なる人間」の歴史性の根底に、あるいは歴史的出来事の背後に、シンボリックでコスモロジカルな意味を見つけ、解釈し、そのことによって「かの時」の出来事と「今」との「地平」を「融合」する。その時、一方的直線的な時間の流れにおいて体験された出来事の絶対的不可逆性を認識することによってもたらされる「虚無」や「抑圧」や「矛盾」や「疎外」として迫り来るもの――「恐怖」としての歴史――に「意味」が与えられ、「救済」としての歴史が構築される。この点で教祖伝はすぐれてコスモゴニックな宗教的構造を内包した「聖なる歴史」であるといえよう（宮本二〇〇二、一二一および一二八）。

教団の歴史は教祖伝とパラレルに展開する。教祖（宗祖）智辯（ならびに夫であった第一世管長大森智祥）の事績を中心に編まれた『智辯尊女』は教団史としても位置付けることが可能であるが、その章立ては、「創世」に始まり、「受胎」「始動」「思慕」「発動」と展開して、教祖亡き後の「躍動」で終わる（辯天宗本部二〇〇二a）。この構成は、教祖の生涯に聖なる意味を与えるとともに、その聖化された教祖によって教団の歴史そのものが神話的な意味を付与されるという相補的な関係を示している。すなわち、教祖の最初の天啓体験が教団の「受胎」であるとすれば、教祖の死（辯天宗では「遷神」）は、教祖が歴史的・身体的制約から解き放たれて真に万人に開かれることによって教団の「躍動」が約束される時として捉え直されるのである。

神話的意味が付与されるのは教団の歴史だけではない。教祖にゆかりのある場所、すなわち、「飯貝《いいがい》の里」（教祖生誕の地・現奈良県吉野町）、「十輪寺」（智辯が大辯才天より天啓を享けた地）、「総本山如意寺＝大和本部」（立宗の神示を享けて本堂が造営された地・現奈良県五條市）、「飛龍山冥應寺＝辯天宗本部」（「大阪の東北の丘に第二の霊場を設けよ」と神示で指示された地）、そして「御廟・宗祖殿」なども、それぞれ聖地として、〈教祖〉の記憶を紡ぎ出す場所である。まさにアライダ・アスマンが指摘したように、「宗教的、歴史的あるいは伝記的に重要な出来事によって記憶の場所となった現場では、想起が場所を、そして場所が想起を再び活性化する」のである（アスマン二〇〇七、三三五）。

教祖が遺した信仰共同体にとって、かくして教祖の肉体的な死は、教祖の宗教活動の完成として捉え返される。教祖神話という物語はここで一応完結し、一方で教団による教祖の絶対化・神格化をもたらし、他方で教祖の後継者＝教団の統率者の正統性を保証するものとして機能する。[16] 教祖の死＝遷神という出来事、およびその後の一連の展開は、教団の新たな歴史を聖化する。しかしながら、先述したように、歴史は過去そのものではない。想起され、現在との関係において表象されることで歴史は成立する。したがって「歴史としてとりあげられるのは、ある視点から想起され、解釈されて再提示（represent）された表象（representation）であって過去の事実そのものではない」（川田一九九五、四九六。なお、イタリックは原著）。換言すれば、歴史は「人間の記憶に依拠して物語られる事柄のうちにしか存在しない」のである（野家二〇〇五、九）。辯天宗教団内部において語られる〈教祖〉の記憶は、集積され、編集され、配分され、そして共有される。この時教祖神話は、同時に集団の来歴を物語るものとして、教団の歴史の核となり、共同体の結集にとって枢軸的な役割を果たす。共同体の他のメンバーに開かれた信者たちのパーソナルな記憶は、異質なものを統一する統合形象化作用によって〈教祖〉へと収斂していく。「原初的な語りは「物語り」という装置によりこれらを統合することをとおして、集団への成員の結集・自己同一性を生起させる」。このようにして、共同体は「不断の物語りとその更新とを通じて成立し存立する」（鹿島二〇〇六、三〇）[17]。

ただし、個々の信者の語り（ナレーション）がつねに教団によって構造化された語り（ストーリー）に依拠するとは限らない。そもそも、教祖の宗教体験そのものが言語を媒介とした構造化を許さないのである。その意味で、教祖を語れば語るほど、すなわち言語化＝神話化＝歴史化すればするほど、教祖それ自体のダイナミズムが失われていくというアイロニカルな結果になりかねない。しかし、そのような構造化に伴う記憶の操作や固定、あるいは隠蔽や忘却といったものを打ち破るのもまた、語り（ナレーティング）の力である。その力がいかにして働くかを次章で考察したい。

四　ナラティヴとしての教祖伝

教祖伝には教祖について語られたもの（物語）としての側面だけでなく、教祖について語ること（物語り行為）としての側面も含まれる。この、「物語」と「語り」の相互的かつ連続的な関係をあらわす言葉がナラティヴである（野口二〇〇二、二二）。教祖伝において出来事と記憶の間に相互作用が成立するのは、それが物語り行為でもあるからにほかならない。物語るという行為には、過去を現在の時点から再構成すると同時に、また構成された過去によって逆に現在が意味づけられるというように、解釈学的再構成が伴う（野家二〇〇五、一〇一）。教祖伝における解釈学的循環において、その教祖の伝記を読むという行為は、〈記憶〉の「再形象化」（refiguration）という〈出来事〉であるが、〈再形象化された記憶〉は個別のコンテクストにおいてその意味を問い直され、その意味づけに基づいて改めて〈教祖〉について語るという行為が促される。重要なのは、先に触れた『宗祖さまと私』においても顕著に見られるように、この物語り行為を通じて単に〈教祖〉が再構成されるのみならず、その〈教祖〉の眼差しに照り返されて物語的自己同一性も同時に構築されるということである。教祖について語ること（行為としての教祖伝）は、語る主体の信仰を解釈することと並行している。それは信仰的主体の生のヴィジョンの獲得でもある。その時、教祖は個々の信者のセルフ・ナラティヴに組み込まれ、「自己化」（Aneignung）されている。[18]

教祖伝が主体の再解釈を促すのは、個人に対してだけではない。それは歴史的存在としての教団の信仰のあり方を再解釈するための契機としても働く。その時ナラティヴとしての教祖伝は、個々の信者に生のヴィジョンを提供するとともに、その個人が置かれている歴史的状況を理解し、「歴史」を再構成するための解釈学的土壌となる。

まさにこの点に、教祖についての〈記憶〉が歴史的出来事としての教祖伝を相対化する可能性を見出すことができる。〈教祖〉を構築しようとする営みは、まさにその〈教祖〉によって脱構築されるのである。ここに、歴史叙述としての教祖伝が、不断に脱構築されると同時に再構築されるという動的な構造を見出すことが可能となる。なぜなら信者の共同体が存続する限り、教祖の〈記憶〉は生き続けていくからである。古い信者が亡くなってもその次の世代が信仰を受け継いでいくように、教祖を直接知るものが完全にいなくなったとしても、その記憶は生き続ける。まさにピエール・ノラが言うように、記憶は生命である。言い換えれば、「記憶は、つねに現在的な現象であり、永遠に現在形で生きられる絆である」（ノラ二〇〇〇、一七）。それに対し、歴史は過去の表象であり、相対的である。

教祖伝の中で中心的な位置を占めるのは、その宗教体験である。より正確には、記憶され、想起される体験である。記憶されるがゆえに体験は、つねに個別的であり、象徴的であり、また絶対的である。したがって教祖の体験は教祖だけのものではない。教祖が自らの体験を理解するために自叙伝を書くとすれば、教祖伝はその理解を少しでも共有したいという志向性に導かれている。もっとも、荒木美智雄によれば、教祖の宗教体験は畢竟するに本人以外には理解不可能である（荒木二〇〇一、六二）。しかし、野家がW・B・ギャリーの議論を敷衍して述べている論理を借りれば、理解不可能なものも「人間の生活の中の特定の主題への連関」の中に置かれることで受容可能なものとなる。野家によれば、この「連関」を形作ることこそ物語の根源的機能であり、教祖伝が単なる教祖個人の物語でなく、そこに教祖の家族や直接の弟子たちを含め、さまざまな人物が描かれている物語であるからこそ、教祖の宗教的世界は幅広い読者にとってより受容しやすいものとなる。

語られた教祖は、教祖についての新たな語りへと受け継がれる。たとえば、教祖について語られた内容は教祖物語を構成するが、他方、この教祖物語が読者に内面化され、その生活の中で主体的・体験的に捉え返される時、そこに自己の体験を通して教祖を語るという行為が生まれる。このナラティヴ（ナレーティング）としての教祖伝によって不断に想起される〈教祖〉は、個々の読者が自己のナラティヴを語る際に超越論的なプロット（筋立て）を提供する。このプロットに即しつつ語られた「私の教祖」の眼差しこそ、「私」の置かれたコンテクストを偶然性から必然性へと橋渡しし、「私」に起こった出来事の個別性を普遍性へと転回する契機である[19]。

教祖のそれであれ、信者のそれであれ、本人にのみ接近可能なパーソナルな「体験」は、言葉を通じて語られることによって公共的な「経験」となり、伝承可能な蓄積可能な「知識」として生成される。この場合、「語る」という行為は、言語的ネットワークを媒介として「経験」を象《かたど》り、それを共同化する運動にほかならない（野家二〇〇五、八一）[20]。「体験」的に構成される「私」と「経験」的に構成される〈教祖〉とをつなぐ（あるいは「連関させる」）物語り、それが教祖伝なのである。

おわりに

教祖伝において語られるもろもろの〈出来事〉は、語り手と聞き手（読み手）を結び付けると同時に断絶も生み出す。それは、表象された〈記憶〉の共有可能性と、出来事が〈出来事〉となる過程で必然的に生じる解釈の歴史性との、矛盾でもある。しかしこの矛盾は、人間の歴史性が解釈に開かれているというまさにその事実によって、創造的なものとなる[21]。

まさにこの創造性によって教祖伝は、歴史を生きられうるものとする。すなわち、「人間化する」。この創造的行為において、教祖伝が描き出す教祖にまつわる出来事は、象徴的・救済論的な意味を付与される。付与するのは、個々の出来事の意味を解釈する共同体（〈記憶〉の担い手）である。しかし、その解釈の枠組みを提供するのは、当の教祖自身（〈出来事〉の担い手）である。教祖伝は、ある歴史的人物の救済論的な営みを記憶し続けることで〈教祖〉を絶えず現在化（「今、ここに、私とともに在る」ことを実感）したいという宗教的欲求から生み出されるが、そのようにして誕生した教祖伝は、今度は、それを読むものに対して、自らの信仰的生において教祖の行ないを繰り返し想起し、その意味を解釈することを要求する。まさにこの時、教祖の「間主観化」と「歴史化」の二つのベクトルがせめぎ合う。すなわち、「共時的な反復可能性と通時的な反復可能性とが共に意味形成の過程に参与することによって」、教祖の「客観性」（共同主観性）が構成されるのである（野家二〇〇五、三六）。しかし、この「客観性」が解釈に開かれている限り、〈教祖〉はつねに変容し続ける。けれども、それは決して「同一性の危機」ではない。むしろ、共同体の歴史を解体しながら再構築し続ける教祖神話の読者によって、〈教祖〉の（そして教祖を中心とする共同体の）無限の「再活性化」が保証されるのである。(22)

註

（1）ここで「集団」とは、ある目的を遂行するために複数の成員で形成されているという意味で（当人にとって）「機能的」な存在であり、「共同体」とは、目的や価値観などの共有を実感することで初めて生まれるという意味で（当人にとって）「実体的」な存在であると、区別しておきたい。ちなみに、教団は第一義的には「集団」であるが、目的を達成するために成員の役割が分化・体系化されている点で「組織」でもある。教祖伝は、教団が「教祖共同体」となるための契機となる。

（2）ブッダやイエスやムハンマドを忘れないために、どれほどの努力が払われてきた（いる）かを思い起こしてみよう。

（3）いわゆる物語（り）論的アプローチはこんにち多様な分野で注目されており、したがってその意味も使われ方も多岐にわたるが、本論では主として、解釈学的哲学を物語り論的に転回させたポール・リクールと、ダントーやホワイトから科学哲学の諸理論まで幅広く参照しながらユニークな歴史哲学を提唱した野家啓一の考察を参照しつつ論を展開したい。

（4）邦訳タイトルは『物語としての歴史――歴史の分析哲学』（国文社、一九八九年）。

（5）『宗教年鑑平成一九年版』によれば、一二万六六五四人。

（6）なお、それ以前は「真言辯天宗」（昭和二七（一九五二）年設立）。平成一四（二〇〇二）年に「辯天宗」に変更された。真言宗から独立した後も、たとえば昭和四〇（一九六五）年の高野山開創一一五〇年記念大法会の時は、夫婦で導師・副導師を務めるなど、高野山との関係は深い。

（7）教団（宗団）内では「宗祖」。なお、昭和九（一九三四）年に天啓を享けた頃はもっぱら「奥様」「先生」と呼ばれていたが、昭和二三（一九四八）年頃から「御神代《ごしんだい》さま」と呼ばれるようになり、昭和二九（一九五四）年から「宗祖さま」「御宗祖さま」と呼ばれるようになったようである。

（8）ちなみに平成二一（二〇〇九）年春には「宗祖霊顕七十五年祭」が挙行された。

（9）智辯が辯才天から享けた教えと智辯が信者に伝える教えがともに「神示」と称されていることは、智辯が辯才天と同格の存在とみなされていることを如実に物語る。

（10）その巻頭には次のようにある。「宗祖さまにお目にかかって直接「お言葉」を頂き、「御神示」を頂いたことのある信者さんは、その内容を、お言葉を、御神示を、直接頂くことのなかった後世の信者さんに教えてあげる義務がある」。この大森慈祥管長の言葉に、直接教祖を知る信者が年々少なくなっていくという事態に対する危機意識を読み取ることも可能であろう。

（11）それぞれ以下のようなタイトルのもとに、いくつかの項目に集約されているが、それはあくまで見出しにすぎず、内容は多岐にわたっている。「厳しいお叱り」「支部長をしなさい」「たとえ〝まね事〟でも」「甘えすぎた私たち」（以上、上巻）。「宗祖さまと母と私」「足音が聞こえるのや」「破れ障子に笑い声」「御遷神の報に決意」（以上、中巻）。「信仰の定規」「私も拝んでいます」「御神示、夢でまでも」「永遠の救い」（以上、下巻）。これらの項目からも教祖についての「語り」の一端を窺うことができよう。

（12）この物語る能力を、「経験の伝播能力」ならびに「経験を交換する能力」に求めたのが、ヴァルター・ベンヤミンであった（ベンヤミン一九六九）。

（13）社会構成主義（社会構築主義）と呼んでもよい。この立場を積極的に臨床の場に導入しようとするのが、ナラティヴ・セラピーである。たとえば野口二〇〇二参照。

（14）あるいは、教祖が語るのではなく、逆に教祖の言葉が〈教祖〉を生み出すと言い換えてもよい。

（15）『宗祖さまと私』には「ご縁を頂く」という表現が頻出する。

（16）荒木はこのことが教祖の周縁性の廃棄につながるとしている（荒木二〇〇一、一八）。また、別の箇所では、教祖が教団による教祖神話の中に覆われてしまい、教団の構造を支えるために位置付けられ、管理されてしまうと警鐘を鳴らしている（同、四一）。

（17）この共同体は、語りを生み出しつつその語りによって維持されるという両面性を有した「語りの共同体」（野口二〇〇二）でもある。

（18）リクールに即して大塚良貴は次のように述べている。「統合形象化は筋の案出という詩的な創造行為によってテクスト世界を産み出し、再形象化はその筋をたどり、テクスト世界を開示することでフィクションがもつ「想像的変容」の作用を発動させるのだが、「自己化」は、提起されたテクスト世界によって変容しより拡大した自己を〈自分のものにする〉ことで、一連のミメーシスの終局点に位置する」（大塚二〇〇三、四七）。

（19）ここでの「普遍性」は、もちろん自然科学が追求するような個人を超えた普遍性ではない。むしろ個人をして個人を超えたものへとつなぐことで、人間が統合性を維持するのに役立つような「普遍性」である（河合二〇〇三）。ちなみに川浦佐知子は、近年のナラティヴ理解において、語りの筋立て（プロット）へ多大な関心が向けられる一方で、語りの文脈に十分な注意が払われていないことを批判しているが、傾聴に値する指摘である（川浦二〇〇八、三四）。

（20）野家は別の場所で、「「体験」は物語られることによって、「経験」へと成熟を遂げる」とも述べている（野家二〇〇五、一一五)。

(21)「記憶の場は二重の場である。すなわち、みずからに閉じこもり、みずからのアイデンティティに閉じこもり、そしてみずからの名に凝縮されている極端な場であるが、また他方で、みずからの意味が広がる限りでつねに開いた場でもある」(ノラ二〇〇〇、三六)。

(22)したがって教祖の共同体の「同一性」は、永遠不変の「無時間的同一性」ではなく、差異を孕みつつも収斂していく「解釈学的同一性」であるといえよう(野家二〇〇五、七六)。

文献

Ledbetter, Mark, 1989, *Virtuous Intentions: The Religious Dimension of Narrative*, Scholars Press.

Polkinghorne, Donald E., 1988, *Narrative Knowing and the Human Sciences*, State University of New York Press.

アスマン、アライダ、安川晴基訳、二〇〇七年『想起の空間――文化的記憶の形態と変遷』水声社。

荒木美智雄、二〇〇一年『宗教の創造力』講談社。

アルヴァックス、モリス、小関藤一郎訳、一九八九年『集合的記憶』行路社。

大塚良貴、二〇〇三年「物語ることと読むこと」『思想』第九五四号。

大森光祥監修、一九九九年『宗祖さまと私』全三巻、妙音新聞社。

大森智祥、一九七九年『無量の日々』ダイニチ出版。

鹿島徹、二〇〇六年『可能性としての歴史――越境する物語り理論』岩波書店。

ガダマー、ハンス=ゲオルク、轡田収ほか訳、一九八六年『真理と方法――哲学的解釈学の要綱　一』法政大学出版局。

河合隼雄、二〇〇三年『物語と人間』(河合隼雄著作集　第Ⅱ期7)岩波書店。

川浦佐知子、二〇〇八年「語り・記憶・歴史――ノーザン・シャイアンのセルフ・ナラティブに見る集合的記憶の表象と継承」南山大学『アカデミア　人文・社会科学編』第八七号。

川田順三、一九九五年「肖像と固有名詞」『アジア・アフリカ言語文化研究』第四八・四九合併号。

小松和彦、一九九七年「序　物語る行為をめぐって――「歴史」から「神話」へ――」青木保ほか編『岩波講座文化人

類学第十巻　神話とメディア』岩波書店。

島薗進、一九九二年「宗教思想と言葉――神話・体験から宗教的物語へ」脇本平也・柳川啓一編『現代宗教学2　宗教思想と言葉』東京大学出版会。

杉村靖彦、二〇〇一年「自己の発見と物語」長谷正當、細谷昌志編『宗教の根源性と現代　第一巻』晃洋書房。

竹沢尚一郎、一九九二年『宗教という技法――物語論的アプローチ』勁草書房。

野家啓一、一九九八年「講義　歴史のナラトロジー」同編『岩波新・哲学講義⑧歴史と終末論』岩波書店。

同、二〇〇五年『物語の哲学』岩波書店。

野口裕二、二〇〇二年『物語としてのケア――ナラティヴ・アプローチの世界へ』医学書院。

ノラ、ピエール、長井伸仁訳、二〇〇〇年「記憶と歴史のはざまに――記憶の場の研究に向けて」『思想』第九一一号。

ブロックルマン、ポール、小松加代子訳、一九九八年『インサイド・ストーリー――宗教の再生』玉川大学出版部。

辯天宗本部、二〇〇二年a『智辯尊女』辯天宗本部。

辯天宗本部、二〇〇二年b『まことの心――宗祖さま物語』（ＤＶＤ）辯天宗本部。

ベンヤミン、ヴァルター、高木久雄・佐藤康彦訳、一九六九年「物語作者」『ヴァルター・ベンヤミン著作集7』晶文社。

港千尋、一九九六年『記憶――「創造」と「想起」の力』講談社。

宮本要太郎、二〇〇〇年「聖者のパラドックス――比較宗教学的考察の試み」島岩、坂田貞二編『聖者たちのインド』春秋社。

同、二〇〇二年「〈出来事〉と〈記憶〉――聖伝の解釈学的循環」『哲学・思想論集』第二七号。

同、二〇〇三年『聖伝の構造に関する宗教学的研究――聖徳太子伝を中心に』大学教育出版。

同、二〇〇七年「新宗教教祖伝の生成の一端をめぐって」関西大学『文学論集』第五六巻第四号。

山岡荘八監修、一九六五年『生命の水――愛に生きる智辯尊女』ダイニチ出版。

リクール、ポール、久米博訳、一九八七年『物語と時間性の循環――歴史と物語』（時間と物語1）新曜社。

同、久米博訳、一九八八年『フィクション物語における時間の統合形象化』（時間と物語2）新曜社。

同、久米博訳、一九九〇年『物語られる時間』（時間と物語3）新曜社。
同、久米博訳、二〇〇四~二〇〇五年『記憶・歴史・忘却』（上・下）新曜社。
ル・ゴフ、ジャック、立川孝一訳、一九九九年『歴史と記憶』法政大学出版局。

新宗教文化の脱教団的展開
――教祖研究の〈作法〉をめぐって――

永岡　崇

はじめに

高橋和巳の長編小説『邪宗門』（一九六六年）は、作者によれば「日本の現代精神史を踏まえつつ、すべての宗教がその登場のはじめには色濃く持っている〈世なおし〉の思想を、教団の膨張にともなう様々の妥協を排して極限化すればどうなるかを、思考実験してみたい[1]」という動機のもとに書かれた作品であり、少々皮肉をこめたいい方をすれば「高橋氏好みの終末願望[2]」が結晶化されたものである。

戦前の天皇制国家権力のもとで二度にわたる弾圧を受け、壊滅状態に陥っていた「ひのもと救霊会」は、敗戦後の日本で再生し、各種の社会運動に協力するなど積極的な活動を進めていくが、供出米不当隠匿のかどで継主・行徳阿貴が収監され、三度目の弾圧の予感が教団を覆う。そして進駐軍・警察との突発的な衝突を契機に、三代教主・千葉潔を戴いた救霊会は、地元・神部の役所以下公的機関を占拠し、「解放区」をつくりあげる。全国でも神部の「一揆」に呼応する動きが現れるなど、一時的な勝利を収めたかにみえたが、進駐軍の介入によりたちまち「解放区」は壊滅し、ひのもと救霊会は地上から抹殺されるのである。

私がここで注目したいのは、ひのもと救霊会を自己壊滅の道へと導いた千葉潔の位置どりである。第三高等学校を卒業したのち、大学には進まず、出征の道を選んだ千葉は、復員後、少年時代に世話になった救霊会に戻り、三高時代の友人たちをメンバーとする企画院の主事として教団運営に携わっていく。やがて救霊会の信仰をもたぬままに三代教主となった彼は、教団を指導して「〈世なおし〉の思想」を「極限化」していくことになる。

千葉は、ひのもと救霊会という信仰共同体の〝外部〟から〝周縁〟、さらには〝中心〟へと自らの位置を移行させていくのだが、依然として彼は信仰という要件を欠いたままなのであり、その意味で救霊会にとっては決定的に〝外部〟の存在なのである（もっとも、神部の陥落後、餓死という結末にいたるまでの過程において、彼は信仰を内面化したかもしれない）。千葉と、彼の三高時代からの盟友である吉田秀夫との対話は、信仰共同体を非信仰者が指導していくことの矛盾、そういって悪ければその困難さを鋭く照らしだしている。

「一つの思想というものは、まず少数者の精神に宿り、やがてその思想の実現のために、特定の団体に委任される。クリストにとっては心貧しき人々、マルクスにとってはプロレタリアート、農本主義者にとっては農民たちに……。委任された側は、委任された理想の実現のために苦しみを負っても、その思想によっては勇気づけられた反面をもつ以上……」

「そう、その委任ということだ、つらいのは。君がね、この教団の開祖であり教主であるのなら、いや率直に言ってしまえば、君が救霊会の人々と同じ信仰をもっているのなら、その委任には倫理性がある。だが……」

「マルクスもレーニンももともとプロレタリアートではなかったよ」
「それはそうだが、君だけではなく、企画院のメンバー全体が、やはりまず平信徒になるべきであり、冷汗を流しながらでもお筆先を口誦すべきじゃないだろうか」

（高橋前掲書、四二二〜四二三頁）

非信仰者の思想ないし理想を、信仰共同体としての救霊会に「委任」することに倫理性はあるのかと、吉田は問いかけている。あるいは、そのような「委任」をする以上、信仰実践を通じて救霊会の人びととの精神面での同一化を試みる必要があるのではないのかと。その問いは、あたかも救霊会をクリストにとっての「心貧しき人々」やマルクスにとっての「プロレタリアート」、農本主義者にとっての「農民たち」などと互換することができるかのように語る千葉潔の主張と、鋭角的に対立するようにみえる。実際、右の引用における千葉の語り口は、工場なり、農村なりにもぐりこんでいく左翼的前衛のそれと選ぶところがない。

しかし、吉田は千葉が他ならぬ救霊会にこだわる理由を、理想とは「あきらかに別の原理、原理といって悪ければ、愛着のため」（高橋前掲書、四二〇頁）であると喝破する。吉田がいう「愛着」は、救霊会の人びと全体に対するものでもあるかもしれないが、二代教主の長女・小窪阿礼に対する千葉の恋愛感情を指していると思われる。つまり吉田にしたがえば、理想と信仰との結合ではなく、理想が共同体の人（びと）への愛着というすぐれて〝世俗的〟な感情に裏打ちされることによって、救霊会は自己壊滅の道を歩んでいったことになるだろう。高橋和巳は、理想・愛着・信仰という要素を提示したうえで、そのうちの信仰という契機を欠落させた三代教主・千葉潔、いわば信仰共同体にとっての〝外部〟を造形することによって、「〈世なおし〉の思想」の「極限化」という「思考実験」を遂行することができたのである。むろん現実には安丸良夫がいうように、「終末観的願望をもって成立した教団も、それが教団という地上の組織体であるがゆえに、この地上で存続してゆく条件をさがし求めざるをえない」（安丸前掲論文、一五四頁）のであり、ひのもと救霊会はまさに「現存のいかなる教義・教団とも無縁である」（高橋前掲書、五四八頁）のだが、世俗主義的な宗教文化というものがありうるとすれば、『邪宗門』はたしかにそのひとつの到達点を示すものだろう。

ところで、戦後日本において、宗教や宗教者を世俗的な文脈にひきこむことで、新たな宗教文化をつくりだそうとしてきたのは、ひとり高橋和巳（あるいは千葉潔）だけではなかった。一九五〇年代後半から一九八〇年代ごろにかけて現れた民衆宗教研究、また新宗教研究は、アカデミズムのなかに自らを位置づけながらも、宗教文化の脱教団的展開とでも呼ぶべき性格を濃厚に帯びていた。本論では、これらのうち新宗教の教祖を論じたいくつかの研究をとりあげて、その宗教文化史的特質を明らかにしたいと思う。そうした教祖研究の諸作品は、それがある宗教伝統の創始者（「教祖」）についての語りであるかぎりにおいて、広義の教祖伝として検討されることになる。

一　思想としての教祖研究

教祖研究のテクストを広義の教祖伝として、あるいは宗教文化としてとらえるという発想自体は、今日それほど奇異なものではないだろう。日本でも一九九〇年代以降集中的に蓄積されてきた「宗教」概念の批判的再検討や宗教研究の系譜論的研究によって、「宗教学者の語る「宗教」なるものが、それまでのように普遍的かつ中立的なものとして実体論的に主張することが困難に」なり、同時に「宗教」を語る研究者も、自らが政治的に無色透明な観察者であると主張することはもはやできなくなっている。(3) そうであれば、近代日本というフィールドを共有してきた新宗教と宗教研究者は、それぞれ別様の仕方で近代の宗教文化を創造してきたのだといえる。信仰当事者は、超越的な存在への信仰を前提として、信仰者の〈作法〉にもとづいて教祖を語るが、研究者は信仰を前提とせずに、アカデミズムの〈作法〉に依拠して教祖を語る。ふたつの〈作法〉の間には、かつては主観的／客観的、非合理的／合理的、特殊／普遍などといった知の位階秩序が厳然と存在しているようにみえたが、いまや近代科学的な知の特権性を支えてきた位階秩序は正統性を失い、異なった〈作法〉の間の比較や対話への豊かな可能性が開かれているといえるだろう(4)。

本論が課題とするのは、戦後教祖研究の〈作法〉を具体的に明らかにすることである。これまで、宗教研究の系譜論的研究においては、日本における宗教学の創始者といえる姉崎正治をはじめ、研究者の生活史や政治的・社会的位置、同時代の思想的状況、学問的な影響関係、研究対象に向かう実存的な動機、研究者自身の〝あるべき宗教〟〝真正な宗教〟への規範意識などに強い関心が払われてきた。そうした要素への注目がきわめて重要であることはいうまでもないのだが、その一方で、そうした要素がテクストへと結実する際に通過する技術的手続き、すなわち〈作法〉については、あまり問われてこなかった。学術的テクストは、右に列挙した諸要素と無媒介的に結びつくのではなく、必ずなんらかの技術的な手続き――理論の選択、史資料の選択と批判、先行研究との（無）関係性、用語の選択、修辞上の工夫、それらが生み出す効果など――を経由しなければならないのであり、その際に研究者の意図なり社会的状況なりといった要素は不可避的に変形を被るはずだろう。そこに、単純な心理主義的還元や社会決定論的解釈を逃れていく次元が生じる。そうした次元に光をあててこそ、戦後教祖研究の独自な文化史的意義を理解しうると思われるのだ。

具体的なテクストの分析に入っていく前に、本論で検討する教祖研究テクストの位置づけを、さしあたり学史的に確認しておきたい。この二〇〇年ほどの間に、この国では数多くの「教祖」が生まれ、相当数の「宗教」が発生し、そのうちのいくつかは現在まで存続している。しかし、非信仰者の立場から、新宗教／近代民衆宗教の教祖たち自身によるテクスト、あるいは教祖たちについて書かれたテクストに寄りそって、彼／彼女の生涯を正面から論じた研究が現れてきたのは、戦後になってからである。戦前であっても、親鸞や日蓮のような既成仏教の宗祖の場合は、卓越した思想家として近代的に再解釈され、教養主義的な宗教ブームのなかで脚光を浴びたこともあったが、新宗教の教祖たちはそうした動きとは無縁であった（小説や講談の題材にはなっている）。当時、仏教経典やキリスト教聖書の「文学的価値」に注意を払っていた戸坂潤も、「新興宗教は少くとも高級なインテリの文化的要求を満足させない。大本教や天理教の聖書は文学的価値を持たぬ。まして「ひとのみち」のものをやだ」（傍点原文）とのべていたのである[5]。

だが、戦後、一九五〇年代半ばにいたり、佐木秋夫・乾孝・小口偉一・松島栄一『教祖——庶民の神々』（青木書店、一九五五年）や村上重良『近代民衆宗教史の研究』（法藏館、一九五八年）といった著作を先駆けとして、近代民衆宗教の教祖たちを近代的な（あるいは逆に反近代的な）思想家、また宗教的変革者として、個々の教団の創始者であるにとどまらない思想史的意義を内包した存在として高く評価する研究が現れてくる。主として歴史学者によって担われた、民衆宗教研究と呼ばれる潮流である。これらの研究において、民衆宗教の教祖たちによるテクストは「日本人の書いた思想文献のなかでももっともすぐれたものの一つ[6]」とも評されたのであり、一九三〇年代における戸坂の評価と比較するなら、敗戦を挟んで左翼知識人層における近代民衆宗教の評価が劇的に変化していったことがわかる。その後、民衆宗教研究の成果を批判的に継承しつつ、宗教（社会）学的な立場からの新宗教研究が興隆し、その重要な領域としてすぐれた教祖研究が発表されていく。本論で私は、この宗教（社会）学的教祖研究のなかから、川村邦光、荒木美智雄、島薗進のテクストを選んで検討を行なう。これらはいずれも、新宗教研究が大きく進展した一九八〇年前後に発表された作品であり、個性的な〈作法〉（それぞれカリスマ理論、宗教現象学、内在的理解といった用語によって整理されることが多いが、そうしたラベルはそれほど重要でない）を用いて教祖を表象したものとして、戦後教祖研究の特質をよく伝えていると思われるからである。したがって、本論は宗教（社会）学的教祖研究の全体像を網羅的に明らかにするものではなく、代表的な作品をとりあげることによって、その思想的射程を浮き彫りにすることを目指すものである。[7]

あらかじめ分析の焦点を示しておこう。まず、それぞれの研究者が、教祖研究の素材としてのテクストを読みこみ、活用する〈作法〉に着目する。教祖を表象するという場合、研究者が利用しうるメディアは、教祖自身が（ときには神のことばとして）遺したテクスト、教祖と同時代の人びとによる彼／彼女についての語り、教祖没後の人びとによる彼／彼女についての語りといったものが考えられるだろう。これらさまざまなテクストを読み、学術的・文学的方法論など手持ちの知識や技術を介して、教祖についての新たな語りへとまとめあげることになる。そこでは、他者による多様なテクストを読むという行為を欠くことができない。つまり、新たな語り手は、読むという行為を通じて、教祖に関わる他者の表象との間で一種の共同性を形成する。廣松渉の表現を借りるなら、「過去における他人との〝現在的〟協働」を行なうことになるのである。こうした他者の痕跡をテクスト上でどのように処理するか（同意、反発、排除、無視など）は、新たな教祖像を通じて表現される共同体観や主体のあり方にも密接に関連していて、そのような連関のなかに宗教文化、もしくは思想としての教祖研究の重要な特質が現れるのではないだろうか。[8]

上記の点を検討したうえで、さらなる課題として、思想としての教祖研究が同時代的な思想的・文化的状況のなかでいかなる位置を占めるものであるのかを、簡単に検討してみることにしたい。

二　スティグマとカリスマの弁証法

一九七〇年代以降に大きく進展した宗教社会学的教祖研究のなかで、マックス・ウェーバー以来のカリスマ理論は大きな位置を占めている。超自然的な力をもつと信じられた教祖と、彼／彼女に帰依する信徒たちとの関係性を説明するうえで、カリスマ理論の有効性が広く認められたからにほかならないだろう。しかし、川村邦光によれば、従来のカリスマ理論には、ある人間のカリスマの存在をあらかじめ前提した議論となっている点や、カリスマの発現―承認をめぐる関係性を指導者と帰依者との間に限定し、より広い社会的関係性をとらえることに消極的であるという点に問題が残る。そこで川村は、日本の新宗教教祖におけるカリスマの所有、獲得もしくは付与が、いかなる関係性において、いかなる過程をへることによって実現するのかという問いを立て[9]、「スティグマとカリスマの弁証法――教祖誕生をめぐる一試論」（一九八二年）で、天理教の中山みき、大本の出口なお、天照皇大神宮教の北村サヨを事例に検討を行なっていく。

この際川村が援用するのが、ウォルフガング・リップによるカリスマ化過程の三極構造モデルである[10]。リップの所論については、山折哲雄が最初に簡潔な紹介を行なっており[11]、東北大学で山折に師事した川村がリップに関心をもった契機も、山折との関係が大きいと考えてよいだろう。しかしここでは、そうした学派的配置を確認することが目的なのではなく、川村のテクストを支える技術的な〈作法〉のありようを具体的にとらえることが重要である。

長くもないこの論文は、短い「はじめに」「おわりに」をのぞいて四つの節から成っている。そのうち最初の節では、スティグマ概念とカリスマ概念、および両者の連関をめぐって、モルデカイ・ローテンバーグによるレッテル貼り理論批判およびリップのカリスマ理論をとりあげて概観し、「カリスマの成立する社会的過程を分析するために必要な理論的枠組[12]」を構成する作業を行なっている。

それにつづく三つの節では、リップの議論からとりだした、スティグマ化―自己スティグマ化―カリスマ化の三局面からなるカリスマ化過程が、三人の女性の教祖化過程を事例として検討されることになる。彼女たちが神がかりの当初、もしくはそれ以前から生息していた巫俗的世界からどのように飛躍し、独自の宗教的宇宙を創造していったのかが中心的に議論されるのだが、まずはその展開を追ってみることにしよう。

川村が彼女たちのカリスマ化過程の起点に置くのは、最初の神がかりという出来事であり、それ以前の生活史については、ほとんど立ち入ることがない（これは、村上重良らによる民衆宗教研究とは対照的である）。それは彼女たちが「［著作や発言の］多くの箇所で初めての神がかりの年を反芻して」おり、「彼女らにとって初めての神がかりが自己の起点もしくは原点となった」と考えるためである（「弁証法」、七五頁）。ここにも端的に現れているように、川村は彼女たち自身のことばを伝える史料をきわめて重要視している。彼女たちが生きる社会的世界を認識する方法として、社会的経済的背景あるいは信徒らの解釈によって説明するよりも、彼女たちが実感した姿で世界を理解しようとする姿勢がはっきりと打ち出されるのである。いいかえれば、信徒をはじめとした他者の記憶／記録のなかにある教祖を対象化するのではなく、教祖自身に可能なかぎり直接的に接近し、表象しようと試みるのだ。

戦後教祖研究は、人間としての教祖を積極的に評価していこうとする姿勢でおおむね共通するが、その一方では、教祖の後継者を自任する教団組織に対しては、批判的な態度をとる論者が多い。たとえば村上は天理教を論じた作品のなかで、「反権力性」を含めた〝近代的〟で〝民衆的〟な「前進性」が託された教祖時代を高く評価する一方で、

「権力への迎合・奉仕」の道を歩んだとされる教祖没後の時代は、集団の「限界」を露呈したものとして否定的に扱っている。[13] 村上や川村、次章でとりあげる荒木美智雄、あるいは安丸良夫などは、教団が伝承し、公開する史料に依拠しつつも、あくまで教団によって潤色を加えられる以前の教祖の姿を表現しようとするのである。

さて、川村によれば、神がかり後の彼女たちは、周囲から「狂人《きちがい》」「発狂《きちがい》婆あ」「神経」「信仰のぼせ」などといった「汚名《スティグマ》」をもって呼ばれるようになり、「主婦としての役割を剝奪され、日常生活のあらゆる局面から疎外・排除されて、いわば社会の周縁領域へと象徴的にあるいは実質的に隔離されていった」(「弁証法」、七七頁)。それが、スティグマ化の段階である。

その後、彼女たちは自発的あるいは強制的に、内蔵(中山みき)や座敷牢(出口なお)、山(北村サヨ)といった「籠りの空間」(「弁証法」、七八頁)に入り、そこで重要な他者としての「神」と向き合うことを通じて、「神」の使命を果たすための「聖痕」として「汚名」を引き受けなおすことが可能になったという。こうした「自己神化」の過程が、自己スティグマ化と名づけられている。

自己スティグマ化を果たした彼女たちは、「籠りの空間」を出て、歩き巫女的・遊行的形態をもって「神」の霊威を顕していく。「籠りの空間における霊威・霊能の充塡、巡りの空間における霊威・霊能の証明によって、巫者的存在として一定の地域社会のなかで是認される過程」(「弁証法」、八三頁)を、川村はカリスマ化の段階と位置づける。

スティグマ化―自己スティグマ化―カリスマ化の過程が巫者的存在としての彼女たちを生み出したとしても、それだけで教祖の誕生を意味するわけではない。その後も既成宗教勢力や警察権力との衝突を契機に、ふたたび彼女たちへのスティグマ化が起こっていく。「カリスマの担い手が社会全体によって承認されない限りは、絶えずスティグマ化がつきまとうから」であり、「スティグマからカリスマへの絶えざる弁証法的運動の展開がカリスマの担い手およびその集団を支える根拠となる」というのである（「弁証法」、七四頁）。

いささか冗長に論旨の概略を示したが、このテクストにおいて、教祖にとっての、また川村にとっての他者はどのように表象されているだろうか。まず、みき、なお、サヨが新たなアイデンティティを構築する主体として存立するうえで、社会的な他者（家族・親族、近在の人びと、既成宗教、警察権力）と超自然的な他者（「神」）の存在が不可欠のものとして機能している。

このうち、社会的な他者は、彼女たちに「汚名」を浴びせるレッテル貼りの主体としての役割を強調されている。家族・親族や近在の人びとは、理論的には、彼女たちのカリスマを承認し、帰依する主体としても現れるはずであるが、カリスマ化の段階においても「[みき、なお、サヨは] 生き神もしくはやはり神として地域社会のなかで認められた」（「弁証法」、八三頁）と、教祖たちを主語とした文のなかで間接的に表現されるにすぎない。むしろ、教祖たちによる主体的な「自己神化」の実践が重視されるのである。

他方、「籠りの空間」で現れる「神」は、教祖たちが新しいアイデンティティを作りあげていくうえで「依拠すべき雛型あるいは重要な他者」（「弁証法」、八一頁）として、論文中で唯一といってよい、親しい存在として描かれている。こうした重要な他者に関する議論を、川村はローテンバーグの著作を援用して展開するのだが、両者には微妙な違いがある。すなわち、ローテンバーグが「新しいレッテル」を自分に貼りつけるために依拠する「模範的な他者」として、司祭、導師、治療家などをあげているのに対し[14]、川村は「超自然的存在が他者たりうる」（「弁証法」、九二頁）として、自然的世界の外部に教祖たちの親しい他者を見いだすのだ。したがって、既存の秩序あるいは日常性を体現する社会的他者と、新たな価値を獲得する教祖およびその雛型となる超自然的な他者との明快な対立図式が描かれることになる。

さらに重要なのは、川村の理論の核心というべき「絶えざるスティグマ化と自己スティグマ化」（「弁証法」、八九頁）である。いったんカリスマ化過程の三段階をへて巫者的存在として認められても、教祖たちは幾度も既成宗教勢力や警察権力との衝突を引き起こしつづけることになる。彼女たちはいわば〝終わりなき非日常〟を生きるのであり、けっして日常性のなかに定着することのない教祖像が造形されるのである。

こうした叙述上の性格は、川村が教祖研究という実践に見いだす意義にも関わっているだろう。彼は、「彼女らに自己変革の範型のひとつをみる」（「弁証法」、九〇頁）あるいは「［教祖たちが］「病気直し」の宇宙論を「世直し」の宇宙論へと展開させた」（「弁証法」、八九頁）といったように、宗教集団の創始者としてとらえるよりも、自己あるいは社会変革の主体形成を彼女たちのなかに読みこもうとしていたのである。そこに、信徒たちとの関係性のなかに安らぐ教祖のイメージ、信仰共同体のイメージはほとんどみられない。重要な他者としての「神」と連帯し、社会的他者によって構成される既存の秩序、日常性と対決しつづける主体の形成が、力強く描かれたのだ。

ところで、川村は教祖の死とそれに伴うカリスマの日常化・制度化に関する論文も執筆している。(15)これは一見、川村が〝終わりなき非日常〟を生きる教祖を追求したという私の見立てと矛盾するようであるが、そうではない。そこでは非日常を生き抜いた教祖の死を契機としてカリスマの制度化が作動するのであり、教祖＝非日常性／信徒（教団）＝日常性という対立は、厳格に守られているのである。

三　教祖と周縁性

宗教学者の荒木美智雄は、自身の論文集の冒頭において、「著者は、聖なるものの顕れと、それをとおして聖なるものを体験して生きる人間の生の創造性に一貫して強い関心を抱いてきている」と語っている。

宗教的生の創造性ということのうちには、旧くなり、生命を喪失した宇宙の更新、あるいは新しい宇宙（世界・人間）の創造のための、旧い創造の根源的な廃棄・破壊ということが含まれている。[16]

ここにみられる、旧い宇宙の破壊と、それにつづく新しい世界や人間の創造というテーマは、荒木がシカゴ大学で師事したミルチア・エリアーデから継承したものだ。エリアーデにしたがって、彼は非還元主義のスタンスを表明する。「宗教現象は宗教と文化・歴史の間の密接で複雑な関連性」を示しているが、「常に文化や歴史の諸概念やカテゴリーに還元し尽くせないものをもっている」。それゆえ、宗教学は「宗教現象の独自の宗教的地平・意味世界」を対象としなければならないだろう（荒木前掲書、六頁）。荒木が一九八〇年代はじめに発表した金光教教祖・金光大神論も、このような立場から構想されているといえる。

ここで検討するのは、雑誌『思想の科学』と金光教教学研究所の紀要『金光教学』にそれぞれ寄稿された二本の論文である。[17] 前者が非信仰者をふくめて一般読者に向けられたものであるのに対し、後者は、金光教の信仰当事者であり、金光教教学研究所嘱託でもあった荒木による、金光教に対する宗教学的立場からの批判的提言という性格をもっていると思われる（したがって荒木を教外の研究者と呼ぶことは適切でないかもしれないが、あくまで宗教学者としての自己規定にもとづいた分析を行なっているという理由で、本論の検討対象としている）。両者は、内容面で連続性が強いものの、媒体に応じて若干の相違――とくに結論において――もみられる。したがって、両者に共通する主題をたどるとともに、相違点とその意味についても注意して分析を進める必要がある。

最初に、荒木が教祖という存在をどのようなものとしてとらえているか、その大枠をみておこう。彼によると、人類の宗教史において現れた多くの教祖たちには「共通したパターン」があり、それは「大きな宗教体験」をへて「生死を賭した宗教活動」に入っていくことである（「周縁」、四五頁）。そして金光大神の場合には、「旧い秩序・構造を一旦カオスに還元し、同時に新しい神との出会いによる、新しいリズム、新しい人間、新しい天地の創造を生きる」（「周縁」、五〇頁）。また、既成の価値の体系から「「気狂い」」、「狐」、「狸」という烙印を押」された「周縁的存在としての教祖の側から見れば、文明も社会の構造も、その構造を支えている価値も、克服さるべき大きな矛盾」としてとらえられるのだとする（「周縁」、五一頁）。

破壊と創造のモチーフにエリアーデの大きな影響が明瞭に認められるとともに、ヴィクター・ターナーの議論を積極的に援用して教祖の周縁性が前面に押し出されている。だがここで問うべきなのは、金光大神に即してこうした構想が弁証されるときの、具体的な〈作法〉とはいかなるものであったか、ということだ。

そこで重要になってくるのが、荒木における史料の扱い方である。彼は金光大神が表現されているテクストを、二種類に大別する。ひとつは弟子たちが「教祖との出会いを通して受け止めた教えとその伝承」にもとづく「聖伝」であり、もうひとつは「金光大神自身が、神からの命を受けて書留めた」『金光大神御覚書』（『覚』）ならびに『お知らせ事覚帳』（『覚帳』）、荒木の用語では「宗教的自叙伝」である（「周縁」、四七～四八頁）。

この二種類のテクストは、荒木にとっては同列のものではない。彼は、「弟子たちが受け止めた教えやその伝承は、そのままで、教祖自身にとっての教祖や教祖の立脚点を顕に表現するものではない」（「周縁」、四八頁）がゆえに、「教祖の生死」を「教祖自身の側から見る」（「周縁」、四六頁）うえでは、後者の「宗教的自叙伝」、すなわち「直接的宗教体験の第一次的表現」（「宗教的自叙伝」、五頁）こそが重要だとする。

「自叙伝の作者の立脚点が、構造を超えた神と構造の中なる人間との間、社会・文化と自然との間、旧きものと新しきものとの間、境界にある」のに対し、「聖伝の伝記作者たちは社会・文化の構造の中に於てのみ、聖者や教祖の人格・教義の物語を繰り広げる傾向が強い」ために（「宗教的自叙伝」、一〇頁）、「聖伝」は金光大神が克服しようとしたはずの「構造の只中」（「周縁」、四八頁）に回収されてしまうのであり、「第二次的表現」としての価値しかもたないとされる。こうした認識は、教祖の死後、教派神道の枠内で天皇制国家体制を支持することになった金光教団の歴史をふまえてのものでもある。

こうして荒木の展望のなかでは、教祖／弟子・教団、周縁／構造内、自叙伝／聖伝、直接的・第一次的／第二次的といったように、テクストの〝作者〟に応じて、厳格な階層的二項対立が打ち立てられることになる。そして「全体として見れば、教団が弟子たちによって担われたとき、すでに、教祖の信仰的生命は、教祖と異質の論理・文明の論理の導入によって周縁性が大きく脱落することによって、奪われていた」（「周縁」、五五頁）として、金光教の組織化・構造化そのものが否定されるのである。

このような二項対立的図式のもとでは、教団としての金光教にはもはや積極的な可能性は残されていないようにみえる。実際、『思想の科学』に寄稿された論文では、そのような突き放しがある。だが、『金光教学』の論文に目を移すと、やや違った様相がみえてくるのである。

荒木は、論文の末尾近くで、「『覚』並びに『覚帳』という「宗教的自叙伝」が、「教典」となることによって、金光教団はその構造化を一層推し進めることになるか、あるいはまた、その逆に「宗教的自叙伝」を「宗教的自叙伝」として受止めることによって、教祖金光大神の周縁性・境界性、教祖自身への回帰にどれほど成功するのか」(「宗教的自叙伝」、一八頁)と問いかけている。ここには、新たな二分法が現れている。すなわち、さきにのべた階層的二項対立においては、テクストそのものに、〝作者〟に応じた静態的な分割線が引かれているのに対し、この二分法では、テクストの受け止め方によって、構造にからめとられるか、周縁性を取り戻しうるかが決定されるのであり、いわば実践的な差異として提示されているのだ。いいかえれば、この二項対立は、〝読み〟の行為によって越境する可能性が残されているということだろう。こうした視座は、信徒や教団、すなわち「自叙伝」を〝読む〟ことによって結びつけられた共同体に投げかけられるときにこそ、開かれるものであるはずだ。

ここでいわれていることを、私なりに敷衍してみよう。荒木にしたがえば、「宗教的自叙伝」と「聖伝」の間には、それらが書かれた時点で決定的かつ非妥協的な分割線が引かれ、後者は劣位にあるものとして留められる。しかもそのとき「聖伝」というテクストだけではなく、それを編集し、伝承する信徒や教団もまた、教祖という存在に対して劣位に置かれることになる。荒木は旧い構造へと組みこまれていく教団について、「教祖の共同体による抹殺」(「宗教的自叙伝」、一六頁)ということばすら用いて厳しく批判するのである。

だが、「自叙伝」テクストにも新たな分割線が見いだされることによって、〝読み〟という未完の実践に可能性が開かれていく。つまり「自叙伝」を「自叙伝」として、教祖の周縁性を抹消してしまうことなく〝読む〟ことの可能性である。ところが、荒木が「自叙伝の作者の直接的経験の完全な理解を許されるものは、作者以外に誰一人としていない」(「宗教的自叙伝」、一〇頁)とのべている以上、〝読み〟はつねに二次的な経験でしかなく、直接的経験には永久にたどりつけないことになるだろう。[18] 周縁にとどまりつづけようとする信徒や教団の努力は原理的に失敗しつづけることになるが、「自叙伝」の内と外に二重化された二項対立構造のなかで、読みなおしの実践が継続されることにより、「信仰的生命」（「周縁」、五五頁）を回復する余地が残されているというのが、荒木の描いた信仰共同体の希望ではないだろうか。

四　教祖の孤独と共同性

荒木と同じく金光大神（赤沢文治）を扱いながらも、かなり異なった趣を呈している作品として、島薗進の研究を最後にとりあげたい。島薗は一九七〇年代後半に中山みき研究[19]を発表したあと、ひきつづいて金光大神研究を行なっている。[20]

中山みき論もふくめて、島薗による教祖研究の大きな特徴は、信仰当事者による教祖についての語り、また教学研究の成果を、たんなる情報源として利用するのではなく、教祖をめぐる対話の相手として積極的に位置づけている点である。島薗は天理教の研究史を概観した論文のなかで「教外の研究者が教学的研究の成果を自明の資料であるかのように扱ってきたこと」を批判しつつ、「自覚的に学びあい批判しあう姿勢と、そのための討論の場」が不可欠だと論じているが、[21] 彼の教祖研究はまさにそうした実践を目指していると考えられる。金光大神研究にかぎってみても、前章の荒木や村上重良、小沢浩らの作品と比べると、[22] 瀬戸美喜雄や竹部教雄ら金光教学者が主要な論敵として、あるいは先駆的な解釈者として、本文中できわめて重要な役割を果たしているという点で際立っているのである。

たとえば島薗は、金光教学において、金光大神像、また彼と神との関係がどのように変化してきたかを跡づけた「金光教学と人間教祖論――金光教の発生序説」（一九七八年）で、「金光教学の展開は超人間的であった生神教祖を次第に人間化し、身近で具体的な人間教祖像を定着させ」、その結果「教祖の内面への理解」は深まったが、そのぶん神ははるか遠く隔たった存在として認識されるようになり、神による「救済がいかにして可能になったかが説明できな」くなってしまったと批判している（「人間教祖論」、一一九頁）。だがこの批判は、荒木のように教祖の周縁性を抹消していく教団の構造化・組織化そのものを否定するのではなく、むしろ初期の信徒たちを金光大神のもとに集め、その後も教団を支えてきた「民衆的な救け」（「人間教祖論」、一一八頁）の起源を教学が問題化しえていないことに向けられたものである点に注意しなければならない。つまり、現存する教団組織を、教祖の記憶の正当な伝承主体として承認したうえで、その教団を基盤とする教学に対して批判的介入を試み、そこから教学と自らとの共通の課題を提示していくのだ。その課題とは、「歴史に潜む〈超越性〉、われわれが受けつぎわれわれが忘れることができない、過去の人々の恐れと希望がもつ〈超越性〉を蘇生させること」（「人間教祖論」、一二〇頁）である。そこには〝信仰〟の有無をこえた「われわれ」意識が表明されている。「恐れと希望がもつ〈超越性〉」とはわかりにくいが、金光教学が神と教祖（をふくむ人間）とを隔絶させてしまったことが批判されている以上、蘇生させられるべき〈超越性〉は人間が超越的存在を感受するはたらきを指すと思われる。他の論稿に即して、具体的な内実を探ってみよう。

「金神・厄年・精霊――赤沢文治の宗教的孤独の生成」（一九七九年）では、金光大神（以下では島薗の表記にしたがい、赤沢文治）が前半生において抱いていた「宗教的恐れ」の主要な対象が何であったのかについて、またその恐れが「宗教的孤独」として成熟していく過程について、『金光大神御覚書』の緻密な読解を通じて追究するのだが、そこでは竹部教雄の説がもつ矛盾点が詳しく検討され、乗り越えられていく。

ここで詳細に紹介するわけにはいかないが、竹部が『覚』の記述から、文治の恐れは金神に対するものであったと論じているのに対し[23]、島薗は「宗教的孤独の母胎となったのは、金神への恐れではなくむしろ精霊［＝先祖］への恐れであり、金神への恐れや厄年への恐れは少なくともその大部分は、後からこの母体へ植えつけられた」（「宗教的孤独」、一八七頁）ものと考える。教学研究と緊密な対話を行ないながら『覚』を徹底的に読みこみ、新たな解釈を提示しようとする〈作法〉のなかでは、宗教学と金光教学との区別はほとんど意味をなさないようにもみえる。実際、島薗の課題は「金光教学の成果に何を付け加えていくか」（「人間教祖論」、一二〇頁）ということであり、「竹部の論点のいくつかを推し進めていく」（「宗教的孤独」、一八一頁）ことにほかならないのだ。

しかし、なぜ島薗は、煩瑣ともいえる読解を介して「恐れ」の対象を移行させなければならなかったのか。島薗の議論の要諦は、幕末の農村において先祖の祟りという観念が広まっていたとは考えられないため、「精霊への恐れは意識化されにくいものであり、文治の胸奥にしまいこまれたものだった」ということ、「宗教的恐れを表現し、それと向きあうことができなかった点に、若い文治の宗教意識の特徴がある」ということにある（「宗教的孤独」、一八七頁）。精霊に対する恐れは文治の無意識に抑圧され、「ある種の焦燥」（「宗教的孤独」、一八九頁）をもたらす[24]。こうした「恐れ」に衝き動かされた信心は、敬虔や細心といった範疇を越えでるものであったと島薗はみる。それは「家族や隣人にも奇異なふるまいと思われたであろう」し、「やや異常だったのではあるまいか」と（「宗教的孤独」、一八八頁）。文治の行動を形容するために選ばれた「奇異」「異常」という語は、その非合理的性格を強調する効果をもたらす。対象を意識化することができず、それゆえ合理的な対処が不可能であるような「恐れ」の感覚こそ、島薗が〈超越性〉の宿り場とした「恐れと希望」のひとつの側面だったのではないだろうか。それは、ルードルフ・オットーが「通常の意味での恐れと混同されえない特殊固有のおそれの感情[25]」と表現したものといってよいかもしれない。

とはいえ、文治が「神の救けの意志」(「人間教祖論」、一一八頁)とどのようにして出会ったかを重視する島薗にとって、右のような〈超越性〉はそれだけでは不充分なものであったし、文治自身、こうした「恐れ」にとどまりつづけたわけではない。島薗によれば、三七歳で住宅改築を行なったときに起こった連続的な災厄を契機に、文治の意識のなかに「恐れ」の対象としての神が明確な形をもって現れ、彼は神が災厄をもたらす理由についての深刻な宗教的問いかけをするようになった。「そのような宗教的問いかけに心を奪われている状態こそ宗教的孤独と呼ぶべきものである」(「宗教的孤独」、一八九頁)という。そして四二歳の大患体験(文治は「のどけ」、すなわち咽喉炎もしくは扁桃腺炎にあたる病で一時話すこともできない状態に陥った)の際、石鎚講先達・古川治郎に導かれた巫儀において初めて神と直接に出会うことになる。「宗教的孤独」のなかで「心的活力」を消耗し、「憔悴」しきっているからこそ、「神々の親密な語りかけが深く心にしみいるであろう」と、島薗は結論づけている(「宗教的孤独」、一九〇～一九一頁)。島薗がこの神との出会いに文治の喜び、そして「希望」をみていることはいうまでもないが、それは「宗教的孤独」のなかでの深刻な問いかけ、さらにそれ以前の非合理的な「恐れ」の感覚と密接不可分のものである。こうした意味では「恐れと希望」はひと続きの〈超越性〉としてとらえられていると考えられる。

島薗にしたがって、文治の「宗教的孤独」の形成、そして神との出会いへといいたる過程をみてきたが、ここでふたつの点について注意しておきたい。まず、文治の経歴において通奏低音として流れる「孤独な思考」の深化という主題と、石鎚講の「集団的な宗教活動」というモチーフとが交錯するところに、「神とふれあいえた感動」が生じていることである(「石鎚講」九〇～九五頁)。文治は古川治郎をはじめとする他者たちの導きによって、神の善意にふれることができるのであり、島薗は社会的他者との親和的なつながりにおいて創造的な宗教活動への道を開いていく教祖像を描こうとするのである（こうした見方は、のちの金光大神と信徒たちとの「生神思想」を通じたつながりを重視する姿勢にも共通している。島薗がいう「生神」とは「非日常的超自然的な救けの媒介者」（「人間教祖論」、一一一頁。傍点引用者）なのであり、この概念を通してみえてくる金光大神とは、信徒との共同性のなかに生きる教祖にほかならない）。こうした教祖像は、川村や荒木のそれとは明らかに異なっている。

しかしながら、島薗の考えでは、文治の「宗教的孤独」が石鎚講との出会いによって解消されたわけではない。文治が「生来慎重で穏健な上に、通俗道徳的な自己規律をかなり身につけて」いて石鎚講の熱狂的な雰囲気になじめないという理由に加え、彼は家や自分自身の運命について「すでに孤独な思考を積み重ねており、それは文治以外の人々が容易に推測を加えることができないような、きわめて私的な観念領域に関わるものであった」ため、石鎚講との関わりは（思想的には持続的な影響を与えたものの）一時的なものにとどまったとする（「石鎚講」、九四〜九七頁）。文治＝金光大神が「大衆的民俗宗教」に埋没せず、新たな宗教運動を生み出すことができた決定的な鍵は、究極的には社会的他者が介入しえない「孤独な思考」にあったと島薗は考えているのだろう。私が注意しておきたい第二の点は、島薗が探ろうとした〈超越性〉が「われわれが受けつぎわれわれが忘れることができない」ものである、つまり島薗自身のものでもあるということの意味が、この「孤独な思考」のあり方と密接に関わっているのではないか、という点である。

島薗は一九九〇年代以降、七〇年代ごろの自己についてしばしば言及しているが、それによれば「私が宗教学という学問を学ぶようになったのは、かなりの程度、迷って解決がつかないでいる自分の生き方について考えるため」であった。そして「教祖の前半生をその時代の社会的環境に即して」検討して、「教祖の心の悩みをできるだけリアルにとらえ、また宗教体験によってどのような新しいものの見方が開けたのかを理解しようとし」、「こうした作業をとおして、自分自身の内面の葛藤もいくらか深く理解できるようになったと感じることができました」と語っている（島薗前掲「宗教理解と客観性」、一〇八〜一一二頁）。島薗は教祖たちの「心の悩み」へと自己の「内面」を接続し、彼／彼女の心がたどった道のりをたどりなおすことで「自分自身の内面の葛藤」を対象化することができたのだろう[26]。それは教祖の〝記憶〟を伝承する多くの他者たちとの協働作業でもあったが、その一方では「きわめて私的」で「孤独な思考」として意識されていたのではないだろうか。

それにしても、島薗にとっての〈超越性〉、超越的存在の感受とは何を意味するのか。この点については、『スピリチュアリティの興隆――新霊性文化とその周辺』（二〇〇七年）のつぎの一節が示唆的である。

現代日本人が人生のやぶに迷い、困難な問題に直面し、自己本来の面目を問い、やがて死をみつめようとするとき、いったいどこに生死の拠りどころを求めようとするのだろうか。真剣に問い、支えとなる答えを探求し、先人の教えを学び、方法を習い覚え、確かな道を歩もうとする人も少なからずいるだろう。それは「宗教」とよばれるものに近い何かを、選び取ることである[27]。

これは島薗が、現代人のスピリチュアリティのひとつの現れとして記した文章だが、七〇年代ごろの彼自身の姿に、ほとんど重なっているのではあるまいか。実際、彼は「霊性、スピリチュアリティにこそ生きる柱があり、社会のリアルがあると言っている人たちと、自分の考え方はそんなに違わないなと考えるようになりました[28]」とも語っている。天理教や金光教の〝信仰〟に入るわけではないが、そこで伝承されてきた教祖の生き方を、信仰当事者の解釈に導かれつつ学んでいく姿勢には、たしかに「「宗教」とよばれるものに近い何か」があるだろう。さきに論じたように、対象を意識化しえない、未分化な「恐れ」の感覚や、「宗教的孤独」のなかで神の善意に出会ったときの「感動」に、島薗は文治における〈超越性〉を見いだしたと思われるが、彼もそれを追体験したとはいえないまでも、そうした感覚に少なからず共振していったのかもしれない。「研究者自らのなかにある宗教的なものと研究対象としての宗教の間には、自然に共通基盤が見出されるはず」だという発言（島薗前掲「宗教理解と客観性」、一一四頁）は、教祖研究で得た経験もしくは実感によって裏打ちされていると考えられる。そうした意味で、島薗の教祖研究の実践は、彼がいう「新霊性文化」の一部をなすものというべきだろう。

おわりに

三人の研究者による教祖研究の様相をみてきたが、ここで簡単に整理しておきたい。私がとくに留意してきたのは、彼らが教祖に関わるテクストを読み、新たに教祖像を構成していく過程で出会う他者との関係をどのように表現したのか、という点である。この他者との関係性は、それぞれの教祖研究テクストが表現する思想的な志向性と密接に関わっていると思われる。

まず、川村邦光はスティグマ化―自己スティグマ化―カリスマ化の三局面をもつカリスマ理論を駆使して、自己変革の主体としての教祖像を提示していった。そこで川村は、教祖たち本人のことばを伝える史料を重んじ、他者からの視線を教祖たちがどのようにとらえかえしていったのかを、分析の焦点としている。そして論文のなかで現れる他者は、社会的他者と超自然的な他者＝「神」に大別される。家族・親族、近在の人びと、既成宗教勢力、警察権力などの社会的他者は、主として教祖が主体的な自己変革を行なっていく契機となる対立者、レッテル貼りの主体として描かれている。日常的な生活世界の外部に位置する他者としての「神」だけが、彼女たちの新たなアイデンティティを承認し、支持する存在として表象される。このような作品世界においては、日常性のなかで教祖と信徒たちが構築する共同体のイメージはきわめて稀薄である。

つぎに、荒木美智雄の金光大神論においては、教祖に関わるテクストを「宗教的自叙伝」と「聖伝」とに区分するばかりでなく、その間に階層的な位階秩序を設けている。さらにその区分に対応して、教祖／弟子・教団、周縁／構造内、第一次的／第二次的といった二項対立が形成され、教祖と信徒・教団が厳しく分断されるのだ。

テクスト批判を通じて教祖と信徒らを分断して表象しようとする〈作法〉は、民衆宗教研究を代表する作品である安丸良夫の『出口なお』（一九七七年）とも共通するものである。安丸は、大本開祖・出口なおに憑依した神のことばだとされる筆先についての徹底的な史料批判を通じて、出口王仁三郎らによる筆先の「改編」を発見し、そうした他者の痕跡を排除することによって、なお＝筆先の民衆思想としての純粋性を確保しようとしたのであった[29]。

荒木や安丸の実践――それほど明確ではないものの、川村の場合も同様に――は、真の理解者をもつことがなかった、孤立的な宗教者・思想家としての教祖像を志向するものであるといえる。したがって、初期の信徒集団もふくめて、彼らの教祖たちが真に受け入れることができる共同性は存在することがなかったというべきだろう。だからこそ、教祖たちのことばや実践は、つねに日常性の〝外部〟からの批判として聞きとらなければならないのだ。

ところが、島薗進の描く教祖像は少なからず異なっている。島薗の方法は、信仰当事者による教祖についての解釈と対話的な関係を築きながら、そこで得た問題意識を推進していくものである。さらに、島薗の教祖が「孤独」な問いかけを続ける一方で、社会的な他者との親和的な関係を通じて創造的な宗教活動を生み出していく人物として描かれているのも、大きな特徴といえるだろう。したがって、島薗の展望においては、教祖にとっての〝あるべき共同性〟を初期の信徒集団のなかに見いだすことができ、またその記憶を伝承する教団にも積極的な可能性が読みこまれているのだと考えられる。

重要なのは、こうした思想的な傾向が、研究者の意図や社会的状況から直接的・機械的に発生するのではなく、それらが多様な技術的手続き、教祖研究の〈作法〉と結びつくことによって生じているということである。本論で検討した個別の作品そのものは、それぞれの研究者の主観的意図や社会的状況と切り離すことができないものであるが、彼らが用いた〈作法〉は、形を変え、また対象を変えながらも、少なからず今日の宗教研究者に受けつがれているものである。したがって、一九七〇～八〇年代にこれらの研究者がテクストを作りあげていった方法や理論を丁寧に記述・分析していくことは、現代宗教研究の思想史的・文化史的特質を問うことにもつながるはずだ。

そうした課題の検討は別稿に譲らなければならないが、ここでは最後に、日本社会における戦後教祖研究の歴史的位置づけを探っておきたい。五十嵐恵邦は、一九七〇年前後において左翼運動が陥った苦境を、日本社会における〝外部〟の消失という観点から説明している。一九五〇年代後半以降の高度経済成長によって、情報や消費財が日本社会の隅々にまで、それまで経済発展の直接的な受益者とはいえなかった人びとにまで浸透していった結果、「日本という国はその構成員の日常生活のなかで、共通の経験を大きく増やすことに」なったという。こうした変容は、「常に外部から現状を批判してきた既存の左翼陣営に対して大きな問題となった」[30]。大衆消費社会においては、左翼といえども、政治的・経済的機構から恩恵を受けて生活する市民としての自覚をせざるをえず、「体制」から離れた批判的立場をとることは容易ではなくなってしまったのである。

五十嵐はこのような社会的変化の様相を、任侠映画『仁義なき戦い』シリーズ（深作欣二監督、一九七三～一九七四年）や、まんが『あしたのジョー』（高森朝雄原作・ちばてつや作画、一九六八～一九七三年）といった大衆文化の表象分析を通じて明らかにしている。そこでは、一九六〇年代後半に人気を博した従来の任俠映画の主人公や『巨人の星』（梶原一騎原作・川崎のぼる作画、一九六六～一九七一年）の星飛雄馬が「行動する主体」「自立的な主体」を首尾よく手に入れたのとは対照的に、『仁義なき戦い』の主人公・広能昌三や矢吹丈が、組織あるいは資本主義のシステムに苛立ち、そこから自立した「アウトロー」としての主体を形成しようとしながらも、「体制のくびきから逃れようとあがけばあがくほど、より深くその中に取り込まれていく」さまが記述されるのである(31)。

映画表現やまんがが表現の〈作法〉を繊細に読み解いた五十嵐の仕事は、文化的な表象を大衆消費社会の成立という歴史的コンテクストのなかで読みなおすうえで、重要な示唆を与えてくれる。この巨大な社会的変化の時代に、いくつかの文化的表象は、消費社会の〝外部〟に自立した主体を見いだそうとする欲望の存在と、その実現不可能性とを同時に表現する媒体となったのである。

ここで本論の主題である教祖研究の実践に目を転じてみよう。一九六〇年代から民衆宗教研究を牽引してきた安丸良夫は、彼が基盤とする民衆史研究を取り巻く社会的状況について、つぎのように語っている。

六〇年代から七〇年代前半にかけての日本社会は、各地で公害反対運動が起こり、地方自治体では革新首長がつぎつぎと誕生するというような激動の時代でしたから、色川［大吉：引用者註］さんの民衆史のようなものが受け入れられる素地があったのでしょう。……転換点は、七三年の石油危機でしょうか。その頃から日本社会全体の保守化がみられ、民衆史的な歴史記述は一般的には受けとめられにくくなっていきました(32)。

ここでは『明治精神史』（一九六八年）や『明治の文化』（一九七〇年）に代表される、色川大吉の民衆史研究を中心にのべられているが、安丸が指摘するように、当時の色川の立場は「一方では天皇制が日本人の精神を根源的なところで抑圧し「内縛」してきた」ものの、他方では「日本の精神史的伝統、とりわけ民衆のそれには、天皇制へと帰結しない豊かな可能性があったと考える」もので、「伝統内在的な革新の可能性を提示しよう」とするものであった。[33] こうした発想は、村上重良や安丸、ひろた・まさきなどの民衆宗教研究、とりわけ教祖研究にも少なからず共通するものといえるだろう。安丸の述懐にしたがえば、七三年ごろを境に「日本社会全体の保守化」が起こり、民衆史や民衆宗教研究などを受容する社会的基盤が失われていったことになる。五十嵐が大衆文化の表象から読み取ったのと同様の事態が、ここでも起こっていたのだ。

それでは、七〇年代後半以降に本格的に展開された宗教（社会）学的な教祖研究はどうであるのか。ここまで確認してきたように、川村や荒木などの作品をテクストへの接近の〈作法〉や理論活用の〈作法〉からみると、幕末維新期あるいは近代天皇制国家をフィールドとして、民衆を包みこんでいる秩序や日常性の〝外部〟あるいは境領域に教祖たちの主体性を描きだし、そうした視座から信徒集団をふくめた〝内部〟への批判的スタンスを確保しようとしたものであり、そのかぎりで七〇年前後の大衆文化が希求した（そして挫折した）主体観を共有している。こうした主体性のあり方が、小さなアカデミズムの領域であれ、八〇年代まで命脈を保っていたことは、注目に値するだろう。

もっとも、〝外部〟に立つ主体としての教祖は、同時に生活世界の只中に生きる存在であることも、強調しておく必要がある。たとえば川村は、出口なおの筆先が、生計の営みや人びとの相貌・身振り・ことば、動植物などを思考・表現の基軸とし、「日常世界の微細なところで体感した根底的な矛盾に対して、鋭い告発」を行なったと指摘する。[34] なおは、「「神」の雛型」(「弁証法」、八七頁)として「獣類《けもの》の世」と鋭く対決しながらも、自らの心身をそうした日常性と接続させて、生活スタイルの変革を厳しく迫ったのである。そこからは、日常性のなかに生きる者が、日々の営みのなかで教祖の呼びかけを聴きとり、生活スタイルの改変を行なっていく回路が開かれているのだ。

他方で、五十嵐が指摘するように、モノや情報が遍く浸透した現代社会においては、〝外部〟という価値のもつリアリティが稀薄化していることもたしかだ。それでは戦後教祖研究のなかに、〝内部〟あるいは共同体とのつながりを生き、そこに積極的な可能性をみようとする教祖のあり方は表れているだろうか。

その萌芽と呼べそうなものは、たとえば島薗や荒木の仕事のなかに見つけることができる。島薗は、教学研究者をはじめとした信仰当事者による教祖表象との緊密な対話を通じて、他者とのつながりを生きながらも、「孤独」な宗教的問いかけを続ける彼の教祖像を描いた。そこにはことさらに日常性を超出しようとする運動は含意されていない。また、荒木は既存の構造の内側に教祖を取り込もうとする教団のあり方に痛烈な批判を浴びせながらも、「宗教的自叙伝」の周縁性・境界性を蘇生させる〝読み〟を信仰当事者に求める試みを行なっているといえる。彼らの仕事は、いわば信仰当事者と教外研究者との間に呼びかけと応答の関係あるいは協働の関係が生じる可能性を示しているということができる。

絶対的な〝外部〟に立つ教祖と信徒との日常を生きる教祖、両者を性急に接合しようとしたり、あるいはどちらが〝正しい〟教祖像なのか、といった問いに回収してしまったりするべきではないだろう。それぞれの〈作法〉によって導きだされる、別様の教祖像にひとまず向き合ってみることが重要だと考える。そしてそれは島薗がいうように、信仰/非信仰の差異をこえた課題であるだろう。

冒頭で言及した『邪宗門』においては、信仰当事者と非信仰者との出会いは、地上からの教団の消滅という究極かならない。

く回路を見いだすことができるのではないだろうか。それが実践されるフィールドはやはり、この陳腐な日常にほりあげること、それを協働のなかで試みていくことのなかに、戦後教祖研究の文化史的意義を継承し、更新していされた共同性の可能性を探り、他方では〝外部〟に立つ教祖から向けられた生活世界への批判に応答する構えを作の〝外部〟を帰結するものであった。だが、別の行き方を構想することもできるはずだ。教祖と信徒との間で形成

註

(1) 高橋和巳『邪宗門(下)』(新潮文庫、一九七一年)五四八頁。以下「高橋前掲書」として本文中に頁数を記す。
(2) 安丸良夫「出口王仁三郎の思想」(『日本ナショナリズムの前夜——国家・民衆・宗教』洋泉社、二〇〇七年)一五四頁。以下「安丸前掲論文」として本文中に頁数を入れる。
(3) 林淳・磯前順一「序文」(『季刊日本思想史』第七二号、二〇〇八年)三頁。
(4) 〈作法〉の語は、成田龍一『〈歴史〉はいかに語られるか——一九三〇年代「国民の物語」批判』(日本放送出版協会、二〇〇一年)から借用したものである。ここで成田は、「小説の作法」「歴史学の作法」といったことばで、それぞれの〈作法〉がいかに「リアリティ」を獲得していくのかを丁寧に読み解いている。小説と歴史学を並置したときに付きまとう虚構/現実という静態的な対立を回避するうえで、〈作法〉の語が効果的に機能している。
(5) 戸坂潤『思想と風俗』(平凡社、二〇〇一年〈原著一九三六年〉)三二〇頁。
(6) 安丸良夫『出口なお』(朝日選書、一九八七年〈原著一九七七年〉)一〇六頁。
(7) 民衆宗教研究における教祖研究については、永岡崇「安丸良夫と「民衆」の原像——『出口なお』について」(『日本学報』第二五号、二〇〇六年)参照。
(8) 廣松渉『新哲学入門』(岩波書店、一九八八年)二〇九頁。
(9) 川村邦光「カリスマの磁場をめぐって——カリスマ論の一考察」(宗教社会学研究会編『宗教の意味世界』雄山

閣、一九八〇年)。

(10) Wolfgang Lipp, "Charisma-Social Deviation: Leadership and Cultural Change," in: *The Annual Review of the Social Sciences of Religion*, vol. 1, 1977.

(11) 山折哲雄「カリスマ論の動向」(『現代宗教1――特集・カリスマ』春秋社、一九七九年)。

(12) 川村邦光「スティグマとカリスマの弁証法――教祖誕生をめぐる一試論」(『宗教研究』第二五三号、一九八二年)七三頁。以下本論でこの論文から引用を行なう場合、「弁証法」と略記したうえで、本文中に頁数を記す。

(13) 村上重良『近代民衆宗教史の研究〔第二版〕』(法藏館、一九六三年)一六一頁。

(14) モルデカイ・ローテンバーグ『逸脱のアルケオロジー――プロテスタンティズムの倫理と〈失敗〉の精神』(川村邦光訳、平凡社、一九八六年)一二〇頁。

(15) 川村邦光「教祖のドラマトゥルギー――カリスマの制度化と継承」(宗教社会学研究会編『教祖とその周辺』雄山閣、一九八六年)。

(16) 荒木美智雄『宗教の創造力』(講談社学術文庫、二〇〇一年)三一頁。以下「荒木前掲書」として本文中に頁数を記す。

(17) 荒木美智雄「周縁と新しい人間――金光教祖の場合」(『思想の科学 第六次』第一二四号、一九八〇年)、同「宗教的自叙伝としての『金光大神御覚書』と『お知らせ事覚帳』」(『金光教学』第二三号、一九八三年)。以下本論でこれらの論文から引用を行なう場合、それぞれ「周縁」「宗教的自叙伝」と略記したうえで本文中に頁数を記す。

(18) もっとも、金光大神自身も言語を介して体験について思考し、表現するほかない以上、「作者」が「直接的体験」の「完全な理解」を許されるという見解にも、疑問が差し挟まれるべきだろう。たとえば金光教学者の早川公明は、『覚』『覚帳』と金光大神を単純に同一視するのではなく、「自叙伝」の「読者」として改めて自己の生を見つめなおし、自問を続ける教祖の姿を想定し、テクストとしての『覚』『覚帳』分析の可能性を開こうとしている(「『金光大神御覚書』「お知らせ事覚帳」とレトリック――「覚書」「覚帳」のテクスト分析ノート」『金光教学』第二七号、一九八七年)。金光教教学研究所「「教祖」探求の歴史」(『金光教学』第四四号、二〇〇四年)参照。

(19) 島薗の中山みき研究については、寺田喜朗「内在的理解の方法的地平とは何か――島薗進の中山みき研究再考」(『年報社会科学基礎論研究』第二号、二〇〇三年)、永岡崇「教祖の〈死〉の近代――中山みきの表象=祭祀をめぐって」(『日本学報』第二六号、二〇〇七年)参照。

(20) 島薗進「金光教学と人間教祖論――金光教の発生序説」(『筑波大学哲学・思想学論集』第四号、一九七八年)、同「金神・厄年・精霊――赤沢文治の宗教的孤独の生成」(『筑波大学哲学・思想学論集』第五号、一九七九年)、同「民俗宗教の構造的変動と新宗教――赤沢文治と石鎚講」(『筑波大学哲学・思想学論集』第六号、一九八〇年)。以下本論でこれらの論文から引用を行なう場合、それぞれ「人間教祖論」「宗教的孤独」「石鎚講」と略記したうえで本文中に頁数を記す。

(21) 島薗進「天理教研究史試論――発生過程について」(『日本宗教史研究年報』第三号、一九八〇年)一〇二頁。

(22) 註(17)の荒木論文、村上重良『金光大神の生涯』(講談社、一九七二年)、小沢浩『生き神の思想史――日本の近代化と民衆宗教』(岩波書店、一九八八年)。小沢の作品では、金光教学者たちとの人間的交流が描かれ、教学研究の成果が高く評価されているが(とりわけ「戦争と信仰」の章を参照)、そこでは信仰当事者の研究に教えられ、刺激を受ける「私」の意識が叙述されるにとどまり、島薗のように教学研究への批判的介入が試みられるわけではない。

(23) 竹部教雄「安政五年十二月二十四日のお知らせの一解釈」(『金光教学』第九号、一九六九年)参照。

(24) ここに明瞭に現れている精神分析的な問題意識は、島薗自身がいうように、エリク・エリクソンからもたらされたものだろう。島薗進「宗教理解と客観性」(宗教社会学研究会編『いま宗教をどうとらえるか』海鳴社、一九九二年)参照。

(25) ルードルフ・オットー『聖なるもの』(久松英二訳、岩波文庫、二〇一〇年)三三頁。

(26) 永岡前掲註(19)「教祖の〈死〉の近代」参照。

(27) 島薗進『スピリチュアリティの興隆――新霊性文化とその周辺』(岩波書店、二〇〇七年)九三頁。

(28) 本田哲郎+島薗進「宗教を越えて――釜ヶ崎のスピリチュアリティ」(soul in 釜ヶ崎編『貧魂社会ニッポンへ――釜ヶ崎からの発信』アットワークス、二〇〇八年)一七一頁。

（29）永岡前掲註（7）「安丸良夫と「民衆」の原像」参照。

（30）五十嵐惠邦「任俠から実録へ――やくざヒーローの変貌と昭和四〇年代の日本社会」（『文化／批評』冬季号、二〇〇六年）参照。

（31）五十嵐前掲註（30）「任俠から実録へ」、同「ジョー&飛雄馬――闘争の時代のヒーロー達」（『文化／批評』第一号、二〇〇九年）参照。引用は「任俠から実録へ」、三八一頁。

（32）安丸良夫＋タカシ・フジタニ「いま、民衆を語る視点とは？――民衆史とサバルタン研究をつなぐもの」（『世界』第六六三号、一九九九年）二九一～二九二頁。

（33）安丸良夫「解説　民衆意識と天皇制」（色川大吉『明治の文化』岩波現代文庫、二〇〇七年）三八八頁。

（34）川村邦光『幻視する近代空間――迷信・病気・座敷牢、あるいは歴史の記憶【新装版】』（青弓社、一九九七年）一六〇頁。

ジェンダーの視点から見た教祖伝

堀内みどり

はじめに

「ジェンダーの視点」で教祖伝あるいは祖師伝を読んでみることは果たして有効なのか、可能なのか。祖師伝・教祖伝の脱構築についての研究会での成果を日本宗教学会で発表した際、コメンテーターをつとめることになって、そんな質問をしてみた。しかし、この質問は、結局私自身の「課題」となった。

ところで、宮本要太郎は『聖伝の構造に関する宗教学的研究——聖徳太子を中心に——』（大学教育出版、二〇〇三年）を執筆するにあたり、

宗教学の目的は、人類の宗教体験および歴史における多様なあらわれの本質と構造を明らかにすることである。換言すれば宗教学は、人類の宗教体験とその表現の宗教的意味を、さまざまな宗教学的データの統合的理解によって解明しようとするのである。したがって、宗教学の研究は特殊な宗教的データの歴史的研究から始まる

が、それは常に人類の宗教体験「全体」の「部分」として扱われる。このようなものとしての宗教学は、ディルタイ以来の解釈学の伝統を方法論的に継承しつつ、ある時ある場所においてある人々によって体験された宗教的意味を、その全体的意味の理解へともたらすために再解釈する。

（宮本二〇〇三、九～一〇頁）

と述べる。したがって、「聖なるものの顕れ」としての教祖伝・祖師伝（聖伝）そのものにアプローチすることは、諸学問の方法や成果を踏まえつつ、人類の宗教体験とその表現の「総合的理解」を目指すことになろう。だから、ジェンダー学という比較的新しい視野で教祖伝や祖師伝を読み返してみることも十分に意味のあることなのではないかと思う。

一方、研究会を企画し、運営し、そしてまとめの作業を担った幡鎌一弘は、本書で試みについて、「宗教学の常道にあるような、祖師伝・教祖伝を素材としつつ新たな像を構築しようとするものではない。それをどこかで念頭に置きつつも、まずは、教祖・祖師と信者との間を媒介する教祖伝・祖師伝そのものに注目してみようというものである」と述べる。本論は、『稿本天理教教祖伝』を取り上げようとするのであるが、「教祖・祖師と信者との間を媒介する教祖伝・祖師伝そのものに注目」するとき、教祖伝に教祖のジェンダー観がどのようにあらわれているのか、あるいはいないのかを読みとっていくのと同様、教祖伝の作者の意識がどう反映されているかを見極めることが重要になってくる。教祖が教祖伝で再解釈され、信仰の実態に映し出されるからである。そうなると、長い歴史を持つ宗教伝統における教祖伝の編纂あるいは変遷は、まさに、時代や人々の願いを映す鏡となりうる。天理教のように比較的新しい宗教の教祖伝では、教団の姿勢が現れてくるだろう。本論ではできなかったが、信仰という場面で教祖がどのように受容されているのかを知るためにも、個々の信仰者が描いた教祖伝を『稿本天理教教祖伝』

と比較してみるというのは有効かもしれない。

一　ジェンダーの視点を取り入れるということ

1　ジェンダー学と宗教学

たとえば、女性に期待される性役割（ジェンダー・ロール）に「母親」がある。「母」には、無償の愛、優しさ、受容、我慢強さなど、子どもを育てるのに必要だと思われるような、さまざまな性質がイメージされ、そのような性質は、女と生まれたからには、おのずから備わっているものとして社会は期待している。作家角田光代が描いた『八日目の蟬』は、二〇〇七年に中央公論新社から発行されたサスペンスではあるが、そうした社会が想定した「母性」に対して一石を投じ、話題となった。もともと二〇〇五年一一月二一日から翌年七月二四日まで『読売新聞』夕刊で連載され、二〇一〇年にはＮＨＫでテレビドラマ化、二〇一一年には映画化された。[1] 映画化を機に『婦人公論』誌上で、主演した永作博美と対談した角田は、

もともと、私が『八日目の蟬』を書こうと思ったきっかけは、世の中にある無言の圧力が女性を苦しめている、と感じていたからなんです。たとえば子どもの虐待事件が起こると、父性は話題にならないのに、母性は必ず問われますよね。「実の母なのになぜ」と。……母親なら必ず母性に満ちていると、世間では思われる。[2] それって本当なのか、と。新聞でこの小説をはじめようとしていた当時、某政治家の「女性は子どもを産む機械」発言があったりもして、怒っていたんです。だけど、小説にするときは怒りをいったん捨てて、母性をテーマ

に書こうと思いました。血のつながりのないお母さんのほうが愛にあふれていて、実際のお母さんはそうでもない、という対比にして。

（『婦人公論』二〇一一年四月二二日号、一四〜一五頁）

と語っている。

この「母親なら必ず母性に満ちていると、世間では思われる」に代表される「ジェンダー」観は、多くの場合、人々に内在化されていて、「本当なのか」と疑問に思うことすらない。産む性としての女性に母性を期待するのは、あまりに当然だと思われているからである。「母性」をテーマにした角田は、「血のつながりのないお母さんのほうが愛にあふれていて、実際のお母さんはそうでもない、という対比にして」母性を描いた。そのような「とりかえばや」的な設定をすることで、母性の本質を明らかにする作業をしたように思う。映画では、登場人物それぞれが窮屈なところに押し込められた自分の魂の解放にあがく「魂の問題」に転化されて描かれていると角田は指摘する。「世の中にある無言の圧力」として女性を苦しめている母性は、「窮屈に閉じ込められた自分の魂」と、より普遍化されて映像化された。性に割り当てられた観念や役割は、そうでなければならないという社会的認識あるいは社会的期待もしくは社会規範としても機能する。だから、たとえば、子どものない女性は肩身の狭い思いをし、子育ての責めはおおむね母親へと向けられ、〝魂を窮屈に閉じ込める〟ことになりかねない。

一般に「男／女」として生まれた「私」は、その社会が当然のこととしている「男／女」である在り方を受け入れていることが多く、「男／女」と分ける思考、行動、了解において生じている社会的偏見に気づかない。なぜなら、人間という「私」が「人間」としてどのように生きていくかを思考し、行動し、了解するようなとき、「私」にとって、「私」が「男／女」であることは、「私」を決定する要素としてすでに含まれ、あまりに「当たり前」のこととして、私たちの日常にあるからである。人間を男と女に「二分」して、そこに種々の働きや価値をつけて説明するということが、ごく普通に行なわれてきたからである。しかし、こうした現実をジェンダーという視点を働かせてみると、普段「当たり前」と思われてきたことに「疑問」が生じてくることがある。「母親は子育てできる」というごく一般的な〝通念〟は、たとえば「女には母性があるはずだ」の中にある「こうあらねば」という観念に容易に結びつく。

宗教は、人間を導くものであり、生き方に働きかける。多くの宗教は、究極の救いについての教理をもってはいるが、同時に日常の在り方について語り、その中で私たちがどのように考え、話し、行なうのかに指針を与える。だから、宗教の語りそれ自身が人間の「性別」的在り方を形成するのに強い影響力を発揮することにもなる。『宗教学事典』(丸善、二〇一〇年)で「ジェンダー」の項目を担当した川橋範子は、ジェンダーを「社会、文化、歴史的に形成され、人々の間に流通してきた性別に関する知識や模範をさし示す」とし、続けて「宗教もまた、信念、儀礼、象徴などを通してジェンダーを形成する重要な装置である」(同書、六六頁)と述べる。さらに、

> 宗教は、ある文化や社会における「ジェンダー」を形づくり、人間を超えた存在の名のもとにそれを正当化し、規範として正統化していく。宗教が形作るジェンダーは、人間の集団を差異化し階層化するうえで大きな影響力を持つのである。(同書、六六頁)

とし、「ジェンダーの視点を鋭く応用することなしには、どのような宗教ももはや正しく記述、分析、説明されえない」とウルスラ・キングの主張を紹介している。こうして「批判的視座としてのジェンダー」による宗教研究は、

男性にとって女は負の存在であるかのようにステレオタイプ化され、「儀礼や組織の中での女性の地位や役割は、女性個人の宗教的資質とは無関係に制限されてきた」ことを明らかにしたと指摘する(3)。

しかし、川橋は、「宗教とは本来的に、暴力や抑圧を正当化するのではなく、社会的弱者の置かれた状況を是正し、すべての存在に自由と尊厳を保障すべきものである」（同書、六八頁）と断じた上で、「ジェンダーの視点が与える新しい読み」に期待している。すなわち、「宗教が差別的抑圧的にふるまう場合があっても、経典や教祖の言葉や信者の生き方は、社会の差別的な実践を宗教のメッセージによって問いただし、他者や世界との望ましい関わり方を照らし出す可能性を持つ」（同書、六八頁）という。だからこそ、宗教が作り出した「偏見・差別」は宗教がもつ本来の真理やその顕れとしての教祖／信者の生き方によって解消することができるし、社会の〝通念〟に影響して、それを変革することができるかもしれない。

教祖伝・祖師伝に表出された教祖や祖師の言動にジェンダー化（男女を二分化しての教示）があるなら、それは救いや日常生活における男女観に反映することにつながる。かりに教祖伝や祖師伝にジェンダー化が見られないとしたら、それを解釈する我々自身がそれを内在させていることになる。

2　鎌倉新仏教と祖師絵伝

宮本要太郎は、関西大学が発行するニューズレター（『KANSAI UNIVERSITY NEWS LETTER』№21、二〇一〇年、七頁）の中でインタビューに答え、「〝教祖〟は常に新しく生み出される」ということについて語っている。まず、「聖伝」には、その人を通して「聖なるもの」があらわれている人の伝記であることを述べ、たとえば、直接教祖のことを知らない信者でも、非常にリアルな教祖のイメージをもっているのは、教祖が常に新しく生み出されていく、あるいは構築されていくのではないかと指摘する。宮本は、聖徳太子伝の研究から、聖徳太子の実在を信じた人々が、そのイメージを膨らませていって膨大な聖徳太子伝が出来上がり、そこでは、さまざまな歴史の出来事の意味が再解釈されて救済史として書き直すという作業（「歴史の神話化」）が行なわれているという。一方、新宗教の研究から、その教祖伝は、現に生きていた時代と連続して今に生きている教祖をリアルに生き生きと描き出すことに力点が置かれている（「神話の歴史化」）と述べる。つまり、「聖なる存在としての教祖が今ここに、我々と一緒に、辛苦を共有して生きていらっしゃるんだということを読み取る、あるいは実感することができる。だからこそ、聖伝は救済の力を持つことができる」と解説する。

このように、「救済」の力を持つ「聖伝」としての教祖伝・祖師伝は、そこに描かれている「聖なる人」の存在と力とを信じた人々の〝思い〟や〝イメージ〟が反映している。したがって、伝記を編み、著し、企図した人々の意向・願いが信者と教祖とを媒介するものとして教祖伝・祖師伝が書かれ、さらに教祖伝・祖師伝が信者を信仰（あるいは真理）へと導く媒体として、機能しているということも考えられる。だから、ジェンダーの視点を持って、教祖伝・祖師伝を読み直すことは、まずは、書き手の人間観（男性観／女性観）に注目することにもなる。このことは、どのように「辛苦を共有して生きていらっしゃる」のかを読み取り、実感できるのかという「救済」についての考察に向かうことができる。(4)

つまり、宗教伝統が創り出してきたジェンダー・バイアスは、救済の力を持つ教祖伝・祖師伝に描かれた「教祖・祖師」の生き方によって、是正することができる。たとえば、松尾剛次は『鎌倉新仏教の成立――入門儀礼と祖師神話――』（吉川弘文館、一九八八年）で、「厭世僧の救済活動と祖師絵伝」について検討している。松尾は、鎌倉新仏教の成立を入門儀礼と祖師神話によって解明するが、そのような鎌倉新仏教を特徴づけるのは、僧が官僧と厭世僧(5)とに分けて説明できること、前者から出た後者の救済活動には共通性があり、彼らはいずれも「祖師伝」(祖師絵伝)を持っていることを指摘している(松尾一九八八、二四九～二五〇頁)。松尾によれば、官僧とは、従来、旧仏教僧とされてきた僧で、厭世僧は、旧仏教の改革派とされてきた僧団と新仏教僧団の僧をいう(同書、二五〇頁)。厭世僧の宗教の新しさは、彼らに共通する救済活動にあらわれており、その手がかりを祖師伝の存在とその絵画化という二つの現象に注目することができる「祖師絵伝」に求めている。彼らの救済は、それまで女性であるがゆえに救済の対象から遠ざけられていた女性を救うことを含み、そのことが祖師伝に記録された。

松尾はまず「絵画化という現象については、それから文字を読めない人々への布教対象の拡大を読みとるだけ」とし、祖師伝を史料として使うことについてはおおむね次のように述べる。すなわち、祖師伝は祖師に関する神話的物語であり、祖師を聖者化するために事実無根の話が付加されている(「歴史の神話化」)が、あえて祖師伝そのものに注目することによって祖師神話に特徴的な共通の神話を抽出し、厭世僧の宗教の特徴を明らかにしうるとしている。したがって、「祖師」あるいは集団が「祖師」と仰ぐと決めた人に関して成立している祖師神話を問題とする。なぜなら、神話には無意識の最も自由な動きをみることができるからである。松尾は祖師神話が、「当時の人々が無意識に、その祖師神話を有する厭世僧たちになにを求めていたのか、あるいは厭世僧たちが無意識のうちにこたえようとしたものは何かを示している」(同書、二五一頁)と考えたのである。

そこで、鎌倉新仏教(一二世紀末から一三世紀)成立期になって顕在化した祖師信仰を考察し、生身の人間であった祖師への信仰は、「個人宗教に特有」なものであるから、祖師は、その信者たちの信仰生活のモデル、その教団の救済の在り方のモデルとして機能したこと、要するに、その教団が生身の個人を救済の対象としたことを示しているとする。また、中世になって初めて祖師絵伝が制作されたということから、中世における祖師信仰の隆盛と布教対象が文字を読めない人々にまで広がったことを指摘する（同書、二五三〜二五六頁）。

このように、鎌倉新仏教の特徴の基盤は、その受容者にあることがわかる。つまり、国家の安寧と発展を祈るために導入された仏教が、数百年の年月を経た結果、庶民の間に浸透して、まさに「文字を読めない人々への布教対象の拡大」が図られるほどに、仏教受容者層が広がっていたということ、そうした受容者に厭世僧が心を向けたということである。換言すれば、仏教という教えに「自らの救い」を求めた人の庶民層への広がりが、厭世僧を世間へと促し、「生身の人間一人一人」の救いに目を向けさせ、あるいは僧として役割を再考させたのではないか。この「個人の救済」は、幕末に登場する「新宗教」考察においても重要になっていると考えられる。「新宗教」においては、まさに、僧という宗教的専門家ではなく、庶民が「教祖」となって庶民そのものから救済を始めているからである。

このことを、松尾は、厭世僧が現実に生きた一人一人の悩める民を救済の対象としたことを、祖師絵伝[6]に描かれた「非人（ライ罹患者）救済」「女人救済」の物語で示そうとした（同書、二五七〜二七三頁）。前者はまさに、地縁・血縁・職業などの共同体から排除され、個人で生きなければならなかった存在であり、彼らを救うことは、彼らを救いの対象とみなし、巷間で活躍した僧（厭世僧）がいたことを示しているのだという。後者についても、絵伝から例を挙げて、厭世僧が女性を教化の対象としていたことを示す。たとえば、法然は「罪深我等ごときの五障の女人も、念仏申ば、極楽往生すべきよし仰の候なるは、誠にて侍やらん」という問いに、「最後臨終に男子の身と作れまいらせて、弥陀如来の御迎に預り」極楽往生できると答えていることを示し、女人のままでは救済されないという法然の女人救済思想に限界があるとはいえ、女人も往生できるとした点が重要だという（同書、二六六〜二六七頁）。また、一遍の絵伝に描かれている「備前国藤井の政所で念仏を勧めていた一遍に吉備津宮神主の息子の妻が帰依して外出中の夫に知らせずに出家した話」を取り上げ、この話は女人救済だけでなく、妻が夫に知らせずに出家したことが象徴しているように、一遍の宗教が「個人」を救済対象としたことを表しているとしている（同書、二七一～二七二頁）。

こうして、「祖師伝」「教祖伝」は、その時代の人々の願いが反映するもの[7]として制作されたことが示される。社会の周縁に追いやられていた「非人」が救済を求め、「地獄の使者」とさえ説かれた「女人」も往生できるとした「祖師」の宗教活動が「祖師絵伝」の信仰として伝えられ、それを書き手も伝えたのである。さらに、そのような祖師の宗教活動を僧が現実に引き受けて、世俗に生きた人々の救済に向き合ったからこそ、〝個人の〟悩みに直接応えた活動となったともいえる。祖師の宗教活動がこれまでの「女人」観を、救済の対象とみなすことができる「女人」観へと是正し、そのことは「祖師（絵）伝」として記録され、残され、伝えられる内容となった。祖師伝が女性の宗教的救済について、新たな地平を開くことになった。ただし、このときには、依然として「女性」は「男性」から区別された存在のままであって、一人の「人間」として、制約なしに救われるというわけではなかった。日本における宗教的大伝統である神道や仏教は、「（お産や月経の）血」を穢れとして、女性を社会に位置づけていたままであった。この「性」に対する見方や女性救済は、幕末・維新期に次々と輩出したいわゆる新宗教において、大いに注目され、再解釈されることになる。それは、女性教祖をも誕生させた「社会変容」の時代と重なることになった。

二　新宗教と女性教祖

1　創唱宗教と神懸かり

前章第二節で概観したように、祖師（絵）伝の制作は、それまでの仏教伝統が保持し確立させてきたジェンダー観を、社会に生きる個々人の救済への願望を掬い上げるようにして、女性の宗教的救済を可能にした。しかし、新宗教の創始者たちは、これまでの宗教伝統とは異なる方法や教えを示し、それゆえに「新宗教」（または民衆宗教）と呼ばれることになった。それまでの男女に関する見方が補完される場合でも、一新される場合でも、一般に女性は男性と区別されることなく救われた。救いは悩み困難の中にある民衆・庶民のために用意されたのである。

新宗教の創始者は一般に教祖と呼ばれる。新宗教の教祖研究は、かつては日本的な指導者崇拝、または、人を神と崇める日本的な風土と結びつけられてきた。『新宗教事典』は、その代表として、中村元『東洋人の思惟方法』、宮田登『生き神信仰』を取り上げ、また、堀一郎が教祖崇拝は日本の民俗信仰の伝統であるシャーマニズムの現れと見ていることを紹介している（井上順孝、対馬路人、西山茂、孝本貢、中牧弘允、一九九〇、一〇三頁）。しかし、それだけではなく、「近現代には新宗教が発生しやすく、また、新宗教の教祖やそれに続く指導者が崇拝されやすい条件があると考えられる。伝統的な宗教の権威が弱まり思想信仰の自由が実効化してくる一方、マスコミの発達や国際化によって多様な文化伝統が同一地域内に並存混在するようになるにつれて、変化してゆく環境のなかで新しい統合を行なうような指導者と宗教運動が成功する可能性が高まる」（同書、一〇三頁）とする。先述の鎌倉新仏教は、社会に武士が登場し、世の中が大きく変わる時代だった。新宗教は幕末から明治にかけて次々と誕生してきたが、この時代も日本が近代へと大きく変わろうとした変化の時代だった。こうした点に注目し「転換期の宗教」として研究されてもきた[8]。

日本の新宗教は、成立の仕方の違いによって、(1)創唱型、(2)混成型、(3)再生型に分けて考えられ、(1)は超自然的存在から受けた独自の啓示を基礎（同書、一〇五頁）としており、本論後半で取り上げる天理教は、これに相当する。また、妻鹿淳子が、「創唱宗教とは、創唱者（教祖）が既成の宗教思想にとらわれない独自の教義体系を創りあげた民衆宗教」とした上で、如来教のきの、天理教の中山みき、大本教の出口なおを取り上げているように（妻鹿一九八五、七一頁）、女性教祖が注目されることも多い。しかも、女性教祖となった人の「神体験」は、日本古来の「巫女」あるいはシャーマンの枠組みとして、女性の生理と結びつけられて解説されやすい。そこで、この点について整理した上で、新宗教の教祖伝について考えてみたい。

川村邦光は『憑依の視座』の中で、柳田國男の巫女論（あるいは「妹の力」）について言及し、柳田が、巫女を口寄せにあたる「職業の巫女」（修行と口伝が特徴）と「神妵」（何らかの奇瑞、もしくは、霊の力、神憑きが特徴）に分けていることに触れて[9]、

柳田は「我々の民族の固有の宗教」の担い手がこの二種類の巫女に分岐し、それぞれ別々に発展していったが、とくに後者の「神妵」に注目して、祭祀・祈禱の宗教的行為の重要な部分が、もともと家々の女性のなかから「最もさかしら者」として選ばれた「優れたる巫女」によって管轄されていたとした。

そして、この「神妵」の系譜に連なる者として、当時、目覚ましく発展して衆目を集めていた天理教の教祖・中山みきと大本の開祖・出口なおをあげ、「婦人が霊に憑かれる習性」が古代から連綿とつづいて、「妹の

力」また「女の力」が信じられ、二人の教祖のように「神と交流したという話」が実際のこととして数限りなく語り伝えられ、「その不思議には数千年の根柢がある」と記したのである。

（川村一九九七、一一頁）

と述べる。しかし、その巫女論では、「女性の「感動しやすい習性」や「霊に憑かれる習性」が「いち早く異常心理の作用を示し、不思議を得た」と、女性全般の生理的また感性的な資質・特性に巫女になる根拠が求められている。しかし、「女の力を忌み怖れたのも、本来はまったく女の力を信じた結果」であったと、女性自体、またその血のケガレがどうして忌避されたのかを議論しないで、堂々巡りの論法でしか、〝女の力〟あるいは〝妹の力〟という女性の特性をいい表すことができなかった」とし、「女性固有の心理的な特性が無前提に古代から現代にまで変わることなく存続していたとされてしまっている」と指摘する。さらに、「柳田は妊娠や出産を「婦人の特殊生理」として特別視し、女性を〝産む女〟に固定化しすぎるきらいがある。産血や経血によってケガレとされるのは「女には目に見えぬ精霊の力」があるからだなどと、宗教的な観念の歴史的な変化をまったく捨象してしまうことがままある。女性ばかりが巫者になったのではなく、巫覡《ふげき》（ミコ／カンナギ）と並称されていたように、男のミコも古代から少なからず存在していたのである。柳田の指摘で重要なのは、お産の前後であれ、なんであれ、「身体の調子の変り目」に「神憑き」が起こる[10]としている点である」（同書、一六～一七頁）と述べる。

いずれにせよ、女性自体の特性が巫女へのプロセスに深く関わっていて、その特性は歴史的・宗教的に抑圧された状況で意味付けられたとしても、女性の身体的特性（あるいは本質としての女性観）に結びつけられることになっている。浅野美和子は、如来教の教祖きのの神憑きは召命型シャーマンとして説明されうるし、きのはシャーマンになったことで自己救済を果たし、俗なる世界から聖なる世界への再生を可能にしたという、積極的な評価を「シャーマンになること」に与えているが、その神憑きの現象そのものの基底は、当時の女性観を払拭しているとはいえない[11]。浅野は、「江戸時代には社会的な活動をする女性は少ないと見られているのに、なぜか民衆宗教の教祖には女性が多い。なぜこの時期に民衆宗教は集中して現れるのか、その歴史的社会的文脈の中に如来教を位置づけるとどうか」と問いつつも、「民衆宗教の創唱者のうち三人までが女性であり、人並みならぬ苦労を重ねて悩みぬいたあげく、これまでにない神の降臨をその身に受ける（憑依）ことで救われたのである」（浅野二〇〇一、一〇頁）という論を展開し、女ゆえの苦労、当時の社会状況（流行神の降盛[12]）、巫女としての素質（母親から引き継いだ）、更年期を素地として、庶民の女性きのが、巫女となり、聖女喜之として再生したとする。こうして描かれた教祖の生き方は、当時の女性への言説を土台とし、それに立ち向かい、それを超克するような女性として教祖が「再生」され、女性であるがゆえに救済者となったと解される。

また、妻鹿も、「三教祖が神がかりとなり開教した時期は、ともに十九世紀のことであり、封建制度の崩壊期から資本主義体制がいまだ確立していない段階の、社会変革を迎えた激動の時代である。……三教祖は程度の差はあるが、いずれも社会の最低辺の生活を体験した庶民の女性であった。彼女たちは神がかりという神の権威を拠り所に、その願望を述べるという形はとっているが、当時の庶民の女たちの願望を代弁していると考える」（妻鹿一九八五、七二頁）とし、社会の最低辺を経験した女性だからこそ「神懸かり」となり、女性救済につながっているとする。そして、その生い立ちの共通点を挙げる。

(1) 幼いころから勤勉実直な生活を送り、当時の社会規範を模範的に実践した庶民女性

(2) 通俗道徳の模範的な生き方をしたにもかかわらず、貧困と苦難の半生涯〈みき：夫の家業放棄と女道楽に苦

しみ、旧家の嫁としての精神的重圧〉

(3) 貧困と苦難の連続を送る彼女たちは、また家庭的にも恵まれない境遇〈みき／なお・多くの子どもをもうけ、頼りにならない夫と冷えきった夫婦関係、母の期待を裏切る子といった崩壊状態の家庭〉

(4) これらの逆境の結果、彼女たちは家族の生活の糧を一身に担う

（同書、七二〜七三頁）

ここでも女ゆえに苦労したこと、幸せではなかったことが、神懸かりの要件になっている。当時の社会規範に則って生きているのに、「模範的な女性」であったのに、苦労する。その苦労を背負い込むことすら女の生き方のように考えられていた社会・生活環境を窺わせる。そうした状況では、女性による新しい宗教の「創唱」自体が、当該社会の持つ女性観への「挑戦／対抗」として捉えることができる。こうした宗教的ジェンダー・バイアスへの挑戦は、女性解放の思想として解釈されやすく、後述するように、きのように男性に公然と対抗し、それを取り入れてしまう姿勢を示す教祖もいる（両性具有する生神・教祖）。しかしながら、「女ゆえの苦労」が神懸かりの要件だとすれば、男性の神懸かり（教祖・開祖）には「男ゆえの苦労」があるのだろうか。むしろ、川村がいうように、（柳田の）彼女たちの神懸かりの言説や行動が、衆目によって認知・承認されたことに注目していいように思う。川村は「柳田の最も重要な指摘は、霊力が衆人から承認されることによって認められるとしたことだけではない。信ずる者が「神秘なる意義」を付与するところに霊力が成立し、「神姥」が生み出されるとした点でもある」（川村一九九七、一八頁）と指摘する。こうした承認は、承認した人物への帰依の感情を引き起こすことにつながるからである。それが女性であって、しかも、その女性を教祖とした教団が形成されたこと[13]に社会的な意味はあると思われる。

2　女性教祖という表象

女性判事、女性弁護士、女医、女性代議士、女性教師……などの表現には、暗に「女性にしては珍しい」というような、ある種の「偏見」や「先入観」が含まれている場合がある。普通なら男性が就くはずの職業をもつ女性に対して、「女性なのに判事をしている」という具合に、普通でない、珍しいという意味合いを反映している。新宗教における女性教祖が注目されるのも、やはり「珍しかった」からであろうし、しかも、複数の女性教祖が輩出したからでもあろう。そして、その女性に多くの人々が帰依し、教団というものの形成を可能にし、継続させている現実を受け入れようとした現れであるともいえよう。

妻鹿は「なぜ救済者が女性でなければならなかったのか」について考察し、浅野は、救済者としてのきの（喜之）は「女性でなければならなかった」と断言する。両者は、教祖の生い立ち（自叙伝や教祖伝）から、社会の底辺にあって貧困と困難の苦労を経験した庶民の女性であったことを取り上げ、女性教祖となった神懸かりの体験として、両性具有の神性を自らのうちに引き受けたことが、救済者としての資格となっていると指摘する。

浅野は、きのの「生涯における回心と神憑りのもつ意味」（註〈11〉参照）として、「喜之は男神に憑依されたことにより、男神を胎内に宿す女性——両性具有者となった」という。なぜなら、「俗人としての苦難の果てに突然訪れる神の憑依、それは本人には意識されない、心の深層に隠された、相手に打ち勝とうとする意欲の噴出である」からであり、川村の「女性に憑く憑依霊は本人と対立葛藤する相手が女性（たとえば姑）であれば女神、男性であれば男神である」という事例研究を根拠に挙げて、以下の引用を用いている。

巫女の憑依霊は、おもに家庭内の情況にもとづいて、男女を問わず、対抗者が背景にしていると特定された社会的・経済的な力や権威に対抗し、それを凌駕するための権威として、本人にとって一定の信憑性をもつ超越した権威、つまり自分の実家や本家と関わりのある神仏を拠り所にして、構成された超越的存在……

（浅野二〇〇一、六五頁）

そして、文化二（一八〇五）年五月一二日の『お経様』の記述から、「前世では男であったが、如来の慈悲により女の姿をもって生れた。そこで女としての付合い、役目つまり夫や覚善と性交渉をもっても、五一歳の今日まで子ができなかった。それが胎内男の証拠である」ことを示し、さらに、女の形に生まれたわけは、「金比羅は、男は心に巧みがあるゆえに人から信用されないが、女は「たかが女」と軽蔑されるのが、かえって如来の教えを伝えるのに好都合であり、女にこそ布教ができる」という如来の慈悲による（同書、六九頁）とする。

妻鹿は、「（きのは）前世は男であったとか、胎内は男であるとか言う。みきも自己の体を月日おや神の社とし、男女両神（月は男神・日は女神）がやどるとする。なおに至っては、自己を変性男子と呼び、女としてこの世に出現しているが、魂は男であるという。このように、いずれの教祖も男女両性の具有者としての性格をもっている」（妻鹿一九八五、八七頁）と指摘する。[14] その理由として、民俗学の分野における「男女両性の具有者である巫人が超人的能力を備え全き存在になる」という考え方を紹介し、①男尊女卑が色こく反映される当時の社会にあって、女性教祖およびその教えが権威づけられるためには、自らの中に男性的要素を付加する必要性、②男女二者が同時に存在し協力しあう必要性を挙げている（同書、六九頁）。そして、「自己の内に男性的要素を内包させることによって、教祖自らが、両性具有者として完全な救済者となり得た」と結論づけている。さらに、三教祖における母性の捉え方を考察した結果、「一人の人間としてトータルな生き方を主張している」（同書、九五頁）とした。さらに金光教の女性重視の思想を紹介し、それが母性重視であったのに対して、女性教祖たちが、女の存在意義を母性に置くのではなく、女そのものに置いたとし、「三教祖がともに、この世の救済者は貧困と苦難を経験した女でなければならぬとしたのも、社会や家や男たちに抑圧されて生きていかざるを得なかった庶民の女こそが、最底辺の存在であるがゆえに神より選ばれた存在として、それらすべてのものから解放されて生きるものであることを象徴的に表している」（同書、九九頁）と結んでいる。

以上のように、女性に焦点を置いた研究は、女性の特質を評価し、さらに、女性の社会的地位の低さや社会規範・社会通念での〝従性〟を明らかにし、女性を主体性のある人間として、救済の主体者であり、対象者であることを示してきた。しかしながら、「女性」教祖という表象自体が示すように、「女性」だから〝特別〟（ジェンダー・バイアス）という観念がそこに働いていないとはいえない。浅野も妻鹿も、女性教祖の共通する特徴をその「生い立ち」や「神懸かり」に求めているが、少なくとも、教祖になる前の中山みきは、きのやなおのように社会の最底辺で喘ぐような貧困な状態ではなかった。むしろ、教祖になってから、神の意思に沿うようにして施しをするようになって貧乏を経験する。また、みきを「やしろ」とした神は「天理王命」（親神）であって、「月日両神」と表現されてはいても、他の二人の明らかに「男性」を意識した言説（「（きのは）前世は男であったとか、胎内は男であるとか言う。みきも自己の体を月日おや神の社とし、男女両神（月は男神・日は女神）がやどるとする。なおに至っては、自己を変性男子と呼び、女としてこの世に出現しているが、魂は男であるという」）とは異質のように思われる。教祖伝（自叙伝を含む）で描かれる教祖は、新宗教の場合、時代が近いゆえにより具体的になっているから、個々の読み込みがより大切な作業になる。

三　ジェンダーの視点で読む『稿本天理教教祖伝』

1　「月日のやしろ」

前章までで紹介したいくつかの研究は、女性の宗教的救済が教祖救済活動によって可能となったこと、そこに表明される女性の在り方（あるいは男性との関わり）が、女性の社会での在り方に反映されていること、新宗教に対する女性に焦点をあてた研究は、女性の生理を前提とするようなシャーマン論や女性解放論（社会通念として理解され扱われてきた女性存在の社会的解釈からの解放）として語られやすいことなどを指摘している。『稿本天理教教祖伝』（天理教教会本部、二〇〇三年。以下『教祖伝』）は、その編纂にあたり、なるだけ事実に基づいた記載が心掛けられたと言われているが、そのような教祖伝において、教祖そのもののジェンダー観がどのように描かれているのか、あるいはいないのか、編纂者のジェンダー観（社会における男女の在り方に対する通念）は反映しているのかを、これまで紹介した研究を糸口として考えてみたいと思う。そこで、以下では、「神懸かり」を伝える「月日のやしろ」となったときの状況、月日のやしろとなった直後のみきの様子を伝える「内蔵の三年間」の意味、救済の方途としての「をびや許し」を見ていきたい。結論を先取りしていえば、『稿本天理教教祖伝』の叙述には「男は〇〇」「女は〇〇」というような表記は見当たらず、性によって区別された言動の記録もない。ただ、「をびや許し」を始めるにあたっては、それまで女性に付されていた女性の生理に関わる血の「穢れ」について、きっぱりと否定、女性の経血や出産について積極的で肯定的な解釈を言明している。これを含め、特に、教祖となった中山みきについては、「救済者」として人々にどのように承認されていったかに焦点があるように思われる。

さて、『教祖伝』は「第一章　月日のやしろ」から始まる。

「我は元の神・実の神である。この屋敷にいんねんあり。このたび、世界一れつをたすけるために天降った。みきを神のやしろに貰い受けたい。」

神々しい威厳に充ちた声に、身の引締まるような霊気がその場に漂った。

戸主の善兵衛も、修験者の市兵衛も、親族の人々も、誰一人頭を上げようとする者もない。それは、今までに聞いた事もない神であり、思いも寄らぬ啓示であった。善兵衛は、初めの程はその意味を解し兼ねたが、考えると、この啓示は中山家にとって実に容易ならぬ重大事であり、どうしても実行出来そうにない事である、と、思い廻らすうちに、去年の冬頃から今日に打続く不思議な出来事である。

（『教祖伝』、一〜二頁）

天保八（一八三七）年一〇月二六日、急に痛みだした長男秀司の左足の治癒のため、医者に見せたが効果がなく、人から勧められて近在では有名だった市兵衛に祈禱を頼んだが、一進一退だった。そこで、市兵衛との相談で、中山家での「寄加持」が行なわれるようになった。「そよ」という娘が加持台となり、費用をかけて寄加持はその後何度も行なわれた。そうするうち善兵衛の眼、みきの腰、秀司の足の悩みが重なったとき、中山家で寄加持が行なわれたこの日、不在だったそよに代わって、みきが加持台となった。天保九（一八三八）年一〇月二三日午後一〇時のことだった。家族や親族とも相談し、市兵衛も尽力し、村役や子の多い事などを挙げて、神に断りをいれたが、それに対する啓示は「誰が来ても神は退かぬ。今は種々と心配するは無理ではないけれど、二十年三十年経ったならば、皆の者成程と思う日が来る程に」「元の神の思わく通りにするのや。神の言う事承知せよ。聞き入れてくれた事ならば、世界一列救けさそ。もし不承知とあらば、この家、粉も無いようにする」（同書、七頁）というものだった。こうした神人問答は三日間続き、二六日に善兵衛が「みきを神のやしろに差し上げます」と神の申し入れを受けることで終わる。

この神懸かりの場面から、いくつかのことがわかる。

(1) 戸主（みきにとっては夫）に対して、神が要請している。
(2) 戸主は、家族会議など開いている。
(3) 中山家は村役を務める村の有力者の一人だった。
(4) 子どもがいて、みきの母親としての役割が残されていた。
(5) みきは不在のそよの代わりに加持台となった。
(6) 加持の専門家として有名だった市兵衛も知らぬ神が出現し、彼の力は及ばなかった。
(7) 医者が困った患者に対し、寄加持を行なうことは珍しいわけではなかった。
(8) 神が要請したのは「みき」であった。

このときみきは四一歳だったので、これまでに紹介したいくつかの巫女論やシャーマニズムの説明からすれば、「体調不良」に関わる年齢（更年期）だったので、神懸かりになったといえるかもしれない。しかし、所属社会集団の伝統の一つとされる寄加持の流儀に従って行なわれた結果、現れた神は未知の神であって、川村が指摘するような、馴染みのある神ではなかったし、みきが日頃から親しんでいた浄土教に関わるものでもなかった。しかもそれは「男神」と判断できないから、両性具有となることによって救済者となったともいえない。したがって、浅野や妻鹿の指摘は、みきの神体験そのものの記述からは読みとれない。つまり、みきの神懸かりにはジェンダー化された要素や女性の解放を特に意図させるようでもない。むしろ、⑴⑵⑶の点に注目すれば、当時の社会では戸主がおり、戸主が家族の在り方を決定していたから、神がそうした人間の〝都合〟に合わせ、その社会的なシステムに乗せて、問答を仕掛けているように思われる。しかも、強い神の意思を表明しつつ、その戸主に事態の了解がつくまで三日の問答を繰り返し、〝神が欲しいのは「みき」である〟ことを承知させている。つまり、「みきは神が使う」ことが戸主によって承認されたわけで、男性支配的な社会システムに乗りながら、みきの言動はこれ以後神の領域に属すことになって、以後、『教祖伝』では、戸主という面目を失っていくことで煩悶する夫が描かれることになる。

2 「内蔵」の三年間

『稿本天理教教祖伝逸話篇』（天理教教会本部、二〇〇六年、以下『逸話篇』）には「三　内蔵」が収められている。

教祖は、天保九年十月二十六日、月日のやしろとお定まり下されて後、親神様の思召しのまにまに内蔵にこもられる日が多かったが、この年、秀司の足、またまた激しく痛み、戸板に乗って動作する程になった時、御みずからその足に息をかけ紙を貼って置かれたところ、十日程で平癒した。

内蔵にこもられる事は、その後もなお続き、およそ三年間にわたった、という。

（『逸話篇』、二頁）

この内蔵の三年間については、教祖となるための修行期間だったとする説があるが、周囲の者から見れば、「中山みき」は四〇代の所帯盛りで、庄屋の家政を切り盛りする嫁であり、妻であり、母であった。いまだ「月日のやしろ」の実態が理解されていたわけではないし、姿形が変わったわけでもないので、この三年間のいわば社会生活からの離脱には、社会的な意味があるとも読める。

『教祖伝』によれば、みきの前半生はまさに模範的な女性だった。近所の子どもたちの面倒見がよく、裁縫などにも長け、細工物が得意だった。寺子屋で読み書きを習い、信心深い家風の中で育った。一三歳で叔母が嫁いでいた中山家の嫁となり、一六歳にはすでに家政を任されている。よく働き（農作業、家事、綿木引き、機織りなど）、人に優しく、義父母に尽くし、夫に柔順だった。「嫁がれた教祖は、両親によく孝養を尽し、夫にはよく仕えて些かも逆らうこと無く、一家は睦じく楽しく暮らされた」（『教祖伝』、一四頁）、「親族知人や隣近所の気受けもよく、家においた人々には、いつも優しい言葉をかけて労わり、仕事休みの時などは、自ら弁当を作って遊山にだしてやるなど、到れり尽せりの行き届き方であった」（『教祖伝』、一五〜一六頁）とある。長らく子どもに恵まれなかったが、舅が死去した後、長男が授かり、娘も次々に生まれた[15]。中山みきが「月日のやしろ」と定まったとき、長男秀司一七歳三ヵ月、長女おまさ一三歳六ヵ月、三女おはる七歳一ヵ月、五女こかん一一ヵ月だった（二女と四女は早世）。このような状況で、内蔵にこもるということは、「女」に与えられ、期待されていた社会的役割（ジェンダー・ロール）をしないということになる。働き者の嫁は家事をしなくなり、柔順だった妻は夫に従わなくなった。そして、慈悲深い母は、無慈悲な母と世には映った。

以後、「神の意思」の具現は、「貧に落ち切れ」の神言により、物施から始まる。最初は自分が嫁入りに持ってきたものを施し、やがて、「この家形取り払え」と中山家そのものの財をも施すことになる。土地持ちといわれた中山家の田地を年切り質としてまで施すことになった。「家の高塀の取り払い」によってそれは頂点になる。これらは「家」そして家父長制の否定を示している。戸主（夫）に迫り、説き伏せ、神言を実行させている。だから、「嫁入った女房に、家形を取り払え、と言われて、取り払いました、と言うのでは、先祖に対して申訳あるまい。世間に対してあなたの男も立つまい、と、口を極めて激しく意見し、遂には、そんな事をして居ると、付合いをやめて了うが、よろしいか、と言う者さえあった」（『教祖伝』、二七頁）。

こうして、神の言葉を実行するみきは、当時の社会が求めた「模範的な女性」「通俗道徳」という枠を超えていったが、『教祖伝』は、神の意思をどこまでも実行しようとする「救済者」として叙述に終始する。

3 「をびや許し」

貧のどん底であった頃、「をびや許し」が始まる。最初は、長女おはるが初産に帰ってきたとき、「何でも彼でも、内からためして見せるで」（『教祖伝』、三六頁）と、腹に息を三度かけ、同じく三度撫でて置かれた。おはるは軽々と出産し、産後も健やかであった。『教祖伝』は以下のように述べる。

> 二十数年に亘る長いみちすがらの後、漸く親神の思召が弘まり始めた。お産は女の大役であり、殊にその頃には、お産に対する不安が、根強く人の心を支配して居た時代であったが、をびや許しを頂いた者は、皆、不思議なほど楽々と安産した。……をびや一切常の通り、腹帯いらず、毒忌みいらず、凭れ物いらず、七十五の身のけがれも無し、と。
>
> （『教祖伝』、四三～四四頁）

この記述から、当時、お産は女の大役と考えられてはいたが、女がお産をするのは女にとっては当然のことなので、安産のために、腹帯や「毒忌み」に注意が払われ、「凭れ物」が必要なほどであったのにもかかわらず、「七十五の身のけがれ」と考えられていたことがわかる。だから、安産を保証し、産後の煩いから救う「をびや許し」は、お産に伴う身体的な苦痛だけでなく、女性としての身体（観）を肯定することで、その身体を女性に取り戻し、さらに社会的偏見であるお産の穢れの観念からも女性たちを救った。『逸話篇』では「女は不浄やと、世上で言うけれども、何も、不浄なことありゃせんで。男も女も、寸分違わぬ神の子や。女というものは、子をやどさにゃならん、一つの骨折りがあるで。女の月のものはな、花やで。花がのうて実がのろうか」（『逸話篇』「一五八　月のものはな、花やで」）と、女性に向けられた不浄観を否定し、平易なたとえを使って「月のもの」を評価し、「男も女も、寸分違わぬ神の子」であることを説いている。

女性への偏見の根底にある女性の不浄観から、女性を解放しただけでなく、そのような観念そのものの不条理から、男性をも解放して、「寸分違わぬ神の子」という人間本来の在り方を示した。川橋は、「宗教が差別的抑圧的にふるまう場合があっても、経典や教祖の言葉や信者の生き方は、社会の差別的な実践を宗教のメッセージによって問いただし、他者や世界との望ましい関わり方を照らし出す可能性を持つ」（川橋二〇一〇、六八頁）と指摘したが、『教祖伝』は、そうしたみきの人間に対する考え方を書き記すことによって、信仰する者にみきの姿勢を示そうとした。

おわりに

『教祖伝』を読むにあたり、宗教におけるジェンダー研究の関わりや、女性教祖研究におけるこれまでの研究動向を概略した。それらを参照しつつ、実際の『教祖伝』をジェンダーの視点を持って読み直す作業を試みたのであるが、『教祖伝』で描かれた教祖中山みきおよびその編纂者には、ジェンダーに関するバイアスはかかっていないということがわかってきた。むしろ、救済者（教祖）となってからのみきの半生は、救済者ゆえの社会との軋轢として述べられている。ジェンダー的通念の中で苦悶するのは、夫であり、それと戦いながら、結局は「月日のやしろ」（教祖）となった妻を受け入れたと思われる。

『教祖伝』の後半三分の二ほどは、中山みきが人々から慕われ、それゆえ、教祖として「苦労」する「みちすがら」で占められている。個々の悩みに対応した結果、教祖は「おやさま（親様、神様、教祖様）」と親しく崇められ、そうなればなるほどに、近在の宗教者や官憲による取り締まりを受けるようになる。「よろづたすけのつとめ」を教えることができるほど、身近な家族は教祖を教祖として受け入れ、同様に多くの信者が教祖の教えを信じて「たすけ」に出かけ、「たすけ」を求めて出かけてくる。教祖の「不思議な力」は人々に受容され、教祖が受容されたことが読みとれる。教祖への敬慕は『教祖伝』の後半では顕著にあらわれる。

ここでは触れなかったが、はじめて外に向かって「にをいがけ」（神名流し、布教）に出かけたのは、若いこかん（教祖の五女）だったことには注目しておきたい。また、夫婦を中心として家族を語っていることも重要である。『逸話篇』には、家族の意義は夫婦にあることがしばしば語られる。ここには、新しい女性（救済の主体的行為者という女性）の行動や、従来の家族観ではなく夫婦の心的関係、いわば愛情と信頼・尊敬による家族観が生活の指針として与えられる。

ところで、教祖は「ひながたの親」と教えられる天理教では、信者の生き方は「ひながたを辿る」ことに求められる。だから『教祖伝』は、最も身近に教祖を感得することができる書物である。しかしながら、女性信者に対する「悟り」や「諭し」は女性もしくは女性の役割として、分けて説かれることが多く、たとえば「教会長夫人として」「妻として」「母として」と題される。「教会長の夫として」「夫として」「父として」という題目は、見かけにくい。特に、「生み育て」の役割を中心に据えた語りがしばしば見られる。こうしたことが、「ひながたを辿った」結果であるならば、それは、天理教という宗教伝統において形成されてきたジェンダー観（男女に対する期待）のあらわれであるのかもしれない。辿られたひながたとしての教祖は、現実の社会で生きる信者の中で解釈され続け、教祖が追体験されているとも考えられる。ジェンダーの視点は、むしろ、こうした信仰者による教祖描写において作用するのかもしれない。信者が描いた教祖伝の検討が必要と思われる。今後の課題である。

註

（1）子どもを誘拐した女・野々宮希和子は、大手企業に就職、不倫と知りながらも秋山丈博と付き合っていた。希和子は出生した秋山の娘恵理菜を一目見ようとして、衝動的に連れ去り、薫と名づけて育てることにする。物語は、これが元で誘拐犯として追われた希和子・薫の三年半の逃亡と、事件後、大人になった恵理菜の葛藤を描くという構成になっている。出生後に希和子に連れ去られ、彼女の娘・薫として育てられた恵理菜は、四歳のときに希和子が逮捕されたため、秋山夫婦（妹あり）に戻る。恵理菜は、このことが大々的に報じられ、世間からの好奇の目にさらされたため、誰ともなじめず、また、親との関係もぎくしゃくして、「自分とは何か」という問題を抱える独り暮らしで不倫中の大学生として描かれている。

（2）『良妻賢母という規範』（勁草書房、一九九一年）を著した小山静子は、そのはしがきにおいて、「良妻賢母」という言葉が非常に古めかしい死語ではなく、「職業をもつ女がこれほど増えてきた今日であっても、相変わらず、女は家庭を守り、妻・母役割を果すことが第一義的に求められている。それを肯定的にとらえるにしろ、否定的にとらえるにしろ、現代の女たちに一つの理想的な生き方として「良妻賢母」が求められていることは紛れもない事実なのである。あるいは、女たちは自らの心の内に「良妻賢母」のイメージを作り、それを一つの価値基準にして自らの行動を律している、といえるかもしれない」（同書、i頁）と述べる。一方、多くの女性が専業主婦になり、またなりたいと思っている歴史があることを指摘し、良妻賢母が女の規範として抑圧要素であった反面、就職の必要がなく、「子育てや子どもの教育という「楽しく有意義な」仕事に専念できる、一種の「心地よさ」や「魅力」をも女たちにもたらしてきた」とも考えている。だから「良妻賢母」がもっている問題を明らかにするために、この規範を創り上げた国家や男社会をただ告発するのではなく、このような規範を存在させる社会や国家、あるいは国家公認の教育理念としてきた学校教育およびそれによって育った女性を媒介とした家庭教育の関係性を問う（同書、ii～iii頁）考察を本書の中で展開している。それによると（同書、一四～四一頁参照）、江戸時代の特に武家や上層の商家などの女性は、専ら、「嫁」や「妻」としての役割が求められ、子育て（息子）は父親の仕事（父道）とみなされていた。一人前の女性に求められたのは、婦徳（女として守らねばならない諸徳）、婦言（女としての言葉遣い）、婦容（女らしい身だしなみや立ち居振る舞い）、婦功（女としての手わざ）という「四行」の修得であって、おおむね江戸期女訓書は子の教育者としての「母」を期待していなかった。なぜなら、女性は先天的に愚かである、女は情に流されるという女性観が存在したからだという。しかもそれは天から与えられた「女＝陰性」という本性なのだから変更不可能という記載さえ見られる。さらに、当時意図的に家庭教育を行なっていた階層では、その教育内容が娘と息子ではまったく違っていたので、母親は娘に教えることはできても、実際問題として息子に教えることができなかったと小山は考えている。そして、明治初期の関連文献から「賢母」を求めたのは「近代」国家、近代「家族」であったことを明らかにしている。近代が女性の「母」役割を求めることになったという。このことは、〝だから、（良い男子＝国家にとって有用な男子を育てるためには、それに見合った）教育が女子に必要〃ということにもつながっている。

（3）川橋は、「宗教はジェンダーが社会・文化的につくられた可変的なものであることを否定して、男女の変ることのない本質であると説いていると受けとめられることが多い。これは、男女間の差異を固定化する宗教は、差別の現状維持に加担するという批判につながる。それゆえ、宗教研究とジェンダー研究とを接合させる試みは二律背反であるとさえいわれてきた」と解説している（『宗教学事典』六七頁）。

（4）教祖伝や祖師伝の編者や著者による「教祖」や「祖師」イメージを「分ける」ことによって、川橋が指摘するように「宗教が差別的抑圧的にふるまう場合があっても、経典や教祖の言葉や信者の生き方は、社会の差別的な実践を宗教のメッセージによって問いただし、他者や世界との望ましい関わり方を照らし出す可能性を持つ」（川橋二〇一〇、六八頁）という地平を切り開くことができるかもしれない。また、井川ちとせは「ジェンダーから世界を読むということは、固定的なアイデンティティのカテゴリーに特有の利害や経験を記述することであり、変更不可能な性差という考え方を裏書きすることではない」（井川ちとせ「ジェンダー・アイデンティティという虚構」〈『ジェンダーから世界を読むⅡ　表象されるアイデンティティ』明石書店、二〇〇八年、二五頁〉）と言い切っている。

（5）官僧は、天皇から得度を許可されて、東大寺・観世音寺・延暦寺三戒壇のいずれかで受戒し、得度儀礼に白衣を着用、清僧であることを基本とする。女性は登壇・授戒から排除されているので正式の比丘尼になれない。国家的祭祀権を有する天皇から鎮護国家を祈る資格を認められた僧団である。厭世僧は、官僧から離脱した僧を核とし、独自の入門儀礼を創設した僧侶集団で、黒衣（凡夫の自覚を象徴）を着用。妻帯を認めた集団もあり、女性も正式の尼になることができる（松尾一九八八、二四九頁）。

（6）松尾が使用した絵伝は、新義律宗（鑑真、明恵高弁）、法然、親鸞、禅僧（臨済宗の僧・元選）、一遍に関するもの。

（7）松尾は、法然による室泊の遊女救済の話は有名であるが、この話は一四世紀になって法然伝に付加された神話であるという今堀太逸の説を紹介している。しかしながら、法然が遊女を教化の対象としていたということはできるとしている（松尾一九八八、二六七頁）。

（8）　笠原一男『転換期の宗教――真宗・天理教・創価学会』（NHKブックス、一九六六年）、村上重良『教祖――近代日本の宗教改革者たち――』（読売新聞社、一九七五年）、大村英昭、山折哲雄編『蓮如　転換期の宗教者』（小学館、一九九七年）、ニコラス・ウェイド、依田卓巳訳『宗教を生みだす本能――進化論からみたヒトと信仰』（NTT出版、二〇一一年）など参照。

（9）　川村は、中山太郎が巫女を神社の巫女（白い着物に紅の袴をはき、鈴を振って舞い、湯立ての神事に関わる）と口寄せの巫女（死霊や生霊を降ろして語る）に二分し（川村邦光『憑依の視座』〈巫女の民俗学Ⅱ、青弓社、一九九七年、一〇頁〉）、柳田は後者について論じていると述べる。

（10）　柳田の「（神姥の出現）不断からやや陰鬱な、突き詰めて物を考えるたちの女ならば、折々は家族の者の早まった懸念のために、幾分この状態を促進することもないとは言われぬ。そうでなくても産の前後とか、その他身体の調子の変り目に、この現象の起りがちであるのを、やはり新しい医学の理論などに頓着なく、全然別様の神秘なる意義を彼等は付与したのである」という叙述を紹介している（川村一九九七、九頁）。

（11）　浅野は、喜之の神懸かりのような入巫は、宗教人類学では「召命型シャーマン」と呼ばれるとし、佐々木宏幹が、召命型シャーマンの特質として①聖霊の召命を受ける者は、精神的・肉体的困難に悩まされているか、年齢的に重大な時期（思春期など）にある。②省略、③シャーマンとしての思想や行動は、社会―文化的な型に従っており、一定社会に承認されたものである、とを挙げていることを述べ、例として中山みき、出口なおの場合を示しているとする。そして、「みきもなおも、家族に関する不幸な経験の後、体の不調を感じ病的な症状を呈した。二人とも苦労による心身の不安定が神憑りの条件、動機となり、修験道や金光教といった伝統的、地域的な宗教観念、行動様式が憑依した精霊に包み込まれていると述べている。また精霊の命令を実行しないと、症状はいつまでも続いて体を消耗させるという。……なお佐々木説に従えば、喜之の開教は四十七歳、ちょうど更年期に当ることにも留意したい。中山みきや出口なおもほぼこの年齢に開教している」と述べる（浅野美和子『女教祖の誕生――「如来教」の祖・媹姾如来喜之』藤原書店、二〇〇一年、四八～四九頁）。さらに「開教前のきのは肉体的精神的危機に直面しており、年齢的にも更年期に当っていたし、その思想や行動は金比羅信仰を中心とした、近世後期名古屋熱田の社会―文化的な型に従っていたことも確かで、召命型シャーマンとして、きのの入巫の状況は納得できる」

れている。

（同書、五二頁）といっている。喜之の生涯における回心と神懸かりのもつ意味については、以下のように纏められている。

金毘羅の憑依を受けることで、まずきのが救われた。極限にあって日ごろ信仰していた神がきのを支えた。きのの抑圧された気持は神の言葉となって迸る。喜之はこうして危機を脱出でき、自己救済を果した。俗なる自己を葬り、聖なる巫女として再誕したのである。死の苦しみを味わった後の、新しい蘇り――再生であった。……以後、神に支えられた強い自己へと人格を転換し、後半生を生きることになる。②神が憑くという現象の客観的解釈：シャーマンは世界的な現象。霊的な素質に恵まれた人が、自己の不幸や苦難によって挫折し、それが身体症状となって現れるとき、その人に属する共同体の神の憑依により救われる。神とは心の別名で、この場合は共同体の共有観念のうち、滅厄招福、浄土への往生などの願望を人格として疎外したものである。③喜之は男神に憑依されたことにより、男神を胎内に宿す女性――両性具有者となった。（文化二年五月一二日の『お経様』）前世では男であったが、如来の慈悲により女の姿をもって生れた。そこで女としての付合い、役目つまり夫や覚善と性交渉をもっても、五一歳の今日まで子ができなかった。それが胎内男の証拠である、という。しかしこういいながら喜之は自分が女であるという性自認と誇りをしっかり持っていた。女の形に生れた訳は、如来の慈悲による（同『お経様』）。金比羅は、男は心に巧みがあるゆえに人から信用されないが、女は「たかが女」と軽蔑されるのが、かえって如来の教えを伝えるのに好都合であり、女にこそ布教ができると、選ばれたことに誇りを持ち、女の尊貴を説いていく。

（同書、六五～六九頁）

(12)　「享和二年（一八〇二、きのは四七歳で開教半年前）二月、愛知郡の山口伝蔵が「不思議のまじない」を行い、薬も出して病気を治し、人々が群集する。文化元（一八〇四）年四月、高野山の客僧の面白い因縁咄の説法が人気を呼び、同一〇年九月には、知多郡名和村藤蔵が高山権現を祭り、愛知郡古井村へ移るにつき、老若が名残を惜しんだ。同一一年四月紀州の徳本上人が江戸に下る途次、熱田の正覚寺で人々に十念を授け、同一五年一二月九州の豪潮律師が万松寺に止宿、諸病平癒の加持祈禱、いずれも貴賤群集したとある。文政元（一八一八）年一二月、児嶋備後なる男が高山権現の行者と名乗り、加持をし、医薬を与えて礼物を取り渡世した由で、中追放の刑となる。この児嶋備後は、前記の藤蔵と同人物かと思われ、新しい宗教の出現にたちまち人気が集まる様が窺われる。

　享和二年のきのの開教をこうした宗教的動向の流れにおいて見るならば、新しい「神」の出現を期待する民衆意識にちょうど応える形でなされたことがわかる。無論きのには金比羅憑依に至る内面的な必然があったので、周囲の状況など与り知らぬ事ではあるが、客観的には、民衆の意識――共有観念＝共同の幻想のきのの内部における作用を無視できない」（浅野二〇〇一、三五頁）。

（13）『新宗教事典』は「教祖の霊威・霊能がシャーマン的職能者のそれと決定的に違うところは、それが、他者にも共有と継承が可能な宗教伝統（教えや儀礼など）と密接に連動しているところにある」（一〇四頁）、「霊威・霊能の発言回路が教祖に一元化・統制されるとともに、弟子の霊威・霊能はそこから分有したものとみなされ、つねに統制に服従する、という関係性へと展開することによって、シャーマンとは区別される教祖（宗教指導者）が成立する」（一〇七頁）と述べる。

（14）きのやなおが、自らの内に「男性」の存在を明言し、「女性に憑く憑依霊は本人と対立葛藤する相手が女性（たとえば姑）であれば女神、男性であれば男神である」のに相当するのに対し、みきの場合は「月日のやしろ」である。天理教の信者が親神を男神として認識することがあるのだろうか。

（15）それほど丈夫でなかったといわれるみきは、一三歳で結婚しているが、長らく子どもに恵まれず、舅の死後初産となった。二四歳のときである。この長い年月のことを考えると、「子のない」ことへの抑圧はよほどのことであったと思われる。肉体的に準備が整わなかったということも考えられ、また、舅の死からほどなく妊娠していることから、舅の存在が何らかの抑圧となっていたのではないかということも推測される。

参考文献

浅野美和子『女教祖の誕生――「如来教」の祖・媹姾如来喜之』（藤原書店、二〇〇一年）。

井川ちとせ「ジェンダー・アイデンティティという虚構」（『ジェンダーから世界を読むⅡ　表象されるアイデンティティ』明石書店、二〇〇八年）。

井上順孝、対馬路人、西山茂、孝本貢、中牧弘允編『新宗教事典』（弘文堂、一九九〇年）。

角田光代『八日目の蟬』（中央公論新社、二〇〇七年）。

川村邦光『憑依の視座』（巫女の民俗学Ⅱ、青弓社、一九九七年）。

小山静子『良妻賢母という規範』（勁草書房、一九九一年）。

天理教教会本部編『稿本天理教教祖伝』（天理教教会本部、二〇〇三年、四一版）。

天理教教会本部編『稿本天理教教祖伝逸話篇』（天理教教会本部、二〇〇六年、一二版）。

星野英紀・池上良正・氣多雅子・島薗進・鶴岡賀雄編『宗教学事典』（丸善、二〇一〇年）。

松尾剛次『鎌倉新仏教の成立――入門儀礼と祖師神話――』（吉川弘文館、一九八八年）。

妻鹿淳子「創唱宗教における女性教祖の母性観」（脇田晴子編『母性を問う歴史的変遷（下）』人文書院、一九八五年）。

如来の化身としての親鸞・一学徒としての親鸞

井上善幸

はじめに

およそ二五〇〇年前にガンジス河中流域で釈尊によって開かれた仏教は、インドだけでなく中央アジア、中国、朝鮮半島を経由して、やがて日本に伝来する。当初は中国で成立した宗が移入されていたが、鎌倉時代には、法然（長承二〈一一三三〉年～建暦二〈一二一二〉年）を祖とする浄土宗、栄西（保延七〈一一四一〉年～建保三〈一二一五〉年）を祖とする臨済宗、親鸞（承安三〈一一七三〉年～弘長二〈一二六二〉年）[1]を祖とする浄土真宗、道元（正治二〈一二〇〇〉年～建長五〈一二五三〉年）を祖とする曹洞宗、日蓮（承久四〈一二二二〉年～弘安五〈一二八二〉年）を祖とする日蓮宗などが新たに登場することになる。[2] これらの宗派のうち、特に浄土宗や、浄土真宗、日蓮宗は、民衆救済の志向を持つという点で幕末から明治にかけて成立する新宗教と共通する側面があり、信徒によって豊富なイメージをともなう祖師像が語られている。しかしながら、浄土真宗の開祖とされる親鸞についていえば、親鸞自身が自らの生涯を語ることがなく、教団外の同時代史料にも親鸞に関する記述が見られないことから、その原像には不明な点が多い。

さまざまな祖師像が形成されるプロセスを検証する作業を通じて、それらをいったん祖師像形成のコンテクストの中に解体するとともに、あらためて救済論的に祖師像を再構築するという主題を親鸞に即して考えると、それは、教団が示す親鸞像と門信徒の信仰に現れる親鸞像との有機的連関を解明する作業であり、また歴史学的に解明される親鸞像と信仰の上で語られる親鸞像との交渉を問う作業でもある。このような課題を十分に解き明かすには、広範かつ綿密な考証が必要であるが、本論では大きく三つの点を扱った。第一は、そもそも仏教において祖師論がどのような意味を持つのかという問題である。幕末から明治時代に興ったいわゆる新宗教と異なり、仏教諸派の開祖は教義を独自に創唱したわけではない。そこで、連綿と続く伝統を受け継ぎつつも、新しい解釈を提示する仏教における開祖について考察し、まずこの論の方向性を確認する。第二は、阿弥陀仏の化身として讃仰された祖師・親鸞がどのように語られていくのかという問題について、特に教団規模の拡大とメディアの発達という視点から概観する。第三は、教祖論の脱構築と再構築という大きな主題に即して、歴史的実在としての親鸞像を究明しようとする近代以降の試みと、それにともなう親鸞像の変化が、祖師・親鸞の残した言葉をどのように位置づけ、いかに解釈するのかという議論に波及した問題を、大正期に繰り広げられた「教権と自由討究」という議論を手掛かりに考察する。

一　仏教における祖師論の意義

1　浄土真宗と法然

一般に、「浄土真宗」とは、親鸞を開祖とする日本仏教の一宗派を指すが、本来の用法は、「浄土の真宗」であり、阿弥陀仏の本願によって浄土に往生することで悟りが得られるという真実の教えを意味する。また、親鸞自身には宗派としての浄土真宗の開祖という意識はなく、あくまで師である法然が明らかにした教説を承けるという立場をとるものである。さらに、法然によって浄土の真宗が開かれたといっても、その教説が法然においてはじめて創始されたと見なしていたわけではない。親鸞の言葉を伝える『歎異抄』（第二条）には、たとえ法然にだまされて地獄に堕ちたとしても後悔はしない、という親鸞の師への崇敬が述べられた後に、次のような言葉が記されている。

弥陀の本願まことにおはしまさば、釈尊の説教虚言なるべからず。仏説まことにおはしまさば、善導の御釈虚言したまふべからず。善導の御釈まことならば、法然の仰せそらごとならんや。法然の仰せまことならば、親鸞が申すむね、またもつてむなしかるべからず候ふか。詮ずるところ、愚身の信心におきてはかくのごとし。

ここに出てくる善導（六一三～六八一）とは、唐代に活躍した浄土願生者で、法然が挙げる浄土五祖、親鸞が挙げる七祖のいずれにも数えられる人物である。法然や親鸞は、善導こそが釈迦が説いた仏教の真意を解釈したと捉えており、さらに釈迦は阿弥陀仏の本願を説くためにこの世界に出現した仏陀であると見なしている。したがって、法然は浄土宗を独立させた宗祖ではあるが、まったく新しい教えを説いたのではなく、その教説はあくまで仏教の伝統の中に位置づけられるものである。親鸞の著述自体にも、「論家・宗師、浄土真宗を開きて、濁世、邪偽を導かんとなり」（『浄土文類聚鈔』、原漢文）[3]とあるように、インドの世親（天親、論家）や唐の善導（宗師）によっても浄土真宗が開かれたと示されている。親鸞においては、法然は七祖の最後に挙げられていることからも窺えるように、浄土宗の独創者ではなく、釈迦がこの世に出現した真意、すなわち阿弥陀仏の本願を伝えるという役割を果たす祖師たちの一人として位置づけられている。

その一方で、親鸞は和讃において、「智慧光のちからより　本師源空あらはれて　浄土真宗をひらきつつ　選択本願のべたまふ」[4]と述べ、主著『顕浄土真実教行証文類』（『教行信証』）の第六巻「化身土文類」で、法然について「真宗興隆大祖源空法師」[5]としているように、日本において明確に浄土宗を立てたのは法然であるという認識を示している。

本来、「宗」の語は、仏教の文脈では「主要な根本の教え」という意味を持っているが、仏教経典は膨大であるため、根本となる教説の違いによって、あるいはその解釈の相違によって、やがていくつかの学派が形成されていく。このような傾向自体は、古くインドまで遡り、さまざまな部派が展開したことが知られているが、とりわけ中国の隋・唐の時代において、多くの「宗」が立てられ、学派が成立することになる。中国で成立した宗のいくつかは日本にももたらされ、法然や親鸞の当時には、南都以来の六宗（三論宗・成実宗・法相宗・倶舎宗・華厳宗・律宗）に平安期に成立した天台宗・真言宗を加えた、いわゆる顕密八宗が公認されていた。そのような中で、法然が浄土の教えを「宗」として新しく立てることには激しい反発があった[6]。

例えば、貞慶（久寿二〈一一五五〉年～建暦三〈一二一三〉年）によって起草された『興福寺奏状』では、批判の第一に「新宗を立つる失」が挙げられており、教説の流布のみならず、浄土宗の立教開宗宣言自体が大きく問題視されていたことが窺える。このような批判を受ける中で、法然には「浄土宗」という新しい宗を立てる根拠を示す必要があった。具体的には、独自の教義体系を樹立するために宗名と教法の根拠となる経論を定め、その教法が仏教全体の中でどのような位置を占めるか（教相判釈）を明らかにして、釈尊以来の伝統、つまり師資相承を示すことが求められたのである。法然の主著、『選択本願念仏集』の第一章「二門章」は、このような立教開宗の条件が念頭に置かれており、「浄土宗」という宗名、『仏説無量寿経』『仏説観無量寿経』『仏説阿弥陀経』からなる浄土三部経と、天親（世親）の著した『浄土論』からなる所依経論、聖浄二門判という教相判釈、そして、五祖相承という中国浄土教の五人の祖師の伝承が記されている。

一般に開祖とは教団の創始者であり、特定の人物が開祖と見なされるには、教団創始者自身の意図もしくは教説に信順する集団による開祖への崇敬が前提となるが、法然の場合には、信徒からの崇敬だけではなく、法然自身に浄土宗の立教開宗を宣言した意図があったということになるのである。

2　浄土真宗の宗祖としての親鸞

教法の伝承や所依経論といった新宗独立の根拠を提示することが宗祖の条件の一つであるとするならば、親鸞自身には宗祖となる意図はないものの、やはりいくつかの点で宗祖と見なしうる特徴を見出すことができる。例えば、法然は教えの拠り所となる根本経典として『無量寿経』『観無量寿経』『阿弥陀経』の三経、いわゆる浄土三部経を挙げるが、それらの中に真仮の区分を設けて『無量寿経』を真実教として重視するのは、法然門下も含めて親鸞独自の特徴である。また、教法の伝承についていえば、法然が浄土五祖として中国の浄土願生者を選んだのに対し、それと部分的には重複しつつも、その淵源をインドの祖師に求め、源信、法然を日本の祖師として加えるという点で、親鸞は法然とは異なる相承理解を示している。さらに、伝統的に浄土世界は仏道修行に最適の環境世界として理解されており、浄土往生そのものが究極的な目的とされてきたわけではないが、親鸞は阿弥陀仏の浄土世界に往き生まれること自体が、大乗仏教の究極目的である仏果を得ることに他ならないという教義理解を明示している。つまり、従来の浄土教がもっていた往生論としての枠組みを超えて、成仏論を構築している点でも、やはり法然教学とは異なる親鸞独自の教学理解が示されている。

3　浄土真宗における祖師論の意義

親鸞の教説は完全な独創ではない。しかし、従来の浄土教理解を受け継ぎつつも、新しい解釈の地平を開き、仏教用語に新しい意味を与え、独自の教義概念を示している。このような教説は、苦悩する一人の念仏者として生き、法然との値遇によって本願の教えに帰したことに端を発するが、やがて親鸞は、一法然門下としてではなく宗祖として崇敬され、苦悩する多くの者たちを化導し救うために、この世にその生涯を現した阿弥陀如来の化身として理解されていく。

仏教の伝統においては、まったく新しい独自の教えを創唱するということは原則としてありえない。あくまで仏説にしたがい、経典の所説を拠り所として、それぞれの教学が構築されていくからである。もちろん、近代仏教学は、個々の仏教経典の成立過程をかなり具体的に明らかにしており、そもそも釈迦自身の教説が文字化されるのも、釈迦滅後、数百年を経過した後のことである。しかし、仏教徒にとって仏説とは一人物の思想表明ではなく目覚めた人ブッダの言葉に他ならず、悟りの領域から迷いの領域に発せられた真実の言葉であることが前提とされている。

それらの経説に依りつつも、その解釈をめぐって、あるいは所依となる根本経典によって、さまざまな立場が成立する。釈迦が説く悟りの内実と、その教説との関係は、一つの山頂と、そこへ至る複数のルートに譬えられることがあるが、宗派の形成という観点からみるならば、いずれのルートであっても同じ頂上に至るという理解は必ずしも妥当とはいえない。宗を立てるということ自体が、教えの根本についての受け止め方について独自の見方を立てることの表明であり、また、従来の解釈に対する批判を含んでいるからである。このことは、宗派形成の背景に、宗教的な危機意識や批判意識があることを意味する。新しい仏典解釈は、従来の仏典解釈に対する批判意識や、仏教を取り巻く情況に対する強烈な危機意識から生まれてくる。そして、その解釈を、仏説、つまり経典の権威に基づいて論証し、さらに書物に著していくところに、宗祖と呼ばれうる人物が登場することになるのである。

仏教において規範となるべき聖典の言葉は、まず悟りを得たブッダの言葉を記した経典であるが、悟りに至る道を示した人の言葉も、同様に規範性を持ちうる。悟った者、ブッダを表す「如来」という語が、真如（真理）に至るという意味と、真如より来たるという意味に二重に解釈されるように、祖師における悟りを目指す向上的な歩みそのものが、やがて、悟りに至る道を我々に示すために、如来がこの世に仮の姿をとって現れ出たという向下的な救済の事実として受け止められるのである。こうして、中世に生きた親鸞における向上的な歩みは、同時に超歴史的な真理である如来が歴史上に化身として出現したものと向下的に理解され、それらが渾然一体となって宗祖・親鸞像が形成されていく。

教祖論の脱構築と再構築という観点からみると、浄土真宗における祖師論とは、ある時は相互に交渉しあい、ある時には対立もする向上的親鸞像と向下的親鸞像との関係論を問う作業であるといえる。

二　親鸞伝の成立と諸相

1　親鸞像の形成をめぐる三つの画期

祖師論・祖師伝を脱構築し、再構築するという主題を親鸞に即して考察するための作業仮説として、ここでは親鸞像の形成過程について三つの画期を設定してみたい。第一の画期は親鸞没後である。親鸞自身は祖師としての自覚を持たず、他の念仏者と自らをともに同朋・同行と呼んでいたが、初期の有力門徒集団の間では、法然が開いた浄土宗の正統な継承者、さらには親鸞一流の祖師として位置づけられ、文字や図像によってその生涯が表現されることになる。第二の画期は、さまざまに語られる親鸞像が、メディアの発達とともに多様化して世に出る江戸時代である。ここでは、五〇年ごとに行なわれる親鸞の遠忌法要を中心に、さまざまなメディアで親鸞伝が現れてくる。それ以前の親鸞像が、教団内部の指導者によって提示され、門信徒に語り聞かせる祖師像であったのに対し、江戸時代に現れる親鸞伝には、門信徒が主体的に読む親鸞伝が含まれるという点も、この時期の特色である。第三の画期は明治時代である。近代以降、教団内だけではなく、教団外の研究者や知識人によっても親鸞が語られ、一方では従来の親鸞伝を批判的に考証する歴史学的研究による親鸞伝が、他方では作家の想像も交えた近代的個人の苦悩を抱えた親鸞像が提示される。

なお、親鸞伝の成立やその系統、さらには近代初頭に至るまでの展開については、塩谷菊美『語られた親鸞』（法藏館、二〇一一年）が、発信側の思惑や読者側の敬慕、教育の普及による識字率の向上、出版界の事情などとともに詳述している。また、近代以降に語られた親鸞像の分析については、福島和人『近代日本の親鸞』（法藏館、一九七三年）や、福島栄寿『思想史としての〈精神主義〉』（法藏館、二〇〇三年）に詳しい。この章では、先行研究の成果に大きく拠りながら、親鸞像の変遷を概観してみたい。

2　如来の化身としての親鸞

『歎異抄』に「親鸞は弟子一人ももたず候ふ」（第六条）という言葉が記されているように、親鸞自身には宗祖としての意識はなかった。したがって、宗祖としての親鸞像が形成されるのは親鸞没後のことになるが、その過程において興味深いのは、親鸞を阿弥陀仏や観音菩薩の化身として讃仰する見方が、かなり早い段階で確認できることである。例えば、親鸞の妻である恵信尼（寿永元〈一一八二〉年〜文永五〈一二六八〉年？）は、親鸞が亡くなった直後に娘覚信尼（元仁元〈一二二四〉年〜弘安六〈一二八三〉年？）に宛てた手紙で、かつて法然を勢至菩薩の化身、親鸞を観音菩薩の化身であるとする夢を見たことを記している（『恵信尼消息』第一通）。これは親鸞と同時代の人物が、親鸞を菩薩の化身とみていたことを伝える史料である。

恵信尼の夢と同じ趣旨の親鸞像を受けつつ、さらに真宗教団の開祖としての親鸞像が明確に打ち出されるのは、親鸞の曾孫である覚如（文永七〈一二七〇〉年〜観応二〈一三五一〉年）の著述からである。覚如は親鸞没後に誕生するが、親鸞の三三回忌に当たる永仁二（一二九四）年、二五歳の時に、親鸞の遺徳を偲び、それに報いる報恩講という儀礼を確立する。その時に著された『報恩講私記』では、親鸞が「権化の再誕」「弥陀如来の来現」と表現されている。翌年、覚如は、親鸞の生涯を絵解き形式で伝える『親鸞伝絵』を著し、後にその詞書き部分は『御伝鈔』として独立するが、そこには、親鸞の弟子、蓮位が見た夢の内容として、聖徳太子が親鸞を阿弥陀仏として礼拝するという内容が説かれ、その夢をもとに、覚如は、「しかれば祖師上人は、弥陀如来の化身にてましますといふことあきらかなり」として、親鸞が阿弥陀仏の化身であると結論づけている（上巻第四段）。また、親鸞の絵像を描いた絵師、定禅法橋の夢にも阿弥陀仏と親鸞を重ね合わせる理解が示され、親鸞を「生身の弥陀如来」とする絵師の言葉や、「聖人、弥陀如来の来現といふこと炳焉なり」とする覚如の祖師像が記されている（上巻第八段）。

親鸞自身は法然の示した浄土教理解を受け継ぐ者としての自覚があったと思われるが、法然の門下には親鸞以外の高弟もおり、師の教説の受け止め方もそれぞれであった。また、親鸞が弘めた念仏の教えにしたがう者の中にも、いくつかのグループが形成されていた。このような状況の中で、覚如は、法然が開いた浄土の真宗を、親鸞が伝え、その法脈が継承されていることを示すことに力を注ぐ。覚如の置かれた情況や、法統伝授の確立にむけた努力について詳述するいとまはないが、覚如は、法然―親鸞―如信（親鸞の孫）という三代伝持の血脈（法脈）を打ち出して法統の正統性を示すとともに、親鸞を本願寺聖人とし、その遺骨を納める廟堂を本願寺として寺院化する。ここに初期本願寺教団が確立するとともに、その祖師としての親鸞像が明確に示されていくことになるのである。(7)

3　開山としての親鸞像と親鸞伝の諸相

宗祖としての親鸞像が意識され始めるのは、親鸞の命日に催される報恩講からであるが、本願寺第八代宗主の蓮如（応永二二〈一四一五〉年～明応八〈一四九九〉年）は門徒向けの文書伝道において、「開山はこの宗をば浄土真宗とこそ定めたまへり」（『御文章』一帖一五通）と述べ、親鸞を「開山」と位置づけている。「祖師」という表現は親鸞にも見られ、著述中の用例では、さまざまな宗派の開祖に対して、あるいは浄土の真宗を伝えてきたインド・中国・日本の師に対して使われているが、「開山」という表現には、一宗の開祖という面が明確に示されている。蓮如によって教線を拡げた本願寺教団では、記録で確認できる最初のものとして、一五六一年、親鸞三〇〇回忌の報恩講を行ない[8]、以後、三五〇年、四〇〇年と五〇年ごとに行なわれる大規模な遠忌法要は恒例化し、現在まで続いていくことになる。

江戸時代になると、さまざまなメディアを通して多様な親鸞像が現れてくるが、それらの多くは親鸞の大遠忌法要に前後して登場している[9]。例えば、寛文元（一六六一）年、親鸞四〇〇回忌が勤まるが、寛文四（一六六四）年には、本願寺派[10]学寮の能化代講を務めていた知空[11]（寛永一一〈一六三四〉年～享保三〈一七一八〉年）によって、覚如の『御伝鈔』に対する注釈書、『御伝照蒙記』が著されている。『御伝鈔』は、親鸞の生涯を綴ることで、親鸞が法然浄土宗の正統な継承者であることを示す目的をもって著されているため、浄土真宗教義を明らかにする聖典とされてきた。したがって、その注釈書は学僧向けの専門的なものとなるべきであるが、蒙《くら》きを照らすことを意図した『御伝照蒙記』は、『御伝鈔』の構成を組み直したり、多くの註を付すことで、読者の理解に便を図る叙述となっている。

『御伝照蒙記』と同時期に刊行された親鸞伝として興味深いのは、寛文三（一六六三）年に出版された絵入り仮名草子『しんらんき』である。この書はもともと浄瑠璃で語られていたもので、その上演自体は四〇〇回忌の前に遡り、古活字本（元和から寛永の初め頃）も知られているが、親鸞の四〇〇回忌を契機として整版本が刊行されることになる。親鸞伝を扱った浄瑠璃や仮名本の販売に対して、東本願寺はそれを抑制しようとする動きを見せ、寛文一一（一六七一）年、親鸞を題材とする浄瑠璃の上演禁止を求め、その翌年には、浄瑠璃正本『親鸞記』の板木と、絵入り仮名草子『御伝鈔』の板木を買い取っている。浄瑠璃は庶民の娯楽であり、公開の対象は限定されていない。そのため、伝記としての正確性よりも、語り物としてのわかりやすさ、親しみやすさが重視される。また、仮名草子の購買者も、教団内外を問わず不特定多数が想定されている。ところが、報恩講で拝読される『御伝鈔』

は、定められた形式で住職・僧侶が門徒に対して読み聞かせるものであり、また、聖典として下付されるものであって、一般の書店から販売されるものではない。京都町奉行所に提出された出版差し止めの訴状からは、教団の権威をもって読み聞かせる親鸞伝から、一人ひとりの読者の関心に応えていく主体的な読物としての親鸞伝が江戸時代に登場してきたことが看取される。

読者、聞き手の関心にそった親鸞伝が多様に展開する一方、教団の権威による〝正しい〟親鸞伝も世に出される。しかし、親鸞の門流そのものがいくつかに分かれており、それぞれの派が伝持する親鸞伝にも異同があるため、親鸞伝諸本の記述内容に関する史実考証も行なわれるようになる。例えば、本願寺覚如の『御伝鈔』には、親鸞の妻帯について触れていないが、『親鸞聖人御因縁』という書物では、親鸞の妻として恵信尼ではなく、玉日という九条兼実の娘が登場する。宮崎円遵によれば、『親鸞聖人御因縁』の成立は、親鸞没後二〇〜三〇年くらいにまで遡らせることができ、現在の埼玉県あたりを拠点とする荒木門徒[12]の間で流布していたと推定されるが、江戸時代においては、『御伝鈔』に親鸞の妻帯の記載がないため、『親鸞聖人御因縁』の記述をもとに、若き日の親鸞の妻帯問題が語られていた。しかしながら、親鸞の生涯で、いつ何があったのかという具体的な記述については、史料間に齟齬が見られるため、その考証が試みられている。

また、真宗の有力教団である真宗高田派の系統からは、五天良空（寛文九〈一六六九〉年〜享保一八〈一七三三〉年）によって著された『高田開山親鸞聖人正統伝』（享保二〈一七一七〉年刊）が出され、ベストセラーになった。この書が刊行される背景には、仏光寺派から刊行された『善信聖人親鸞伝絵』（宝永二〈一七〇五〉年）や、それを批判した東本願寺の学寮の祖とされる恵空（寛永二一〈一六四四〉年〜享保六〈一七二一〉年）の『御伝絵視聴記』（正徳四〈一七一四〉年）、同じく恵空が著した『叢林集』に輯録された親鸞伝があり、また、宝永八〈一七一一〉年に行なわれた親鸞四五〇回忌などがあった。『正統伝』は、高田派が所蔵する史料をもとに事跡を編年体で記したものであり、高田派の正統性を立証しようとするものであったが、『正統伝』の誤りを指摘する目的で本願寺派の学匠、玄智（享保一九〈一七三四〉年～寛政六〈一七九四〉年）が著した『非正統伝』（天明四〈一七八四〉年）も、実証主義的な立場から論証を試みる親鸞伝として代表的なものである。

近世に入って多様化する親鸞伝は、読み手・聞き手に豊富な親鸞像を喚起するが、その一方で、親鸞像を確定しようとする語り手の立場からは、厳密な時代考証を求める機運が高まっていった様子が、江戸期に刊行された親鸞伝から窺うことができる。

4　近代以降の親鸞像

近代以降、多様な親鸞像は大きく二つに収斂されていく。その一つは、厳密な歴史学的方法を明確に意識して、親鸞伝の史料批判を行ない、その実像に迫ろうとする学的営為である。この研究方法は、学問的手続きによって客観的になされるため、その成果については、さしあたって教団の内外、信仰の有無を問題としない。ただし、親鸞自身が自らの生涯について直接語る箇所はほとんど無いため[13]、親鸞の人物像を解明する研究は、第三者の記録によるしかない。しかも、宗門外の同時代史料に親鸞の実在を示す記述は見られず、いくつかの親鸞伝も、史実を伝えるというより親鸞にまつわる物語を伝持した集団にとっての親鸞像であるため、各史料の伝える内容に矛盾も少なくない。つまり、厳密な歴史学の方法で親鸞に迫ろうとすればするほど、親鸞自身は歴史の闇の中に身を引いてしまうということになるのである[14]。

近代以降の今一つの親鸞像は、近代的個人の自覚という視点から捉えられた親鸞である。江戸時代の親鸞伝に登場する親鸞は、神格化された如来の化身としての親鸞であり、時に親鸞自身が否定した奇瑞をともなって語られたのに対し、明治以降に現れた親鸞像として特筆すべきは、個としての苦悩を抱えた人間親鸞が描き出されることである。近代的個人の自覚は、開国以来の西欧思想との出遇いだけでなく、日清・日露の対外戦争を通じても深められていくが、親鸞像にその苦悩を投影し、また個としての自己を確立する指針を求める態度は、清沢満之（文久三〈一八六三〉年～明治三六〈一九〇三〉年）を中心とする浩々洞のメンバーによって『歎異抄』が新たに読み解かれていくことによって明確になっていく。親鸞没後に面授の弟子（河和田の唯円とされる）によって記された『歎異抄』には編者からみた親鸞像が記されているが、興味深いのは、覚如による『御伝鈔』では如来の化身として親鸞が描かれているのに対し、『歎異抄』では、ともに法義に関する問いの中に身を置き、自らの領解を述べる求道者としての親鸞像が示されることである。唯円たちと宗教的苦悩を分かち合いつつ、自らが法然から受けた教えを語る親鸞のすがたは、江戸時代の親鸞像とは明らかに一線を画している。浩々洞の同人であった暁烏敏（明治一〇〈一八七七〉年～昭和二九〈一九五四〉年）は、「もし歴史上の親鸞聖人が、『歎異抄』のような意見を持たなかった人であるとすれば、私はそんな親鸞聖人には御縁がないのである」「私の渇仰する親鸞聖人はこの『歎異抄』の人格化した人でなければならぬ[15]」と述べているが、ここには、歴史学的研究によって実証的に親鸞像を解明しようとする態度は見出されない。

また、教団関係者ではない研究者や作家によって親鸞像が語られるのも、明治期以降の特色である。新聞記者でもあった須藤南翠（光暉）（安政四〈一八五七〉年～大正九〈一九二〇〉年）による小説『愚禿親鸞』（明治四二〈一九〇九〉年）や、キリスト教社会主義を提唱した木下尚江（明治二〈一八六九〉年～昭和一二〈一九三七〉年）による『法然と親鸞』（明治四四〈一九一一〉年）、大正時代、親鸞ブームを巻き起こした倉田百三（明治二四〈一八九一〉年

~昭和一八〈一九四三〉年）の戯曲『出家とその弟子』（大正六〈一九一七〉年）などをはじめとして、現在も親鸞を題材とした小説は刊行されており、歴史学者による親鸞の歴史像の解明も試み続けられている。親鸞は、自らの人生を語ることがなかったが、それゆえに親鸞の実像を探る関心も、その人物像を構想する営みも、絶えることなく続いているのである。

三　真宗学における親鸞の位置づけ

1　真宗学方法論への反省

親鸞を語る際に直面する困難は、親鸞の歴史像を伝える原史料が残されていないことである。したがって、親鸞の実像に迫る最も有力な手掛かりは、親鸞が遺した言葉ということになる。ここでは、救済に至る道を言葉で示した親鸞が、どのように解釈されるべきかという問題を、真宗学における親鸞の位置づけという観点から考えてみたい。

親鸞を宗祖と仰いでその教学を明らかにしようとする、いわゆる「真宗学」において、親鸞の位置づけに関する従来の理解は二つに大別できる。その第一は、上述したとおり、如来の化身としての親鸞理解である。親鸞を観音菩薩や阿弥陀仏の化身として讃仰する態度は、恵信尼の消息や覚如の著述の中にすでに現れており、従来の宗乗・宗学（宗旨を明らかにしようとする宗派内の学）の前提をなしてきた。それに対して、近代以降に明確に現れてくる第二の類型は、親鸞を一学徒と見なす立場である。第二の類型の背景としては、明治以来の言論活動、とりわけ、機関誌『新仏教』の活動を中心として明治二〇年代以降に登場した「自由討究」という研究態度・方法の影響が考えられる。「自由討究」という学究態度は、一方では啓蒙主義的な立場やキリスト教からの近代知による仏教批判への対抗と、教団統合のために教化されつつあった伝統主義、権威主義に対する批判を思想内在的課題とし、他方では教育の普及や雑誌、書籍などの刊行物の流通といった思想外在的要因を背景として生まれたものであるが[16]、伝統的な教学やその権威を相対化させせようとする態度は、必然的に弥陀化身として讃仰されてきた親鸞そのひとをも一人の念仏者、一学徒として相対化させることになる。

真宗を学の対象とすることについての方法論的反省[17]は、後に大谷派の真宗大学学監に就任する清沢満之が明治三〇（一八九七）年に宗学の自由研究を主張した「貫練会を論ず」（『教界時言』第一二号）や、後に本願寺派の高輪仏教大学学長となる前田慧雲（安政四〈一八五七〉年～昭和五〈一九三〇〉年）が明治三四（一九〇一）年に論じた「宗学研究法に就て」（『六条学報』第六号）などに見られるが、大正一一（一九二二）年に、大学令によって龍谷大学と大谷大学が認可され、真宗学の講座が開かれると、真宗学の対象や立場に関する議論が盛んになっていく。当時、多くの論者がこの問題を論じているが、ここでは特に、親鸞自身が真宗学をしたのかという議論を取り上げてみたい。真宗学の目的を、親鸞の著述に示される真理性を相承し弁証することにあるとする立場と、親鸞にとっての学の対象への関わりの中に見出そうとする立場との対立は、親鸞を如来の化身と見なすか、一学徒と見なすかという立場の対立へと結びつくからである。そこで以下にまず、真宗学の対象を宗祖・親鸞の言葉とすべきか、念仏者・親鸞にとっての学の対象とすべきかという二つの立場を検討してみたい。なお、ここで取り上げる引用は、それぞれの論者の教学態度を総括するものではなく、立場を類型化するために抽出した便宜的な引用であることを断っておきたい。

2　親鸞の位置づけをめぐる二つの立場

真宗に関する従来の学とは異なる立場を明言したものとして、まず、金子大栄の理解を挙げてみよう。金子は、大正一一（一九二二）年に刊行された『真宗学序説』において、次のように述べている。

・『教行信証』が学の対象でなくして、『教行信証』が学の対象としていたものが、本当の真宗学の対象でなければならぬのである。そうすれば、そこに出てくるのは、どうしても『大乗無量寿経』、すなわち『教行信証』に顕わされている大聖の真言が、真宗学の対象である、ということになるのである。

（三一～三二頁。引用は一九六六年の再版〈文栄堂〉による。）

ここで金子は、本典とも称されてきた親鸞の主著『教行信証』を学の対象とするのではなく、親鸞が『教行信証』において学の対象としていたものこそが真宗学の対象であると明言している。本願寺派の大原性実も、「真宗学徒の使命――谷龍両大学設立の精神に就て――（上・中・下）」と題する寄稿において、

・（在来の宗学で直接対象とされてきた『教行信証』その他の祖語は）正しく間接対象と云ふべきものなるが故に、それを素材としてその上に表現せられたる権威、換言すればその素材の真実性と客観的妥当性即ちその中に含まれるべき真理の有無こそ正しく真宗学の対象であり、その真実性の顕彰即ち真理の発見こそ真宗学の目的であらねばならぬ。

・吾等はあらゆる予定観念若しくは仮想概念なしに、最も自由に経・論・釈に向はねばならぬ。
・か丶る意味に於て真宗学は自由討究を以てその研究態度とさるべきである。

（『中外日報』七六二一～七六二三、大正一四〈一九二五〉年二月一九～二一日）

と述べ、『教行信証』はあくまで間接対象であって、真宗学は、自由討究をもって、その研究態度とすべきであるとしている。つまり、親鸞を一学徒として相対化させる立場からは、親鸞の教説そのものではなく、親鸞が学の対象としていた「大聖の真言」、つまり経典こそが真宗学の対象とされ、親鸞の学び方に学ぶことこそが真宗学であるという主張がなされることになるのである。

しかしながら、このような親鸞理解に対しては直ちに反論がなされた。例えば、本願寺派の脇本寿泉は大原性実の「真宗学徒の使命」を受けて、「「真宗学徒の使命」を読む」（一～三）と題する論考を『中外日報』に寄せている。

・（親鸞聖人においては自由討究の態度が認められるが）然しこれをそのま丶、学徒としての私達が学ぶべきであるならば、私達は教行信証その他の祖語を在来の真宗宗学に於いて取扱はれたる正当なる意味より脱出せしめて使用し、是を素材として、私達自己の信念を語らしめ以て茲に真宗教義の学術的研究はなれりと豪語すべきであらう。
・若し親鸞が学徒であり、其の著が学的所産であり、其の教義が学説であるならば、それは異日他のより有力なる学者学説の出現によつて、倒壊し、倒壊せぬまでも無視せらるる日の無きを保し難いであらう。
・（しかし、親鸞の生を支えた法が）果して末代の学徒の思索や検討によつて始めて樹立される様なみぢめなものであつたらうか。

（『中外日報』七六四五～七六四七、大正一四〈一九二五〉年三月七～一〇日）

もしも、親鸞が一学徒であり、その著述が学的所産であるならば、その教義は一学説に過ぎないことになってしまう。一学説に過ぎないのであれば、それらは仮説としていずれ他のより有力な学者・学説の出現によってその座を譲ることになるのではないかという批判である。親鸞を如来の化身として讃仰する立場の論者も親鸞自身に自由討究の態度があったことを認めてはいる。しかし、その教説を一学説ではなく真理の現れそのものと見なす点で、親鸞とその著述を、学徒とし間接材料として相対化させる立場とは厳しく対立するのである。

ここで紹介した意見は、直接的には真宗学の対象をめぐって対立しているが、それは同時に、親鸞を一学徒として見なすか否かという対立でもある。ところで、如来の化身と一学徒という相反する二つの親鸞理解には、本論の関心に即して、ある共通した傾向を指摘することができる。それは歴史性の忘却、すなわち中世という歴史の中に生きた親鸞への関心の低さである。

まず、如来の化身としての親鸞理解のもとでは、特定の歴史的情況よりも、むしろその制約から自由な〈真理〉や歴史性を超越した如来の化身としての親鸞に重点が置かれる。したがって、親鸞の言説がいかなる情況下において何に対して発せられたかという問題への関心は、相対的に低くなる。さらに、親鸞の著述は教法を伝達する限りにおいてすべて同列に扱われる傾向にあり、親鸞自身における思想の形成・変遷過程への関心は特に払われない。

次に、親鸞を一学徒として見なす立場は、時代を超えて語りかけてくる如来の言葉そのもの、すなわち経典を直接の学の対象と見なすため、やはり特定の歴史情況への関心に積極的な意義を与えることはない。また、他人の権威や自己の早計を却け理性のみを真理の唯一の究極的な根拠であるとする啓蒙主義的理念に裏打ちされた教学態度は、〈聖教〉――それを親鸞の著述とするか経典とするかという対立はさておき――への問いかけ自体を相対化させうるはずの歴史への関心を遠ざける結果を招くことにもなる。それは解釈者自身が置かれている歴史情況を相対化させる「他者」や「歴史」を欠いた教学態度である。

3 得者としての親鸞理解

親鸞の位置づけに関するこの問題に対して、親鸞自身の言葉から手掛かりを探るとすれば、親鸞の「信」理解に重要な示唆が見出されるであろう。親鸞は、主著『教行証文類』の「信文類」において、『涅槃経』の説示に基づいて、浄土教の信を「道」に対する信だけでなく、「得者」への信として示している。

復有二種。一信有道。二信得者。是人信心唯信有道都不信有得道之人。是名為信不具足。

（「信文類」『涅槃経』「迦葉品」引文。『浄土真宗聖典全書』八五頁）

また信には二種がある。一つには、ただ、さとりへの道があるとだけ信じるのであり、二つには、その道によってさとりを得た人がいると信じるのである。ただ、さとりへの道があるとだけ信じて、さとりを得た人がいることを信じないのは、完全な信ではない。

（『浄土真宗聖典現代語版』二〇七～二〇八頁）

傍線箇所に明示されるように、親鸞は「道（さとりへの道）」だけでなく「得者（その道によってさとりを得た人）」への信がなければならないとしている。ここには、教法の伝達が言語化された表現媒体だけでなく、具体的な人格を通じてなされるということが端的に表明されている。親鸞にとってその「得者」とは、歴史的実在としての法然であり、阿弥陀仏の本願を伝えた祖師でもあるが、このような「得者」は著述だけでなく特定の歴史的情況を願生者として生き抜くことによっても法を伝えている。親鸞は法然（源空）を讃えて、

源空勢至と示現し　あるいは弥陀と顕現す
　上皇・群臣尊敬し　京夷庶民欽仰す

阿弥陀如来化してこそ　本師源空としめしけれ
　化縁すでにつきぬれば　浄土にかへりたまひにき

と和讃（『高僧和讃』「源空讃」）を詠んでいるが、このように法然を阿弥陀仏や勢至菩薩の化身と見なしたのも、法然の姿そのものに阿弥陀仏の本願による救済が体現されていたと見たからであろう。その意味では、親鸞を観音菩薩や如来の化身と見なす恵信尼や覚如の理解も単なる祖師崇拝ではなく、親鸞の具体的な生涯そのものに、言語化された教説と同様、本願による救いが具現されていたと受け止めていたことを示すものと見ることもできる。

また、真宗念仏者にとっての浄土教理解が親鸞の解釈によってあらかじめ規定されているという現実は認めざるをえない。つまり、親鸞の言葉は一学徒、求道者の言葉ではなく、あくまで「得者」の言葉であり、しかもその言葉が我々の真宗理解に対して規範としてはたらくのである。このことは親鸞独特の漢文訓読法に端的にあらわれている。例えば、阿弥陀仏とその浄土について説く『無量寿経』には、阿弥陀仏の本願とともに、その本願が成就し

たことを示す、

諸有衆生聞其名号信心歓喜乃至一念至心回向願生彼国即得往生住不退転

という文がある。この箇所は、文脈上、

あらゆる衆生、その名号を聞きて、信心歓喜して、乃至一念せん。至心に回向してかの国に生まれんと願ずれば、すなはち往生を得、不退転に住す。

と読まれるべきであるが、親鸞は『教行証文類』に引用する際に、本来の文脈では浄土願生者を主格とする「至心回向」を、「至心に回向せしめたまへり」[18]と読むことによって、阿弥陀仏を主格とする表現をとっている。回向とは、変化、回転、転換を意味する語であり、伝統的には、浄土願生者が自己の善行の功徳を他者にも振り向けて、自他共に往生したいと願う心を「回向心」や「回向発願心」と呼んできた。ところが親鸞は、阿弥陀仏の本願のはたらきによって浄土往生の因も果も我々に与えられるという他力の法義を表す際に、「回向」を阿弥陀仏を主格として用いている。この回向主体の転換は親鸞独自の教学理解を端的に示すものであり、「本来の文脈にしたがって「至心に回向して」と読むべきだ」という主張は、親鸞教学の否定とならざるをえないのである。

また、法然・親鸞がともに浄土の祖師と仰ぐ善導は、『観無量寿経（観経）』の注釈書である『観無量寿経疏』「散善義」で、

経云一者至誠心至者真誠者実欲明一切衆生身口意業所修解行①必須真実心中作②不得外現賢善精進之相内懐虚仮貪瞋邪偽奸詐百端悪性難侵事同蛇蝎雖起三業名為雑毒之善亦名虚仮之行不名真実業也

と述べている。この箇所を文脈にしたがって書き下せば、

『経』（観経）にのたまはく、「一には至誠心」と。「至」とは真なり、「誠」とは実なり。一切衆生の身口意業所修の解行、①必ずすべからく真実心のうちになすべきことを明かさんと欲す。②外に賢善精進の相を現じ、内に虚仮を懐くことを得ざれ。貪瞋・邪偽・奸詐百端にして、悪性侵めがたく、事蛇蝎に同じきは、三業を起すといへども名づけて雑毒の善となし、また虚仮の行と名づく。真実の業と名づけざるなり。

となるが、親鸞は『教行証文類』の「信文類」においてこの箇所を引用して、

『経』（観経）にのたまはく、「一者至誠心」。「至」とは真なり、「誠」とは実なり。一切衆生の身口意業の所修の解行、①必ず真実心のうちになしたまへるを須ゐんことを明かさんと欲ふ。②外に賢善精進の相を現ずることを得ざれ、内に虚仮を懐いて、貪瞋邪偽、奸詐百端にして悪性侵めがたし、事、蛇蝎に同じ。三業を起すといへども、名づけて雑毒の善とす、また虚仮の行と名づく、真実の業と名づけざるなり。[19]（原漢文）

と訓を付している。法然や親鸞は、『観無量寿経』に説かれる「至誠心」を『無量寿経』の本願文に示される至心

と重ね合わせて理解している。したがって、この箇所の親鸞の理解も、先に挙げた至心についての独特な解釈と関連している。本来の文脈であれば、①願生行者が至心、つまり誠心誠意、真実心をもって修行に励むべきで、②それゆえ外面のみ賢善精進の相を現して、内心では虚仮であってはならない、つまり内外一致して真実であれ、という意味である。ところが、この箇所に対して親鸞は、そもそも迷いの中にある我々の側に真実はないし、そのような我々が誠心誠意真実心をもって修行するように装ったところで、結局内面はまるで蛇や蝎のような心であり、虚仮の行であると言わざるをえない。したがって、立派な修行者として振る舞うべきではない、という意味を持たせている。ここでも、善導の文脈から逸脱しているとして修正を求めると、親鸞の人間理解や救済論そのものと抵触することになるのである。

親鸞が学の対象とした「大聖の真言」や「大祖の解釈」を、親鸞の理解から切り離して別に措定することは、事実上不可能である。このことは、親鸞の言説が単なる間接材料としてではなく、我々の真宗理解に対する規範となることを意味する。そうである以上、宗祖である親鸞を一学徒として見なす態度をそのまま受け容れることはできない。

ところで、「得者」としての親鸞理解が如来の化身としての親鸞理解と異なるのは、真宗学の対象を親鸞の言葉に限定せずに、その言葉が発せられた特定の歴史情況へと拡げ、さらには親鸞の言葉を聞く解釈者自身の歴史性にも注意を促す点である。そこで次に、宗教的真理と歴史との関わりについて考えてみたい。

4　開かれた真理と閉ざされた真理

親鸞の教説を一学説と見なす立場と、親鸞が顕した浄土の真実は一学説、一仮説ではなく、真宗学の目的は親鸞の教説を弁証することにあるとする立場は、信仰上の真理観についても、実は同じ枠組みの中にある。というのも、親鸞における教学が未完であるという主張も、その逆に完成されたものであるという主張も、〈完結された真理〉を求めるという態度において、共通の真理観に立っているからである。この場合の〈完結された真理〉とは具体的な歴史情況に拘わらず客観性を保持する真理性を意味する。

親鸞において浄土真実が完全に明らかにされたという主張の背後には、真理探究がある時点で完結されるべきであるという論理がはたらいている。この立場からは、当然、真宗学の目的はすでに完成された親鸞の教説の弁証・相承に措かれることになり、また、中世において完結した真理が、その後のいずれの時代にも均しく普遍的に真理であり続けることを保証するために、その真理には歴史を超えたものという性格が与えられることになる。しかも、宗教的真理から歴史的情況への関わりが予め取り払われている以上、歴史を超えた〈聖〉なるものと、歴史的具体的な〈俗〉なるものとは容易に二分化される。

一方、具体的歴史情況への視点を欠いた宗教的真理観は、親鸞における教学が未完であるという立場にも共有されている。なぜなら、完結か未完かという対立は、完結時点をめぐる見解の相違に過ぎないからである。

そこで、ふたたび得者への信ということを手掛かりに、開かれた真理観について考えてみたい。真理探究という学的営為は、その探究によって明らかにされた事柄を個人的な自己満足に止めることなく、広く万人と共有しようとする意志によって支えられており、そこには普遍妥当性への志向が貫かれている。したがって、そのための「方法」は万人に共通する理性に基づいた普遍的手続きに求められることになり、それによって客観的な普遍妥当性を持った真理の構築が目指されることになる。しかしながら、このような「方法」によって、宗教的真理は明らかになるのであろうか。歴史的生としての我々にとっての宗教的真理とは、確実な「方法」に基づいて客観的に確定される真理ではなく、むしろ、そのつどの問いかけに対してその真理性を顕示するものであろう。

このような真理観に立つ時、宗教的真理が顕れた歴史情況への関心も真宗学の射程に入ることになる。先に親鸞の浄土教理解において、「道」に対する信と同時に、「得者」への信が語られると述べたが、得者への信という理解のもとでは、真理とは対象化された真理ではなく主体的なものとなる。それは、個人のパーソナリティや特定の時代情況に限定されない脱自的な場において成立すると同時に、歴史的な場において具体的に顕れてくる真理である。

宗教の学びは、自己を問うことであるとしばしば言われるが、それは同時に自己が生きる具体的な歴史社会への問いかけでもなければならないはずである。真宗の学びには長い伝統があるが、各時代の教学は、すでに完成された親鸞教義の時代別翻訳でもなければ、その逆である真理の補完でもない。親鸞のいう浄土真実とは、常にそこに関わる人々や時代、社会によって新しく汲み取られるべきであるし、そのような営みを通じて、我々は親鸞の時代と現代とを貫く宗教的真理を問うべきではないだろうか。

おわりに

厳密な歴史学的研究方法によって祖師に対して特定の歴史的・社会的情況内に限定された意味づけを行なうことは、結局のところ、祖師を過去の一人物として位置づけることになる。それは端的に言えば、祖師を死せる人物として理解することに他ならない。この点に関して、例えば親鸞を如来の化身として讃仰する態度は、その規定そのものによって、親鸞に対して、我々による意味づけを超えたものという意味を与えているといえる。

ただし、如来の化身としての親鸞理解が、具体的な歴史情況から遊離して理解された場合、それは教条主義的な真宗理解へとつながることになる。現代社会の抱えるさまざまな諸問題に対して、中世に生きた親鸞の言葉を直接に振りかざして答えようとする態度も、その逆に、信心の問題と具体的な歴史情況の中で我々が直面する問題とを切り離そうとする態度も、ともに親鸞自身がいかなる歴史的・社会的情況の中に生きたのかという関心を欠いているという点では共通している。

もちろん史実としての親鸞への関心によって構想された親鸞像は、厳密には、解釈者の特定の視点や問題意識から対象化された親鸞像であり、歴史的実在としての親鸞をそのまま再現しているわけではない。また、かつての親鸞抹殺論がその根拠としたように、門弟や教団以外の第三者の視点から親鸞の存在を語る史料は乏しく、親鸞の著作や恵信尼の書状、または門弟に宛てられた書簡から構築される親鸞像は史実としての親鸞像ではなく、いくつかの念仏者集団にとっての信仰の上で語られる親鸞像である。親鸞の実像に迫ろうとすればするほど、親鸞自身は歴史の闇へとその身を引き、あるいは我々とは異質な歴史情況に生きた他者として立ち現れてくるのである。

その上で、我々に求められるのは、親鸞像を構想する自らの視点をそのつど明確にしつつ、親鸞像を求めることであろう。中世に生きた親鸞像を明らかにしようとする営みは、その困難さを理由に放棄されるべきではない。その関心は、対象化された親鸞像を確定しようとする試みである以上に、むしろ生ける親鸞との対話へ向けられたものだからである。史実や歴史性を事実上無視しうるとする教学姿勢は、ともすれば自らの主体的関心や個人の宗教体験によって、限りなく独断的な理解を生み出すことにつながる。そしてさらに、その過失に対する批判を原理的に持ちえない。そしてこのような態度が〈聖〉という宗教的領域から特定の歴史的情況という〈俗〉なる領域への立ち返りにおいて強調される時、歴史社会内の諸問題に対する「信心万能思想」を生み出し、また「生死出づべき道」ということを曲解した、現実社会への無関心を容認するのである。

祖師を歴史上の一人物として描き出し、すでに死んでしまった過去の人として厳密に描き出すだけならば、それは単なる解体に過ぎない。祖師論の再構築とは、信仰の上で生きた祖師に出会い、問いを発し、その声を聞くということであろう。祖師が今を生きていれば、何を発言し、どのような行動を取るだろうかといった、厳密な意味では答えが出ない、もしくは学問的な問いとして成立しえないような課題を考えていくことが、祖師論を構築しつづける営みといえるだろう。

註

（1）親鸞の没年である弘長二年は西暦に換算すると一二六二年であるため、従来、親鸞没年は一二六二年に当たると表記されてきた。しかしながら、親鸞の没日である弘長二年一一月二八日は、太陽暦である西暦では一二六三年に当たるため、近年では、一二六三年と表記されている。

（2）臨済宗と曹洞宗については、中国にすでに存在した宗が日本にもたらされたものである。

（3）浄土真宗全書監修委員会『浄土真宗聖典全書』（本願寺出版社、二〇一一年）二七五頁。

（4）同右、四五五頁。

（5）同右、二五四頁。

（6）隋唐期に活躍した道綽（五六二～六四五）や善導などの浄土願生者は、阿弥陀仏とその浄土に対する信仰を弘め、後に法然や親鸞にも多大な思想的影響を与えたが、「浄土宗」という独立した宗を起こした形跡は、中国では認められない。阿弥陀仏とその浄土に対する信仰については、広く仏教徒の間に共通して見られるものであり、取り立てて別に宗とする必然性がなかったからである。

（7）阿弥陀如来の化身として祖師を讃仰するという態度は、初期の真宗教団では親鸞に限定されていなかった。覚如は、親鸞面授の弟子たちを如来の化身と見なす理解を却け、先行する伝記類を巧みに編集する作業を通じて、阿弥陀如来の化身を親鸞に一元化させていく。この問題については、塩谷菊美『語られた親鸞』（七三頁以下）を参照。

（8）この法要は、当時来日していたイエズス会宣教師ガスパル・ビレラが伝えており、それによれば、本願寺の法主の元に日本の富の大部分が集まり、法要の際には門前で圧死するほど多くの人が参詣したという（一五四一年八月一七日付、堺発パードレ・ガスパル・ビレラより印度のイルマン等に贈りし書翰）、村上直次郎訳『耶蘇会士日本通信』上巻、雄松堂書店、一九六八年）。なお、書翰には「毎年甚だ盛なる祭を行ひ」とあるが、報告年から考えて親鸞三〇〇回遠忌を指すものと思われる。遠忌法要の成立とその歴史的意義については、安藤弥「親鸞三〇〇回忌の歴史的意義」（『真宗教学研究』第二七号、二〇〇六年）に詳しい。

（9）大桑斉「呼応としての御遠忌史」（『真宗研究』第五二号、二〇〇八年）は、親鸞伝の刊行を大遠忌との関連の上で論じている。また、親鸞伝諸本の内容や成立事情等に関しては、『真宗史料集成』第七巻（同朋舎、一九七四年）の解説ならびに解題に詳しい。

（10）江戸時代における浄土真宗教団の正式名称は「一向宗」であり、東西本願寺がそれぞれ「真宗大谷派」「浄土真宗本願寺派」の宗派名を正式に用いるのは明治以降であるが、本論文では便宜上、「大谷派」「本願寺派」の呼称を用いる。

（11）初代能化西吟が寛文三（一六六三）年に示寂した後、戒雲・閑隆・知空が能化代講を務めていた。知空が正式に第二代能化に就任したのは、寛文八（一六六八）年である。なお、西吟能化の時代に教義上の論争から幕府の命によって学寮は破却され、知空が能化を務めた元禄八（一六九五）年、学林として復興された。

（12）荒木門徒からは、浄土真宗の有力教団である仏光寺の開基とされる了源が出ている。

（13）親鸞が明確に自身の生涯について具体的に述べるのは、『顕浄土真実教行証文類』の第六巻「化身土文類」末に語られる、法然との出遇いや流罪についての記述のみである。その他、自著や書写本の奥書に記された擱筆時期や、年月記載の認められる消息などが、親鸞の生涯を窺うことのできる史料であるが、それらのほとんどは晩年近くのものである。

（14）親鸞の七五〇回大遠忌を迎えるに当たり、近年多くの親鸞関連本が出版されているが、親鸞の生涯を解明する際に、いかなる史料を用いるべきか、立場が分かれている。

（15）暁烏敏『歎異抄講話』「緒言」（明治三六年三月稿）（講談社、一九八一年）二七頁。

(16) 福嶋信吉「明治後期の〈新仏教〉運動における〈自由討究〉」(『宗教研究』第三一六号、一九九八年)。

(17) 真宗学方法論の思想的考察については、龍溪章雄「真宗学方法論研究学説史　一」(『龍谷大学大学院紀要』第五号、一九八四年)、同「真宗学方法論研究学説史　二」(『龍谷大学大学院紀要』第六号、一九八五年)が詳しい。また、現代教学研究会編「真宗学方法論関連論文目録」(『真宗研究会紀要』第三〇号、一九九八年)は、年表形式で明治以降の真宗学方法論をめぐる議論と仏教界、日本社会の情況を関連づけている。なお、第三章の骨子は、拙稿「真宗学における解釈の問題」(『宗教研究』第三五五号、二〇〇三年)に基づいている。

(18) 『浄土真宗聖典全書』六八頁。

(19) 『浄土真宗聖典全書』七一頁。

付記　解釈学の歴史や諸理論に関しては、特に以下の文献を参考にした。

麻生建『解釈学』(世界書院、一九八五年)。

丸山高司『人間科学の方法論争』(勁草書房、一九八五年)。

同『ガダマー　地平の融合(現代思想の冒険家たち　第一二巻)』(講談社、一九九七年)。

石田慶和「宗教思想研究の方法について――解釈と理解をめぐる一考察――」(『宗教研究』第一九一号、一九六七年)。

日蓮はどのように語られたか？
——近代日蓮像の構築過程の文化分析——

大谷栄一

はじめに——構築される日蓮像

慶応三（一八六七）年に刊行された小川泰堂（一八一四～一八七八）の『日蓮大士真実伝』以降、近年の佐藤弘夫の評伝『日蓮——われ日本の柱とならむ』（ミネルヴァ書房、二〇〇三年）、三田誠広の小説『日蓮』（作品社、二〇〇七年）に至るまで、近現代日本社会において、日蓮宗の宗祖・日蓮はさまざまな形で語られてきた。そのさまざまに語られてきた日蓮像について、歴史学者の上原専祿は次のようにいう。

日蓮という人は亡くなってからかれこれ七、八百年になるけれども、誇張していえば、いまだに正しい日蓮認識、日蓮評価がされたことがない。日蓮は非常に気の毒な人で、日蓮自身でないような日蓮観、日蓮像というものが、それからそれへと作り上げられていった。たまたま客観的な日蓮像というものを書こうとすると、今度は、いわば学問主義的になって、信仰を抜いた日蓮像がそこに出てくる。それを入れようとすると、日蓮自身の立場からずいぶんおかしいものができあがる[1]。

また、日本思想史を専門とする佐藤弘夫も、前述の評伝の中で「今日の日本で、およそ日蓮ほど名の知られた僧はいないのではないだろうか。幾たびもの死線をくぐり抜けた波瀾万丈の人生は、さまざまな伝記や奇譚にみちあふれており、小説や戯曲や映画の格好の題材とされてきた。これまでどれほどの数の日蓮の伝記が世に問われてきたか、ほとんど見当もつかないほどである」（ⅱ頁）と述べる。そのうえで、「反面、日蓮ほどその人物のイメージが分裂している人物も珍しい」として、その一要因が「日蓮自身の内面の重層性に加えて、日蓮の没後に作り上げられていったイメージの多様さ」（ⅲ頁）にあることを指摘している。

本論のめざすものは、上原のいう「正しい」日蓮観や日蓮像を描き出すことではなく、近代における「日蓮自身でないような日蓮観、日蓮像」や「客観的な日蓮像」など、多種多様に語られ、築き上げられてきた日蓮像の構築過程を分析することである。私は、佐藤のいう「日蓮の没後に作り上げられていったイメージの多様さ」は、おもに近代において構築されたものであると考える。近代以降の日本社会における歴史的・社会的・文化的構造の中で、さまざまなメディアを通じて、多種多様な日蓮像が生産、流通、消費され、現在の分裂した日蓮像がある、と考える。そうした多面的な日蓮像の構築過程を、幕末・維新期からアジア・太平洋戦争終戦時までの時代幅の中で、その時代に特徴的な日蓮伝を取り上げ、分析することにしたい。

一　先行研究の整理

1　日本仏教の高僧伝

日本仏教の宗祖像は、「高僧伝」や「祖師絵伝」というフォーマットで描かれてきた。(2) 例えば、法性の『日本高僧伝要文抄』全三巻（一二四九〜一二五一年）、凝然の『三国仏法伝通縁起』（一三一一年）、虎関師錬の『元亨釈書』（一三二二年）、卍元師蛮の『本朝高僧伝』全七五巻（一七〇二年）、道契の『続日本高僧伝』全一一巻（一八六七年）等が、前近代の主たる高僧伝である。

また、一三世紀初め以降、『法然上人絵伝』や『親鸞聖人絵伝』『日蓮聖人註画讃』（後述）等、鎌倉仏教の祖師たちの絵伝が作成された。

近代に入ってからも、来馬琢道『各宗高僧伝』（鴻盟社、一九〇〇年）、『日本仏教聖者伝』全一〇巻（日本評論社、一九三五年）、松原泰道・平川彰編『高僧伝』全一〇巻（集英社、一九八五年）等の高僧伝が刊行されている。

2　近代の宗祖伝・宗祖論——法然と親鸞

ここで、近代社会の中で作成された宗祖伝や宗祖論に注目してみたい。そこで描かれた宗祖像のうち、まとまった先行研究のある、法然、親鸞、そして日蓮の宗祖像に関する先行研究を紹介しておこう。

まず、峰島旭雄・芹川博通編『近代の法然論』（みくに書房、一九八二年）では、浄土宗僧侶、学者、社会主義者、小説家、キリスト者等の法然論がコンパクトに紹介されている。(3)

その「序説」で、編者たちは、「近代法然論」の意味をこう述べる。近代以前と以後の法然論を比べると、明治以降の仏教学の近代化によって、客観的・実証的な研究が行なわれるようになったことで、「ただ祖師をうやまうという、信仰優先の祖師論が、信仰は信仰として、もっと突っ込んで、祖師の〝人間〟にまで立ち入って、しかも客観的・実証的なデータをも踏まえての祖師論へと、変わっていったのである」（八頁）、と。さらに、近代の法然論は「法然論の場面の拡大と重層化」が見られ、「近代以前では、教義と教団の範囲内で語られていた、前述のような法然論が、「開かれた」場へともたらされた」（九頁）、と述べている。客観的・実証的な宗祖論が教団外で語られるようになったという指摘は、近代における宗祖像の構築の問題を考えるうえで、重要な指摘である。また、「信仰優先の祖師論」と客観的・実証的な宗祖論の対立項は、近代の宗祖伝を考えるうえでのポイントとなる。

近代日本における親鸞の語られ方を分析したのが、福島和人『近代日本の親鸞』（法藏館、一九七三年）、『親鸞思想――戦時下の諸相』（法藏館、一九九五年）である。前者で、福島は、真宗僧侶・仏教学者・歴史学者・小説家等の親鸞論、親鸞研究を取り上げている[4]。その「序章」で、「近世以来明治に至るまで、覚如の『親鸞絵伝』を中心としてこれらの親鸞伝が彼の姿を伝える役割をなし、明治・大正に史学のメスが加えられ、又教団圏内外に時代変動の波立つまで、影響をもち続けたのである」（九頁）と述べる。さらに、近代の親鸞論の特徴として、親鸞が近代に再生するためには伝記のベールに科学のメスを加えるとともに、近代的な精神をもった探求者の出現が必要であること、そして、「そのような人材を生み出す母胎たる仏教思想界自体が近代との接触・対決を経ることと、もうひとつは明治の知識層が時代思想の煩悶のひとつの解決策として教団仏教を介せず釈尊、親鸞に直参することが必要であった」（九頁）と指摘する。

すなわち、福島においても、近代化による学問知の影響と、教団外での親鸞の語りの重要性が指摘されていることがわかるであろう。いわば、前近代／近代の宗祖伝・宗祖論を特徴づけるのは、日本社会の近代化による社会・文化変動という文脈、学問知による客観的・実証的な記述、教団外の人物による教団外での語りにあることが、これらの先行研究から明らかである。

3　近代の日蓮伝・日蓮論

では、近代の日蓮伝・日蓮論は、どのように研究されてきたのだろうか？　まず、この問題系を、戦後の日蓮研究の文脈の中に位置づけてみよう。

佐々木馨によれば、日蓮および日蓮教学の研究蓄積は、「宗祖研究」「教団史研究」「遺文研究」に分かれる。[5] さらに「宗祖研究」（宗祖日蓮に関する伝記研究）は、「歴史的アプローチ」（高木豊、川添昭二、佐々木馨）、「倫理思想的アプローチ」（戸頃重基）、「教学的アプローチ」（望月歓厚、茂田井教亨）に大別されている。[6] 本論は、佐々木のいう「宗祖研究」の「歴史的アプローチ」に位置づけることができるが、近代日本における〈日蓮〉をめぐるイメージや観念、その語られ方についての研究であり、いわば、「宗祖研究」を研究するメタ・アプローチとして設定することができるであろう。

ちなみに、（佐々木のレビューの中では言及されていないが）本論に直接的に関連する先駆的な研究として、上田本昌の論考「近代小説に現れた日蓮聖人」（『大崎学報』第一二二号、一九六七年）、石川教張の研究（『日蓮と近代文学者たち』〈ピタカ、一九七八年〉、『文学作品に表われた日蓮聖人』〈国書刊行会、一九八〇年〉）[7]、丸山照雄「『近代日蓮論』解題　近代日本にとって日蓮とは何か」（丸山編『近代日蓮論』〈朝日新聞社、一九八一年〉）がある。

このうち、石川は、『日蓮と近代文学者たち』「はじめに」の冒頭で、「この本は、近代文学者たちの見た日蓮像の特色を素描しようとするものである」と問題設定を行ない、本書のポイントを次のように簡潔にまとめている。

江戸時代よりこのかた、現証利益をもたらす〈祖師〉としての日蓮像を骨格としながら、超人的な日蓮、闘争的で排他的な日蓮、国家主義的な日蓮の姿などが強調されてきた。他方では、法華経の行者・仏使上行菩薩としての日蓮の信仰者像や救国の預言者像も提唱され、さらに日蓮の人間像や精神の内実を凝視していく見方もうちだされている。日蓮観が多様に刻まれ、その断面が強く提示されていくに比例して、日蓮の全体像はむしろぼけていく傾向すらある。真正なる日蓮像とはなにか？　と問わねばならない時にある、というのが現代であろう。（はじめに、一頁）

文学者による多種多様な日蓮像が江戸時代の「〈祖師〉としての日蓮像」をベースとしていることが指摘され、「超人的な日蓮」「闘争的で排他的な日蓮」「国家主義的な日蓮」「法華経の行者・仏使上行菩薩としての日蓮」「救国の預言者像」の類型が示されている。

石川によれば、「近代の日蓮像は、日蓮宗の在家居士・小川泰堂の手になる『高祖遺文録』と『日蓮大士真実伝』の公刊によって第一歩が刻みつけられた」（はじめに、二頁）。そして、泰堂の足跡を継承発展させた田中智学の影響も大きく、智学は数多くの文学者たちと親交を持ち、指導・助言を与えたとして、高山樗牛、姉崎正治（嘲風）、笹川臨風、中里介山、宮沢賢治の名前を石川は挙げている。ここでは、近代日蓮像の構築における泰堂から智学といった在家仏教者の影響力を確認しておこう。

また、石川は近代文学者たちによる作品のフォーマットを、評伝、戯曲、小説に大別し、以下のような人々によって、日蓮像が提示されてきたことを紹介している（はじめに、三〜四頁）。

（1）**評伝**　明治時代（キリスト者の内村鑑三、植村正久、木下尚江、文学者の幸田露伴、高山樗牛、村上浪六）、大正時代（須藤南翠、姉崎正治、笹川臨風、本山萩舟）、昭和時代（木村鷹太郎、室伏高信、倉田百三らの日本主義の思想家、矢内原忠雄、岡本かの子、亀井勝一郎）

（2）**戯曲**　明治（河竹黙阿弥、勝諺蔵、福地桜痴、森鷗外）、大正（額田六福、坪内逍遥）、昭和（中村吉蔵、武者小路実篤）

（3）**小説**　大正（中里介山、藤井真澄、宮沢賢治）、昭和（武者小路実篤、三上於菟吉、尾崎士郎、大佛次郎、川口松太郎、山岡荘八）

さらに、文学者のみならず、思想家やキリスト者の作品も含めて、その日蓮像を紹介した『文学作品に表われた日蓮聖人』において、（先の類型と重なるが）「偉人英雄像」「信仰者像」「豪傑像」「人間像」「愛国者像」という日蓮像の類型を提示している。

石川の上述の二冊のテキストと同時期に、丸山照雄は、茂田井教亨・内村鑑三・曾我量深・宮沢賢治・田中智学・木下尚江・高山樗牛の日蓮論のアンソロジーを編み、その解説の中で、こう述べる。

親鸞・道元などにかかわる多産な論述に比較した場合、知識人と呼ばれる人々の間で、日蓮への関心を示した者はまれであった。しかし、逆に、日蓮の名をもって語られ伝えられたものが、民衆の宗教心情におよぼした

影響、政治・社会思想に与えたインパクトは、きわめて大きなものがあった。（前掲『近代日蓮論』一二三頁）

本論では「日蓮の名をもって語られ伝えられたもの」――本論のいう「近代日蓮像」――が、「民衆の宗教心情」や「政治・社会思想」に影響やインパクトを与えたという丸山の指摘を引き受け、では、どのような「近代日蓮像」が構築され、どのようなメカニズムによって普及し、そして人々に受容されたのか、という問題を、近代の宗祖伝・宗祖論の先行研究で示された成果も踏まえ、考察することにしたい。

二　文化分析という研究視座

具体的な分析に先立ち、本論の研究視座を提示しておこう。

本論では、分析に際して、石川のいう「真正なる日蓮像」を追究するという方途を採らない。というのも、本論では、近代に執筆された数多くの日蓮伝や日蓮論で提示された日蓮像はどれも近代日本の歴史的・社会的・文化的文脈で産出された日蓮像のひとつとして捉え、それらの間の価値評価は行なわないという立場を採るからである[8]。本論では、社会学者の佐藤健二と吉見俊哉の提示する文化研究という研究視座を用いる。

佐藤と吉見は、カルチュラル・スタディーズの掲げた「カルチュラル・ターン（cultural turn）」の研究動向を踏まえ、文化研究の四つのポイントを掲げている[9]。それは、①われわれ自身が使う概念の歴史的・社会的な拘束性の検討、②文化が生産され、流通し、消費されるプロセスの解明、③文化を「場」として捉え、そこに内包される亀裂や動きを描き出すこと、④生活する身体側からの認識の総体化、である。

これらの主張を近代日蓮像の分析に敷衍すると、こうなる。多種多様な「日蓮像」を見る、われわれの近代的なまなざしの拘束性を自覚しつつ、「近代日蓮像」の歴史的・社会的な拘束性を分析すること、「近代日蓮像」の生産、流通、消費のプロセスと、そのプロセスに介在するメディアの問題を対象化すること、「近代日蓮像」が生み出され、受容される「場」、つまり、教団内、教団外（アカデミズム、メディア、一般社会等）という多様な「場」で、「日蓮」をめぐる多数の意味づけの争いがあったこと、さらには、書かれたものだけではなく、演劇や映画、ラジオ、布教・教化の演説・講演などの語られたものにも注目すること、こうした分析の指針を得ることができる。

今回、これら全部の課題に応えることはできないが、本論では、①近代日蓮像の送り手分析（文化の生産）、②近代日蓮像のメディア分析（文化の流通）、③近代日蓮像の受け手分析（文化の消費）という視座から分析・記述を行なうことにしたい。一八六〇年代から一九三〇年代に語られた日蓮像の特徴を抽出する中で、〈日蓮〉をめぐる意味づけの争いについても言及する（①）。また、日蓮像はどのように日本社会に普及したのか、その社会基盤とメディアを分析する（②）。さらに、そうして産出された日蓮像がどのように人々に受容されたのかを分析すること（③）で、多種多様な近代日蓮像の構築過程を検討することにしよう。

三　前近代の日蓮像

まず、先行研究に依拠して、前近代の日蓮像についてまとめておきたい。

日蓮伝の作成に関する先行研究として、山川智応[10]、鈴木一成[11]、新倉善之[12]、冠賢一[13]、中尾堯[14]らの研究がある。冠の労作『近世日蓮宗出版史研究』（平楽寺書店、一九八三年。以下、本書からの引用は頁数を記す）によれば、日蓮滅後に書かれた近世以前の日蓮伝記本はそれほど多くない。すでに滅失したものも含めて、現在確認できるものとして、(1)『高祖一期行状日記』全一巻（身延山久遠寺二代日向）、(2)『大聖人御伝』全一巻（著者未詳）、(3)『日蓮聖人御弘通次第』（身延山久遠寺三代日進、一三二五年）、(4)『三師御伝土代』全一巻（富士大石寺四代日道）、(5)『元祖化導記』全二巻（身延山久遠寺一一代日朝、一四七八年）、(6)『日蓮聖人註画讃』全五巻（鎌倉妙法寺日澄、一五一〇年?）、(7)『元祖蓮公薩埵略伝』全一巻（京都本隆寺七代日修、一五六六年）がある。[15] このうち、(1)と(2)は書名しか伝わっておらず、(3)は日蓮の生涯における重要な事柄を年譜的に記したものにすぎない。(4)は日蓮の一代記的体裁はとっているが、その記述方法は簡略であるという。[16] そして室町時代に成立した(5)と(6)が「はじめて日蓮の一代記的体裁を整えた伝記本」（一二九頁）であると、冠は指摘する。ここで興味深いのは、両書の違いである。

両書が対照的な内容で、「その著作の意図に於ては相対する二ツの類型をなすものである」[17] ことを言明したのは、新倉善之である。新倉は、『元祖化導記』が日蓮直筆のテキスト群（日蓮遺文）の自伝的部分を抽出して記述され、生涯の欠落部分は『王代記』『太平記』等によって補いながら学究的な立場から記されていること、このように実証的だが、その影響は宗門内に止まったことを指摘する。それに対して、『日蓮聖人註画讃』（以下、『註画讃』）は日蓮伝における最初の絵詞伝で、著者の執筆意図は日蓮伝の世間的な流布にあった。日澄は日蓮に関する従来の伝承をくまなく集め、日蓮を超人的な能力と神通力を有する覚者として描き、読者の興味を引く脚色的な記述も豊富に織り込んだ。結果的に、本書は、「後世の日蓮伝に強く影響を及ぼし、近世に於ける祖師観形成の基盤として重要な位置を占めるに至った」[18] という。

つまり、『元祖化導記』が伝記的事実を中心に記述しているのに対し、『註画讃』は宗教的奇跡譚と伝記的事実が組み合わされており、その日蓮像は神話化されている点に特色がある。[19] こうした学究的（学術的）な立場と通俗的な立場の違いは、近代の日蓮伝にも通底する特徴である。

なお、新倉は、『註画讃』に先行する前述の諸伝を「中世的形態の伝記」と規定し、『註画讃』を「近世的日蓮伝の出発点[20]」と位置づける。すなわち、『註画讃』を起点として、中世の日蓮伝と近世の日蓮伝が分節できるのである。この『註画讃』の刊行、流通形態に着目することで、近世の日蓮伝の特徴が露わになる。そのことを明らかにしたのが、先の冠賢一の研究である。

冠によれば、多くの日蓮伝の中で人々に「圧倒的に受容されたのは日澄の『日蓮聖人註画讃』であった」（一三二頁）。その背景には、写本から刊本への転換を可能にした、「近世の出版技術の発達にともなう出版による大量生産」（一三六頁）の技術革新があった。また、寛政年間（一七八九～一八〇一）以降の近世後期の日蓮伝の特徴として、次の二点を指摘する。漢文が主体だった『註画讃』等の日蓮伝が平仮名や絵入による平易化・通俗化した伝記本として再版され、より幅広い階層に受容されたこと、深見要言、平維貞、中村経年、小川泰堂らの在家信者によって、（『註画讃』や『本化別頭仏祖統紀』〈後述〉を種本として）より平易な「大衆的通俗祖師伝」が庶民のために作成・刊行されたことである。こうした「中世日蓮伝記本の近世化と近世的日蓮伝記本の成立」が、「近世後期日蓮伝記本」の特色であると分析されている（一六五頁）。

以上のような近世後期の日蓮伝の刊行を支えた社会基盤は、日蓮を祖師と仰ぎ、帰依する祖師信仰の庶民の間での高まりであった。近世の江戸における地方寺院の開帳データを詳細に分析した北村聡は、各宗派の江戸での開帳が近世中期に最盛期を迎えているのに対して、日蓮宗だけは近世後期にも増加していることを示している[21]。また、冠は、こうした開帳の隆盛に対応して、「日蓮を主題に仏力・法力顕著な事蹟を脚色した日蓮一代記が浄瑠璃、歌舞伎に盛んにとりあげられた[22]」のも文化年間（一八〇四～一八一八）以降の近世後期であると述べる。

つまり、近世後期の日蓮伝刊行の背景には、日蓮に対する祖師信仰の高まりという社会基盤があり、幅広い階層への日蓮像の生産と流通は、出版テクノロジーにもとづく通俗化した伝記本や庶民的な芸能（浄瑠璃、歌舞伎）というメディアによってなされたのである。そして、そこで生産された日蓮像は、先の石川の指摘にあるように、現世利益と功徳を庶民にもたらす「〈祖師〉としての日蓮像」であった。こうした日蓮像の生産者として、在家信者が参入したことは、教団外での祖師の語りという論点にもつながっていく。近代における日蓮像の構築は、こうした「近世後期日蓮伝記本」やそれをめぐる出版文化と芸能に胚胎していたのである。

四　近代の日蓮伝

1　一八六〇～九〇年代の日蓮像――『日蓮大士真実伝』と『龍口法難論』

（1）小川泰堂『日蓮大士真実伝』（一八六七年）

そもそも、近代（幕末・明治維新期からアジア・太平洋戦争期まで）において、どれだけの日蓮伝・日蓮論が出版されたのだろうか。例えば、昭和一〇（一九三五）年に『現代人の日蓮聖人伝』（文松堂出版部）を著した星野武雄（梅耀、国柱会幹部）は、その巻末の「日蓮聖人伝記書一覧」で、中世の『高祖一期行状日記』から昭和一〇（一九三五）年までの日蓮伝を、一八〇冊弱紹介している。そのうち、近代の日蓮伝は、一四〇冊弱である。なお、私と大西克明が調査した結果、単行本化されたものは、約二七〇冊を数える（データは未公開）。決して少なくない冊数である。

これらの近代日蓮伝の嚆矢は、（先の石川の指摘の通り）小川泰堂[23]の『日蓮大士真実伝』全五巻（慶応三・一八六七年、以下、『真実伝』と略）である。本書は、近代における「日蓮大士像の大衆的普及[24]」に大きく寄与したと評されている。また、泰堂は、『高祖遺文録』全三〇巻（日蓮門下最初の編年体形式の日蓮遺文録）の校訂者でもあり[25]、「啓蒙的信仰者・研究者[26]」という二面性を、泰堂が持ち合わせていたことに注意されたい。

その「凡例」に注目しよう。

日蓮大士一代の事蹟は行学院日朝聖人の化導記、円妙澄師の註画讃、また日省師の高祖伝、六牙潮師の別頭統紀、健立玄得二公の高祖年譜、これらに至て善尽し美をつくすといへども、其文高く其旨遠くして、在家不眼にはその善美読解がたし。又御伝記、御一代記、記年録等の仮名書あり、其は読易けれども、事実に委しからず。今此書は古往今来、その御一代にかゝはるべき書類を博く考へ集もて、本化垂迹のはじめより、学問弘通の体相、五百年前を今日こゝに見るが如く綴りなし、婦女童幼までも、その画を看、此文を読で、随喜の心を発し、信心増進の悌となさんとす[27]。

『元祖化導記』と『註画讃』の伝記、身延山三二世・日省の『本化別頭末法高祖日蓮大菩薩伝仏祖統紀』（一七二〇年）、日省の弟子で身延山三六世の日潮の『本化別頭仏祖統紀』（一七三一年、以下、『別頭統紀』と略）、日諦（健立）・日耆（玄得）の『本化高祖年譜』（一七七九年）という宗門関係者の漢文による伝記、さらには在家信者の通俗的な日蓮伝の系譜を継承していること、男性成人から「婦女童幼」までを対象とし、読者に「随喜の心を発し、信心増進の悌」となることを意図したことが宣示されている。絵入りで和文、平仮名の宗祖伝で、平易な語り口が特徴的な伝記である。

本書の成立背景は、冠によって明らかにされている。冠によれば、本書は、漢文体の『別頭統紀』をわかりやすく書き下した中村経年の『日蓮上人一代図絵』（一八五八年）を底本としている。[28] そして、『註画讃』や『別頭統紀』などの先行する日蓮伝に対する批判性を有しながらも、「『別頭統紀』にない日蓮の奇瑞・奇蹟を他の伝記本から挿入して、超人的・神秘的日蓮像を構築していった点に本書の特色がある」[29]、と指摘する。つまり、信仰者と研究者の二面性のうち、前者の立場に立ち、近世以来の神話化された日蓮像をさらに強調した点に、本書の特徴がある。とはいえ、日蓮の体験をドラマティックに描き出している本書の記述の多くは、日蓮遺文に依拠しており、研究者としての側面も発揮されていることを確認しておきたい。

この『真実伝』は、日蓮伝のベストセラー、ロングセラーとなり、昭和の初めまでに約二十種の版が刊行された。[30] 明治一九（一八八六）年には、三代目中村福助（後の二代目梅玉）によって中村座で上演後、何度も上演され、「明治期における日蓮劇の中心的地位を占めた」[31]。上演された『日蓮大菩薩真実伝』は、「日蓮聖人の非凡にして怪奇なる一代記の巻物が悉く伝説的に脚色されて幕とともにほぐれて行く」[32] ものであったという。

先に、近世日蓮像の生産と流通は、出版文化と芸能というメディアによってなされたことを指摘したが、この『真実伝』も、同様の役割を果たしたことがわかる。いわば、近世後期以来の神話化された「〈祖師〉としての日蓮像」が『真実伝』を通じて、民衆レベルで流通・消費されたわけである。[33] そして、『真実伝』以降、（歌舞伎や浄瑠璃以外にも）森鷗外、坪内逍遥、田中智学らの脚本による日蓮劇が上演されており、芸能というメディアを通じての日蓮像の生産と流通が近代においてもなされたことがわかる。その分析は興味深いテーマであるが、紙幅の都合上、割愛する。[34] ここでは、第一章第二節で確認した「信仰優先の祖師論」と客観的・実証的な宗祖論の対立項のうち、前者の日蓮像が『真実伝』を通じて生産、流通、消費されたことを確認しておこう。

（2）田中智学『龍口法難論』（一八九〇年）

明治中期、「信仰優先の祖師論」と学問知の対立が表面化した出来事が発生する。明治二三（一八九〇）年五月から六月にかけての「龍口法難無根説」と、翌年六月の「元寇予言否定説」をめぐる出来事である。[35]

歴史家の重野安繹〈臨時編年史編纂掛〈現在の東京大学史料編纂所〉の編纂委員長、帝国大学文科大学〈現在の東京大学〉の教授〉が、日蓮の龍口法難[36]が事実無根であるとの考証を発表した。[37]これに対して、在家仏教教団・国柱会〈当時は立正安国会〉の田中智学は猛反発し、明治二三（一八九〇）年六月に東京の木挽町〈現在の中央区銀座〉の厚生館で三〇〇〇人の聴衆を前に、「日蓮上人龍口法難ニ関スル重野博士ノ考証ニ付テ」と題する演説を六時間かけて行ない、その演説録を同年に『龍口法難論』〈金鱗堂〉として刊行した。

また、翌年六月、神田一橋外の帝国大学講義室で開催された学術団体・史学会の例会で、史学会会員の小倉秀貫は「日蓮は元寇の予言者と謂ふを得べき乎」という公開講演を行ない、日蓮の『立正安国論』における元寇の「予言」は予言というべきものではなく、自分の「顕達」を求める「平凡迂腐の利己論」である、という日蓮批判を行なった。この発言に対応しなかった日蓮宗の姿勢に反発した智学は、小倉の発言を問題視するとともに、日蓮宗門の改革運動を組織することになる。

これらの出来事は、「信仰優先の祖師論」に対する学問知からの批判を意味する事件として考えることができよう。近代の学問知が、近代宗祖論に大きな影響を与えたことはすでに確認したが、『註画讃』に見られる前近代の神話化された「信仰優先の祖師論」に対して、近代の学問知の観点から、重野と小倉は、当時の日蓮像に批判を加えたのである〈ただし、両者の「考証」は完備された日蓮論ではなかった〉。重野と小倉に対して、智学は、近代の学問の洗礼を受けていない。幼少時に日蓮宗寺院で得度し、宗門の教育機関である飯高檀林と日蓮宗大教院〈現在の立正大学）で学んだものの、満一七歳で還俗した在家仏教者である。しかし、明治三〇年代半ばに『本化妙宗式目講義録』全五巻（後に『日蓮主義教学大観』に改称）と題する日蓮教学大系をまとめており、いわば、泰堂と同じく、「信仰者と研究者」の二側面を有していた在家の宗教者である。智学は、日蓮遺文の綿密なテキスト・クリティークによって、龍口法難の歴史的事実性を考証し、重野に反駁した。それは、文献実証的な手続きによる、脱神話化された「信仰優先の祖師論」というべきものであり、ここで描出されている〈日蓮〉は、近世後期以来の神話化された「〈祖師〉としての日蓮像」とは明確に異なるものであった。[38]

これ以降、近代の日蓮像は、①学問知による客観的・実証的な日蓮像、②信仰に根ざした実証的な日蓮像、③信仰に根ざした（あるいは信仰にもとづかない）神話化された日蓮像の三類型に分化していくのである。

2　一九〇〇年代の日蓮像——高山樗牛と姉崎正治

（1）日蓮主義の影響関係

日蓮像のみならず、近代の日蓮教学、さらには一般社会の思想界にも大きな影響を与えたのが、智学と顕本法華宗管長・本多日生の日蓮主義である。「日蓮主義」とは、もともと智学によって明治三四（一九〇一）年に造語された言葉だが、伝統的な日蓮仏教が再解釈され、体系化されたナショナリスティックな近代仏教思想である。政治性・社会性の強い日蓮主義は、智学と日生の著作や活動によって、明治後期から大正期にかけて日本社会に広く普及し、宗教者や軍人、右翼にとどまらず、知識人・学生・婦人・新旧中間層の幅広い社会層に受け入れられた。[39]

私は、日蓮主義の影響関係は世代間関係に反映されると考え、以前、智学と日生を第一世代とし、第一世代から第三世代までの関係性（世代間相関図）を以下のようにまとめたことがある。[40]

日蓮主義第一世代（一八六〇年～七〇年代生まれ）
田中智学（一八六一～一九三九）、清水梁山（一八六四～一九二八、日蓮宗僧侶）、本多日生（一八六七～一九三一）、高山樗牛（一八七一～一九〇二）、姉崎正治（一八七三～一九四九）、山川智応（一八七九～一九五六、国柱会幹部）。

日蓮主義第二世代（一八八〇～九〇年代生まれ）
北一輝（一八八三～一九三七）、藤井日達（一八八五～一九八五）、井上日召（一八八六～一九六七）、田中澤二（一八八七～一九五五、智学の次男、立憲養正会代表）、石原莞爾（一八八九～一九四九）、妹尾義郎（一八八九～一九六一）、宮沢賢治（一八九六～一九三三）、里見岸雄（一八九七～一九七四、智学の三男、国体思想家）、塚野道雄（一八九八～?、五・一五事件）

日蓮主義第三世代（一九〇〇～一〇年代生まれ）
西田税（一九〇一～一九三七、右翼活動家）、古内栄司（一九〇一～?、血盟団）、香田清貞（一九〇三～一九三六、二・二六事件）、村中孝次（一九〇三～一九三七、同）、安藤輝三（一九〇五～一九三六、同）、磯部浅一（一九〇五～一九三七、同）、江川桜堂（一九〇五～一九三八、日蓮会殉教青年衆）、山岸宏（一九〇八～?、五・一五事件）小沼正（一九一一～一九七八、血盟団）

この世代間関係に着目して、戦前期日本における日蓮主義の展開過程をトレースしておくと、こうなる。まず、明治中期に、智学、日生の第一世代によって、日蓮主義が創唱され、明治三〇年代から四〇年代にかけて、第一世代の文芸評論家の高山樗牛とその親友、東京帝大教授の姉崎正治らの知識人の影響、「日蓮主義ネットワーク」（知識人の社会的ネットワーク）の生成と日蓮主義サークルの群生を通じて、日蓮主義がしだいに一般社会にも普及していく。

そして、大正期に入り、日蓮仏教の出版物の隆盛を通じて、日蓮主義が流行思想となり、大衆化することで、第二世代、第三世代の人々が日蓮主義を受容する。この後続者たちが日蓮主義を自らのアイデンティティや思想形成の拠り所とし、活動の原理とすることで、昭和初期以降、日蓮主義が先鋭化する。その先鋭化した日蓮主義を指導したのが第二世代であり、その活動の担い手が第三世代である。つまり、満洲事変、血盟団事件、二・二六事件の指導者（石原莞爾、井上日召、北一輝）が第二世代であり、血盟団事件、五・一五事件、二・二六事件の実動部隊が第三世代である。

（2） 高山樗牛の日蓮論

このうち、第一世代と第二世代を橋渡ししたのが、高山樗牛と姉崎正治である。そして、両者の提示した日蓮像が、明治後期から大正期にかけての青年たち（日蓮主義第二世代・第三世代）に多大な感化を与えていくことになる。

樗牛は、智学の『宗門之維新』（師子王文庫、一九〇一年）に触発され、その晩年を日蓮研究と日蓮信仰によって費やすことになる。「況後録」（一九〇一年一二月）、「日蓮上人は如何なる人ぞ（日蓮上人と上行菩薩）」（一九〇二年四月）、「日蓮と基督」（同年五月）、「日蓮上人と日本国（日蓮上人の真面目を見よ）」（同年七月）、「日蓮研究会を起すの議」（同年八月）等を著すとともに[41]、ヨーロッパ留学中だった親友の姉崎[42]との文通を通じて、自らの日蓮研究、日蓮信仰を吐露している。

樗牛の日蓮像における争点は、「愛国者日蓮」という日蓮像の評価である。この日蓮像は、近世後期以来の「〈祖師〉としての日蓮」とは異なるが、近代日本の国民国家体制の中で、神話化された像である。この「愛国者日蓮」像に対して、樗牛は痛烈な批判を投げかける。「日蓮上人と日本国」において、「日蓮には蒙古調伏の形迹無し、元寇紀念像の建立は無意義也(43)」と痛罵する。これは、福岡県の東公園に建立された「日蓮聖人銅像」に対する批判である(44)。この像は、明治二五（一八九二）年四月に起工式が行なわれ、明治三七（一九〇四）年一一月に除幕式が挙行された（樗牛はその完成を見ずに逝去する）。とりわけ、日露戦争時のナショナリスティックな時代状況の中で建立が進められ、「愛国者日蓮」というイメージ普及の役割を果たした銅像である。

樗牛は、次のように述べる。

日蓮は真理の為に国家を認む、国家の為に真理を認めたるに非ず。彼れにとりて真理は常に国家よりも大也。是を以て彼れは真理の為には国家の滅亡を是認せり。否、是の如くにして滅亡せる国家が滅亡によりて再生すべしとは彼れの動かすべからざる信念なりし也。蒙古襲来に対する彼れの態度の如き、亦実に是の超国家的大理想に本づく(45)。

日露戦争前夜の時代状況の中で、日蓮の教えを近代のナショナリズムと結びつける、（智学を含めた）日蓮門下の動向を真っ向から批判した樗牛の日蓮像は、当時の時代状況の中では異彩を放った。樗牛は、「真理（法）と国家」との関係において、国家超越の真理を重要視したのが、日蓮であると解釈したのである。

樗牛の提示した日蓮像とは、「崇拝的英雄」「上行菩薩」「其の信念の為めに、国家を犠牲とする偉大なるイゴイスト」としての日蓮であった。先の類型でいうと、（智学の日蓮像解釈は異なるが）信仰に根ざした実証的な日蓮像である。

以後、『樗牛全集』（博文館、一九〇四～一九〇六年）、樗牛と姉崎の書簡集『文は人なり』（博文館、一九一二年）、姉崎・山川智応編『高山樗牛と日蓮上人』（博文館、一九一三年）等を経て、樗牛の日蓮論、そして日蓮主義は社会に広まり、第二世代、第三世代へその影響が及んでいく。

（3）姉崎正治の『法華経の行者日蓮』（一九一六年）

樗牛の影響で日蓮研究に取り組み、日蓮信仰に入った姉崎は、大正二（一九一三）年九月から約二年間滞在したハーバード大学で、日蓮の生涯を記述した *Nichiren, the Buddhist Prophet* を書きあげる。帰国後の東京帝国大学の講義で「宗教学概論」と並んで、「日蓮上人の研究」を講じている。その学問的な日蓮研究が知識人や学生に影響を与えるとともに、*Nichiren, the Buddhist Prophet* を翻訳した『法華経の行者日蓮』（博文館、一九一六年）は、多くの読者を獲得することになる。

ここで、『法華経の行者日蓮』に示された日蓮像の特徴をまとめておこう。姉崎による日蓮像は、「法華経の行者」という規定に集約される。まず、序言の冒頭に注目されたい。

末法の導師、上行菩薩の再誕、兼知未萌の聖人、或は又憂国の預言者、宗教改革者、折伏の傑僧など、日蓮上人は、種々の資格や名称で、或は崇拝の的となり、或は研究の種になり、評論に上る。然し此等の種々の名目は、上人が人格と信仰との一面に過ぎず、若しその全体を一語で総括代表する名があれば、それは「法華経の行者」といふ名で尽くして居る。此は評論紀伝の為に我我がつけた名でなく、実に上人自らの自信抱負であったのである。[46]

また、自らの研究上の立場について、四〇〇篇の日蓮遺文に依拠し、「常に宗教学上の通義、特には宗教心理学上の比較考慮を費したのであり、従つて日蓮宗門の伝説や、前人の解釈等には拠らなかつた[47]」と述べる。であるがゆえに、「上行［菩薩―大谷註］の自覚と罪の意識との聯絡」（序言、四頁）のような論点は、これまでの日蓮伝の結論と異なるとして、自らの日蓮伝のオリジナリティを強調している。

当時の日本における宗教学研究のシンボル的存在であり、樗牛の親友であった姉崎によって提示された日蓮像は、近代の日蓮伝の到達点であった。それは、宗教学や宗教心理学という学問知によって分析・記述された客観的・実証的な日蓮像の明示であり、（智学や山川智応との交流を通じての）日蓮教学理解を踏まえての作業だった。さらに、その執筆は、熱心な日蓮仏教の信仰に根ざしたものであった。

3　一九一〇～二〇年代の日蓮像――日蓮像流通の社会基盤と出版状況

（1）　日蓮主義ネットワークの形成

樗牛の日蓮論は、明治後期以降の日蓮主義普及のスプリングボードとなった。しかし、日蓮主義ならびに広く日蓮をめぐる観念やイメージの普及を促進した社会基盤を準備したのは、智学と並ぶ日蓮主義の雄、本多日生だった。

明治四二（一九〇九）年一月、日生は、社会的な名士三〇数名を集め、日蓮の「人格及主義」を研究する天晴会を設立する。幹事は日生のほか、姉崎正治と高島平三郎（心理学者）、数名の顕本法華宗僧侶と日蓮宗僧侶が務め、会員には、（智学を含めた）日蓮門下関係者をはじめ、学者、政治家、弁護士、軍人が名前を連ねた。会員はこの年の一一月に一〇〇名を超え、二年後には一八〇余名にまで達した。その職種は僧侶、学者、政治家、軍人（海軍・陸軍）、弁護士、会社員のほか、国家官僚、官吏、検事、教育者、医師、ジャーナリスト、実業家、美術家、小説家（村上浪六や幸田露伴）と幅広かった。日生は、これらの社会上層の人々からなる社会的ネットワーク（日蓮主義ネットワーク）を組織して、日蓮主義の社会的な普及を図った。そして、これらの知識人たちによって、さまざまな日蓮像が生産され、流通していくことになる(48)。

また、各地で日蓮主義サークルの創立が相次ぎ、日生たちは、知識人、婦人、学生らを組織して、日蓮主義ネットワークを拡大し、こうしたネットワークが日蓮主義の普及と日蓮像の流通の社会基盤となった。例えば、学生の間での日蓮研究の高まりを見ると、大正九（一九二〇）年一月に、東京帝大、第一高等学校（現在の東京大学教養学部）、東京高等商業学校（現在の一橋大学）、早稲田大学、明治大学、日本大学、東洋大学、日蓮宗大学（現在の立正大学）らの学生たちによって、東京で日蓮主義宣伝学生聯合会が結成されている。

学生たちの日蓮像受容の一事例として、東京帝大・第一高等学校の樹治会が大正九（一九二〇）年に編纂した『聖地巡礼』（実業之日本社）を取り上げてみたい。本書は帝大生と一高生一〇名が日蓮の遺跡巡礼をして、その感慨をまとめたものである。この中で、以下のような会員の発言が紹介されている。「他宗を攻撃したり、太鼓を叩くのが日蓮主義とする誤解があるが、日蓮主義の特徴は「日蓮の精神」にあり、「私は日蓮の人格を尊重します。そして教義の精髄に就ても信仰します。が科学思想と一致しないところは必ずしも賛成しません(49)」。

ここには、当時、東京帝大教授だった新渡戸稲造の人格主義の影響を垣間見ることもできるが、「「日蓮―大谷註」上人の人格、経歴、思想信仰」についての「研究崇敬の結果」をまとめた、姉崎の『法華経の行者日蓮』の影響を看取することができるであろう。

(2)「日蓮主義の黄金時代」における日蓮像の受容

以上のような社会・文化状況の中で、大正時代に「日蓮主義の黄金時代[50]」が到来する。日蓮主義ネットワークの拡大とともに、出版業界で日蓮仏教関係の書籍の刊行が相次いだ。先に見た樗牛関係の書籍以外に、山川智応の『和訳法華経』(新潮社、一九一二年)や姉崎の『法華経の行者日蓮』(博文館、一九一六年)は、宮沢賢治をはじめとし、数多くの一般読者を獲得した。

さらに、大正四(一九一五)年、新潮社から『日蓮主義研究叢書』の刊行がスタートする。これは大手書店から、日蓮主義関係のシリーズが刊行された初めての例で、国柱会幹部の執筆によって計一〇冊が刊行された(『龍口法難論』もこの中の一冊として復刻された)。このように大手出版社から、日蓮関係の出版物が刊行されることで、日蓮像流通の出版状況が整っていくことになる。また、出版業界でも、「日蓮主義」をタイトルに冠した書籍の刊行が大正初期から一般化していく。日蓮主義は大衆化し、社会的な流行現象となる。

ここで、樗牛や姉崎の日蓮論・日蓮伝を通じて、その日蓮像を受容した例として、大正期に日生に師事した後、昭和初期に社会民主主義的な仏教団体・新興仏教青年同盟を組織した妹尾義郎と、国柱会の熱心な信行員で、昭和六(一九三一)年の満洲事変を主導した陸軍軍人の石原莞爾の例を一瞥しておこう。

明治二二(一八八九)年に広島県の旧家に生まれた妹尾は第一高等学校に進学し、将来を嘱望されたが、病気のため、退学を余儀なくされる。失意の中、明治四四(一九一一)年、故郷で豆腐商との出会いを通じて『法華経』に親しむようになる。大正四(一九一五)年、たまたま智学の『日本国の宗旨』を手にし、日蓮主義に出会う。智学の著作や国柱会の機関誌『国柱新聞』を定期購読するほか、翌年には、姉崎正治の『法華経の行者日蓮』に目を通し、その翌年（大正六年）には雑誌『法華』、山川智応『日蓮主義研究叢書六　日蓮聖人と親鸞』、日生の『日蓮主義』等の日蓮主義関係の書物を繙いている。

大正六（一九一七）年五月一一日、妹尾は、日記に「今度いかにしても信心を励み法花経の行者にならましな。色読の行者の若党と勇みきほひて進まばや[51]」と記しており、「法華経の行者日蓮」像を受容していることがわかる。一方、妹尾と同じ年に生まれた石原莞爾は、大正九（一九二〇）年四月、三一歳の時に国柱会に入会している。この年の日記には、国柱会入会前の石原が、智学の『日蓮聖人乃教義』『宗門之維新』をはじめ、里見岸雄『日蓮主義の新研究』、日生『日蓮聖人の感激』『聖訓要義』、姉崎正治『法華経の行者日蓮』、姉崎・山川智応編『高山樗牛と日蓮上人』などを買い求め、日蓮信仰を深めていく様子を確認することができる。

「私は大正八年以来日蓮聖人の信者である。それは日蓮聖人の国体観が私を心から満足せしめた結果である[52]」と述懐する石原の場合、国体問題が入信動機だった。大正九（一九二〇）年の日記を丹念に読むと、石原の国体観、国家観の形成に智学や日生、姉崎や樗牛の影響が顕著であることがわかる。例えば、一月三日、東京神田で、『法華経の行者日蓮』と『高山樗牛と日蓮上人』を買い求めた石原は、翌日、後者に掲載された樗牛の「況後録」（日蓮遺文によって構成された日蓮伝）を書写し、「樗牛ノ日蓮ノ国家観ヲ見テ感ズル所アリ。所詮、徒ニ「日本人」タル私心ニ捉ハレタル精神ヲ以テシテハ到底、［智学のいう―大谷註］世界統一ノ天業ヲ全フスル能ハザルナリ。兼テノ疑問解決ノ為、一拠点ヲ得タリ[53]」と、その感想を述べている。この後も、樗牛の日蓮論を批判的に読み込むことで、石原は「真理と国体（国家）」に関する自らの思想を組み立てていった。

以上のように、第一世代の日蓮像が、樗牛と姉崎の日蓮像を媒介として、第二世代、第三世代に受容されていったのである。ここで注目すべきは、（日生のような教団人はいるが）智学のような在家者、樗牛や姉崎のような知識人たちにより教団外で日蓮が語られ、その語りが当時の大衆社会の中で消費されていったことである。

4　一九三〇年代の日蓮像——里見岸雄と佐木秋夫

（1）里見岸雄の『吼えろ日蓮』（一九三一年）

『法華経の行者日蓮』の刊行以降、日蓮主義第一世代の日蓮伝として、本多日生の『日蓮聖人正伝』（博文館、一九一八年）、山川智応の『日蓮聖人伝十講』（新潮社、一九二一年）、田中智学の『大国聖日蓮上人』（春秋社、一九二九年）等が公になる。[54]とくに、『日蓮聖人伝十講』は評価の高い日蓮伝である。

ここでは、一九三〇年代に刊行された日蓮主義第二世代の異端的な日蓮伝とマルキストによる日蓮伝に注目してみたい。国体学者で智学の二男である里見岸雄[55]の『日蓮は甦る』（国体科学社、一九二九年）、『吼えろ日蓮』（春秋社、一九三一年）と佐木秋夫の『日蓮』（白揚社、一九三八年）である。

昭和四（一九二九）年一一月一〇日、三一歳の里見は、アルスから『天皇とプロレタリア』を刊行する。「無産階級の唯一の味方として国体をゑぐり出してみた[56]」本書は、新聞でのアルスの広告宣伝が効果を奏し、百数十版を数えるほどのベストセラーとなった。この反響について、山口昌男は「天皇主義的プロレタリア運動の提唱が、国家社会主義の台頭の風潮にマッチしたものと思われる[57]」と分析している。この異端の国体学者・里見が『天皇とプロレタリア』の五日前に発刊したのが『日蓮は甦る』であり、本書を加筆・修正のうえ、再刊したのが『吼えろ日蓮』である。国家社会主義や日本主義の台頭のみならず、ロシア・マルクス主義や反宗教運動の高揚という左右両翼の社会思想が勢力を広げていた時期に投じられた日蓮論が、里見の著作だった。

『日蓮は甦る』冒頭の「例言」で、里見は、「将来の日蓮主義は、本書に示した根本的方法を採用して、その宗学を改造すると共にその信仰安心を改造せねば、いつしか自滅の外ないものと思ふ」（例言、四頁）と宣言する。伝統的な日蓮教学のみならず、父親・智学の日蓮主義をも批判し、その更新を謳うのである。また、本書に収められた「脚本『この夥しき日蓮』」で、「葬儀会社社長日蓮」「帝釈天の用心棒日蓮」「清正公の親分日蓮」「法門屋日蓮」「国家主義者日蓮」「狂人病院長日蓮」「御利益月賦販売人日蓮」「旅行ガイド日蓮」「英雄僧日蓮」「感傷主義者日蓮」「観念的統一狂日蓮」「宗教業者日蓮」「音楽コンダクター日蓮」「藪医師会長日蓮」とラベリングした日蓮像を悉く揶揄し、批判する。

では、里見の立場はどうなのか。『吼えろ日蓮』冒頭の「此書を送り出すに際して」の中で、里見は、「国体科学という新しい社会科学」の立場から、「日蓮の思想を可能なる発展的理解に於て再現」することを提唱する。ここで里見が提示する日蓮像は、「社会改造の実践的思想家としての日蓮」像だった[58]。それは、智学による「大国聖日蓮上人」というイメージを、極右的に転回させたものであり、日蓮主義第三世代に継承される「社会改革者としての日蓮」という、新たな像の構築であった。

(2) 佐木秋夫の『日蓮』（一九三八年）

革新的な右翼からの日蓮像に対して、ロシア・マルクス主義に依拠する左翼の立場から、新たな日蓮像を提出したのが、佐木秋夫『日蓮』（白揚社、一九三八年）である[59]。東京帝大で姉崎に師事した佐木は、唯物史観の立場に立ち、日蓮伝の「根本的な再検討」（序文、一頁）を強調する。そして、次のようにいう。

在来の伝記は歪曲され、神秘化されてゐる。あまりに超人間的な、その時代の現実から全く浮き上がつた姿を日蓮房は押しつけられてきたのである。特に、古くは奇蹟物語り、近くはかれを現代風の国粋主義者に祀りあげようとする努力が人間離れのした日蓮像を造りあげて了つた。（一頁）

真筆重視による史料の整理・批判（テキスト・クリティーク）を徹底し、日蓮の生きた社会背景を重視した分析によって、佐木は「当時の旧王朝大寺院の下級僧侶」「没落してゆく王朝貴族の荘園私官（雑掌）の小地主」の思想に、日蓮の思想が最も近いと断定し、天台宗の「復古主義」者としての姿を描き出している。(60)

宗教学を学んだマルキスト・佐木は、近代の日蓮像を総否定し、「現実の歴史的存在としての日蓮」「現実の人間日蓮」というイメージを本書で提示したのである。それは、「宗教学」という学問知とは別の「唯物史観」というイデオロギーによる客観的・実証的な日蓮についての語りであった。ただし、一九三〇年代以降の日本に広く流通したのは、いわゆる「愛国者としての日蓮」像であった。一九三〇年代以降の「愛国者としての日蓮」というドミナント・ストーリーに対して、里見や佐木は、いわば、カウンター・ストーリーとしての「社会改造の実践的思想家としての日蓮」像、「現実の歴史的存在としての日蓮」像をそれぞれ投げかけたのである。

おわりに——近代日蓮像の生産・流通・消費

以上、近代日本の日蓮像（近代日蓮像）の構築過程を、日蓮像の生産・流通・消費の過程に即して分析してきた。以下、本論を通じて明らかになったことをまとめておこう。

まず、その生産のメカニズムにおいて、近世後期以降の日蓮像に見られた神話化された「〈祖師〉としての日蓮」像と、出版文化と芸能というメディアによる日蓮像の生産と流通という特徴が、明治初期の『日蓮大士真実伝』（一八六七年）にも見られたことを確認した。

そして、明治中期の「龍口法難無根説」（一八九〇年）と「元寇予言否定説」（一八九一年）という出来事を経て、日蓮像が「学問知による客観的・実証的な日蓮像」「信仰に根ざした実証的な日蓮像」「信仰に根ざした（あるいは信仰にもとづかない）神話化された日蓮像」という三類型（四類型）によって表象されるようになったことも重要であろう。学問知の介在は、まさに日蓮像に近代の刻印を刻み込んだ出来事である。

次に、近代日蓮像の流通過程を見る時、出版文化と芸能というメディア以外に、明治後期以降の日蓮主義ネットワークという社会基盤が整備され、また、大正期の大衆社会の到来による印刷メディアの活用による日蓮主義（広くは日蓮仏教）の大衆的受容という動向がきわめて重要である。

この点は、近代日蓮像の消費過程にもかかわる問題である。こうした各種のメディアを通じて、さまざまに意味づけされた「日蓮」の観念やイメージが、大衆の前に提示された。それは、「〈祖師〉としての日蓮」「愛国者日蓮」「イゴイスト日蓮」「法華経の行者日蓮」「大国聖日蓮」「社会改造の実践的思想家としての日蓮」「現実の歴史的存在としての日蓮」「現実の人間日蓮」というような多種多様な日蓮像であった。どの日蓮像を受容するかは、それを受容する人々の置かれた歴史的・社会的文脈に規定されるのであり、一般化はできないが、特定の歴史的・社会的文脈（例えば、戦争時）に、特定の日蓮像（例えば、愛国者日蓮）が強く訴求力をもつ傾向を指摘できるであろう。また、「日蓮の名をもって語られ伝えられたもの」が「民衆の宗教的心情」や「政治・社会思想」に与えた影響やインパクトも不十分ながら示唆した。

以上のような歴史的・社会的・文化的条件の下で、近代日蓮像は構築されてきたのであり、そこに固定的な「正しい日蓮像」を見出すことはできない。むしろ、多種多様な日蓮像が生産され、流通し、消費され、現在に至るという点に、近代日蓮像の最たる特徴がある。さらには世代間を経て、消費された日蓮像が再解釈されて再生産され、再び歴史の現場に流通していく螺旋のダイナミズムをより丁寧に分析していくことに、近代日蓮像ならびに近代宗祖伝・宗祖論研究の課題があるのではないか。

註

（1）上原専祿「日蓮認識への道（未完）」（『上原専祿著作集』第二六巻、評論社、一九八七年）四九〇頁。なお、上原の家の宗旨は日蓮宗で、京都の日蓮宗本山・本法寺の檀家である養父の下で育てられた。養父が田中智学主宰の法華・日蓮系在家仏教教団・国柱会に入会したことから、青年期の上原は国柱会とも関係があった。上原の日蓮論として、一九七四年に刊行された『死者・生者——日蓮認識への発想と視点』（未来社）がある。

（2）『国文学鑑賞と解釈』第五一巻第九号（至文堂、一九八六年）の特集「僧伝文学」は、日本の僧伝のみならず、中国や朝鮮の僧伝も網羅した簡易な解説として有用である。

（3）取り上げられている法然論は、山崎弁栄、望月信亨、木下尚江、渡辺海旭、椎尾弁匡、矢吹慶輝、石井教道、吉田絃二郎、前田聴瑞、倉田百三、佐藤春夫、友松円諦、佐藤賢順、内村鑑三、植村正久、小田切信男のものである。

（4）取り上げられているのは、暁烏敏、木下尚江、佐々木月樵、村田勤、長沼賢海、辻善之助、藤原猶雪、鷲尾教導、中沢見明、山田文昭、倉田百三の親鸞論、親鸞研究である。

（5）佐々木馨「日蓮系」（日本仏教研究会編『日本仏教の研究法——歴史と展望』法藏館、二〇〇〇年）一七八頁。その研究蓄積は、守屋貫教編『明治以後日蓮主義著述目録』（立正大学出版部、一九三三年）、立正大学日蓮教学研究所編『日蓮聖人・日蓮教団史研究文献目録』（立正大学日蓮教学研究所、一九九七年）を見よ。

（6）註（5）前掲『日本仏教の研究法——歴史と展望』、一七九～一八六頁。

（7）さらに、石川の他の研究として、「日蓮聖人と近代文学」（日蓮宗宗務院『日蓮宗事典』日蓮宗宗務院、一九八一年）、「日蓮聖人と文学作品」（石川・河村孝照編『普及版日蓮聖人大事典』国書刊行会、一九八八年）、「日蓮の思想と近代文学」（伊藤博之他編『仏教文学講座　第二巻　仏教思想と日本文学』勉誠社、一九九五年）も付け加えることができる。

（8）日蓮の自伝的要素を含む「種種御振舞御書」（建治元・一二七五年、あるいは建治二・一二七六年）のように、日蓮が書き残した日蓮遺文を基準に、正統で真正な日蓮像を再構成するという立場も当然考えられ、そうした価値評価的立場に立つ研究は、数多の「宗祖研究」で実際に行なわれている。しかし、本論の立場はそうした研究スタイルとは一線を画すことを明記しておく。

（9）佐藤健二・吉見俊哉「文化へのまなざし」（同編『文化の社会学』有斐閣、二〇〇八年）一〇頁。なお、二〇世紀後半以降の欧米と日本の人文学・社会科学における「カルチュラル・ターン（cultural turn）」については、吉見俊哉『カルチュラル・ターン、文化の政治学へ』（人文書院、二〇〇三年）が参考になる。

（10）山川智応『日蓮聖人研究』第一巻（新潮社、一九二九年）。

（11）鈴木一成「日蓮聖伝の特徴」（『日本仏教学会年報』第一六号、一九五一年）。

（12）新倉善之「日蓮伝小考――『日蓮聖人註画讃』の成立とその系譜」（『立正大学文学部論叢』第一〇号、一九五九年）。

（13）冠賢一『近世日蓮宗出版史研究』（平楽寺書店、一九八三年）。

（14）中尾尭「日蓮伝」（『国文学解釈と鑑賞』第五一巻第九号、至文堂、一九八六年）。

（15）冠前掲註（13）『近世日蓮宗出版史研究』一二八〜一二九頁。『日蓮聖人註画讃』の成立時期を補足。

（16）ただし、鈴木一成は、この『三師御伝土代』が「聖人の自伝の文章と自己の文章とを以て綴つたもの」であり、「聖人の自伝の遺文を中心として試みられた最初の祖伝であらうと思ふ」、と評価している（前掲註〈11〉論文「日蓮聖伝の特徴」一三八〜一三九頁）。その原文は、『日蓮宗宗学全書　興尊全集　興門集』（日蓮宗宗学全書刊行会、一九二一年）で目にすることができる。

（17）新倉前掲註（12）論文「日蓮伝小考」一一〇頁。

(18) 同前、一一一頁。
(19) 『元祖化導記』は『日蓮教学紀要』第二号（一九七五年）で、それぞれ読むことができる。なお、『日蓮聖人註画讃』は赤木文庫所蔵本（横山重氏所蔵）の同書全二巻二冊の影印本（勉誠社、一九七四年）でそれぞれ読むことができる。なお、『註画讃』が以後、何回も版を重ねていくのに対して、『元祖化導記』は寛文六（一六六六）年に一回だけ出版されただけで、その影響力は小さい。また、『元祖化導記』が漢文体で記されているのに対し、『註画讃』は最初に漢文体で作成され、遅れて和文体の版も刊行された。
(20) 新倉前掲註(12)論文「日蓮伝小考」一四三頁。
(21) 北村聡「江戸における日蓮宗の開帳」（中尾堯『日蓮宗の諸問題』雄山閣、一九七五年）。
(22) 冠前掲註(13)『近世日蓮宗出版史研究』一七三頁。
(23) 小川泰堂については、小川雪夫『小川泰堂伝』（天業民報社、一九四〇年）と石川教張「小川泰堂」（中濃教篤編『近代日蓮教団の思想家——近代日蓮教団・教学史試論』国書刊行会、一九七七年）が参考になる。泰堂の書いたものは、小川泰堂全集刊行編集委員会編『小川泰堂全集論義篇』（展転社、一九九一年）で目にすることができ、『日蓮大士真実伝』も本書に収録されている。
(24) 石川教張『日蓮と近代文学者たち』（ピタカ、一九七八年）三頁。
(25) この『高祖遺文録』を底本として、稲田海素・加藤文雅編『日蓮聖人御遺文』（いわゆる縮刷遺文、祖書普及期成会、一九〇四年刊行）が編纂され、さらにこの縮刷遺文を底本として、立正大学日蓮教学研究所編『昭和定本日蓮聖人遺文』全四巻（身延山久遠寺、一九五二〜五九年刊行）が編まれた。いわば、近代の日蓮遺文録の礎石を作ったのが、『高祖遺文録』である。
(26) 石川前掲註(24)『日蓮と近代文学者たち』三頁。
(27) 小川泰堂『日蓮大士真実伝』（前掲註〈23〉『小川泰堂全集論義篇』所収）一八八頁。
(28) 『本化別頭仏祖統紀』全二五巻は、『日蓮宗全書　史伝部』上下巻（須原屋書店、一九一〇〜一一年）で読むことができる。また、『日蓮上人一代図絵』は、明治以降も何度か刊行されている。
(29) 冠前掲註(13)『近世日蓮宗出版史研究』一八〇頁。

（30）小川雪夫前掲註（23）『小川泰堂伝』二二三～二二四頁。なお、国会図書館のNDL-OPACで検索すると、（戦後の刊行も含めると）さらに一一種類の刊行本が付け加わる。
（31）石川前掲註（24）『日蓮と近代文学者たち』三八頁。
（32）星野梅耀『劇に現れたる日蓮聖人』（天業民報社、一九二一年）五五頁。
（33）近代日蓮像を生産し、流通させるメディアとして、出版文化と芸能以外に、記念日（大正一一・一九二二年の立正大師諡号宣下、昭和七・一九三二年の日蓮六五〇年遠忌等）や記念碑（明治三七・一九〇四年の福岡県東公園の「日蓮聖人銅像」等）などによるcommemoration（記念・顕彰行為）の儀礼がある。commemorationによる「日蓮」の集合的記憶の分析も、近代日蓮像の検討作業に有益な貢献をするものと思われるが、今後の課題としたい。
（34）その概要は、星野前掲註（32）『劇に現れたる日蓮聖人』で紹介されている。
（35）その詳細については、拙著『近代日本の日蓮主義運動』（法藏館、二〇〇一年）第二章を参照されたい。
（36）これは、文永八（一二七一）年九月一二日、侍所所司平頼綱の指揮のもとに逮捕された日蓮が同日深夜に龍口（現在の神奈川県藤沢市片瀬）の刑場で斬首されようとした事件。伊豆法難、小松原法難、佐渡法難と並び、日蓮の受けた四大法難の一つ。
（37）『史徴墨宝考証』第二編に、京都本満寺に所蔵されている日蓮自筆の消息文『土木殿御返事』の写真を掲載し、『日蓮聖人註画讃』には龍口法難のことが述べられているが、この消息文には法難について触れられていないため、龍口法難は弟子たちの「作為」である、と述べた。
（38）ただし、智学の日蓮像は、一九〇〇年代以降、「法華経」によって基礎づけられた国体の唱道者・日蓮という新たな神話化を行なうことになる。なお、智学の日蓮伝としては、『日蓮聖人略伝』（師子王文庫、一九一三年）、『大国聖日蓮上人』（春秋社、一九二九年）がある（前者は『日蓮聖人乃教義』〈博文館、一九一〇年〉の「第五篇 史伝」の「第二十三章 日蓮聖人略伝」を冊子化したもの）。この『日蓮聖人略伝』の「小序」で、「国聖日蓮大士は、日本民族の尤も完全せる理想的人格なり、即ち日本国体を人にし法華経を人にしたる所の偉人なり」と述べている。この「国聖としての日蓮」というナショナリスティックな規定が、智学の日蓮像の特徴だった。
（39）日蓮主義の全体像については、拙著前掲註（35）『近代日本の日蓮主義運動』を参照のこと。

(40) 拙論「近代日本の思想的水脈としての日蓮主義」(『RATIO』第六号、講談社、二〇〇九年)。
(41) これらの樗牛の著述や書簡は、姉崎正治・笹川種郎編『改訂注釈　樗牛全集』全七巻(博文館、一九二五〜三三年)と姉崎・山川智応編『高山樗牛と日蓮上人』(博文館、一九一三年)で読むことができる。
(42) 姉崎は、東京帝国大学文科大学(現在の東京大学)の宗教学講座の初代教授を務め、日本の宗教学の創始者であると同時に、「姉崎嘲風」のペンネームで活躍した評論家でもある。その生涯と活動は、姉崎正治／姉崎正治先生生誕百年記念会編『新版わが生涯　姉崎正治先生の業績』(大空社、原著一九五一年)、磯前順一・深澤英隆編『近代日本における知識人と宗教——姉崎正治の軌跡』(東京堂出版、二〇〇二年)が参考になる。
(43) 姉崎・笹川編前掲註(41)『改訂注釈　樗牛全集』第六巻、五一〇頁。
(44) この銅像については、佐野前暁『日蓮聖人大銅像百年の歩み』(ニチレン出版、二〇〇四年)を参照のこと。
(45) 姉崎・笹川編前掲註(41)『改訂注釈　樗牛全集』第六巻、五一二頁。
(46) 姉崎正治『法華経の行者日蓮』(博文館、一九一六年)序、一頁。
(47) 同前、序、三〜四頁。
(48) 天晴会の活動については、日蓮鑽仰天晴会編『天晴会講演録』第壱輯(博文館、一九一〇年、二〇一〇年にUSS出版より復刻)、同第弐輯(博文館、一九一一年、二〇一〇年にUSS出版より復刻)、同第参輯(博文館、一九一五年、二〇一〇年にUSS出版より復刻)に詳しい。本書には、会員たちの講演録が掲載されており、当時の知識人たちの多種多様な日蓮像をうかがうことができる。
(49) 村田治郎「佐渡幻想」(一高樹治会編『聖地巡礼』実業之日本社、一九二〇年)一八四頁。
(50) 戸頃重基『近代社会と日蓮主義』(評論社、一九七二年)一一三頁。
(51) 妹尾鐵太郎・稲垣真美共編『妹尾義郎日記』第一巻(国書刊行会、一九七四年)三一〇頁。
(52) 石原莞爾「戦争史大観の由来記」(『世界最終戦争論』新正堂、一九四二年)二〇五頁。
(53) 石原莞爾「大正九年の日記」(玉井禮一郎編『石原莞爾選集2　ベルリンから妻へ』たまいらぼ、一九八五年)二九五頁。
(54) 山川の『日蓮聖人研究』第一巻(新潮社、一九二九年)、同第二巻(新潮社、一九三一年)、『法華思想上の日蓮

聖人』（新潮社、一九三二年）もこの時期に刊行されているが、これらは学術的な専門書である。
（55）里見の生涯ついては、自伝『闘魂風雪七十年――明治・大正・昭和三代体験史』（錦正社、一九六五年）を参照のこと。
（56）里見岸雄『天皇とプロレタリア』（アルス、一九二九年、暁書房、一九八二年復刻）、「序文」一頁。
（57）山口昌男『〈挫折〉の昭和史』（岩波書店、一九九五年）一九五頁。
（58）里見岸雄『吼えろ日蓮』（春秋社、一九三一年）一頁。
（59）一九三〇年代の佐木の活動については、林淳「一九三〇年代の佐木秋夫」（『国際宗教研究所ニュースレター』第五八号、二〇〇八年）が参考になる。
（60）興味深いのは、本書の中で、佐木が龍口法難を否定していることである。重野と智学の「歴史的事件」があり、この出来事は「歴史的事実として一般に容認されている」が、「新しい角度から、この「史実」に疑問を呈する余地がある」と述べている（三〇〇～三〇一頁）。

教祖像の力学
――金光教の教祖探究から――

竹部　弘

はじめに

教祖の生涯と信仰は、現在を含む後の信仰者にとっては、その跡を踏むべき手本として、また教義を深く悟るべく求められ、一つの像に結ばれる。また、教祖を問い求め、そこから照り返される営みは、時々の信仰と教団を刷新・更新へと誘う鏡となるであろう。その意味で、教祖探究は、信仰の始原たる教祖と、それぞれの現代との間での対話の往還となり[1]、その往還の過程で、教祖像の変遷もなされる。

しかしまた、時々の教団・信仰者によって求められた教祖像を歴史的に考察することは、逆にそれらの像を求めさせた教祖の求心力に出会うことでもある。そこに、信仰にとって教祖という存在はどのような意義を持つのかという超歴史的な課題、そして教祖は何ゆえ教祖なのかという教祖そのものへと向かう問いが改めて浮き彫りになって行くことにもなるであろう。

教祖像を求める営みを歴史的に振り返り、そこにどのような力学が働いていたかを考える場合、第一に、生神性と教祖性との関係がある。「救けのわざ」による唯一の救済者である「生神」と、「人格の深さ」に発する「教え」が信仰実践の手本ともなる「教祖」との二面性である。[2]この二面性とパラレルな関係を異なった表現で、卓越性・超越性を強調する救済者像（崇拝の対象）と、不幸の中で救いの道を求め続けた求道者像（救いの範例）の共存という指摘もある。[3]

第二に、教祖自身による教祖認識と他者（弟子や教団、教外の研究者）によるそれとの間には絶対的ともいえる差異が予想される。教祖自身による宗教的自叙伝と教団による聖人伝との相違も指摘されているが、[4]これまでの探究史において、そのことがどのような緊張関係をもって進められたかが問題となる。ただし、以上の二点は、言葉にすると二項対立的に示されるが、実際には截然と区分されるわけではなく、密度の濃淡として窺えるものでもあろう。

これに加えて、教祖探究が進められる志向性として、「教祖とは誰か」と「教祖とは何か」という問い相互の関係がある。政治哲学者のハンナ・アレント（一九〇六～一九七五）によれば、その人が「誰か」（本論の場合「教祖とは誰か」）は伝記の本来的な主題であり、[5]「教祖が何であるか」（構造内の位置、機能的存在意義、業績等）の解明とは基本的に異なる問題であるという。信仰者や研究者が理解を共有し、関係を保持しうる「教祖とは何か」に対し、「教祖とは誰か」という問いは、常にそのような理解を脱し、彼方へと誘う特異性を潜めている。そこには「誰か」を求めて「何か」に逢着し、またその「何か」の理解から「誰か」という問いが投げかけられてくるという、了解と超脱の関係が予想されるのではないだろうか。

本論は、このような視角から、金光教において、さまざまな動因や相異なる要因から、どのように／どのような教祖像が求められ結ばれたのかを、教祖像の力学として考察する。具体的には明治期から昭和期に至る教祖探究過程を、教団の公的表明と信仰者の内発的希求、根本資料の変遷（伝承資料から教祖による自伝的資料へ）、社会状況・時代精神や学問動向との関わりなど、諸動因の相剋・競合・協働関係において概観しながら検討していく。

本題に入る前に、基本資料について解説しておく。

1　教祖自身が書き残したもの

その中心となるのは、教祖金光大神《こんこうだいじん》(6)（一八一四〜一八八三）が受けた「お知らせ」（神の思いや願いの表白、世界や信心の在り方を説き明かす教え、個別具体的な問題に対する指示など。「神伝《しんでん》」とも言われる）とともに、自らの信仰史を綴った「金光大神御覚書」「お知らせ事覚帳」（以下、「覚書」「覚帳」と略記）の二書である。この両書は、昭和五八（一九八三）年、教祖没後一〇〇年の記念に刊行された『金光教教典』（以下、『教典』と略記）に収められた。これらは、教祖論の根本資料となるべきものであるが、後述するように、「覚書」については教祖の神前奉仕を継承した三男金光宅吉《いえよし》（一八五四〜一八九三）が明治二一（一八八八）年までに筆写していたものの、その存在はごく身近な人間に知られるのみであり、教祖没後三〇年近くを経た明治四三（一九一〇）年に至って教団中枢に知られることになる。また「覚帳」の教団提出はさらに下って昭和五一（一九七六）年のことである。他に、教祖が参拝者の住所・干支・性別・願い事・供え物等を書き留めた帳面(7)もあるが、これは教祖の生涯・信仰よりも、むしろ参拝者の動向を窺うものとなる。また、神名や教えの要点を簡略に記した種々の書付類もある。

2　教祖に見《まみ》えた人々が、その教えや人柄・事蹟を著したり語り伝えたもの

そのごく一部が伝え残され、それらを基にして、時々に教団において収集・編纂されたり、二次伝承として筆写あるいは口頭で伝承され、内容の変容をも含みつつ流布していった。現在の『教典』には、本人の自記（または自叙）提出によるもの三七人（平成一六〈二〇〇四〉年刊の追補分を含む）、本人または縁者からの聴取によるもの一五二人分、および教団や個人によって編集・刊行されたもの八点が収められている。(8)

以上を基にして、個人または教団において、折々に教祖論・教祖伝が著述・編纂されていった。

一　「教え」と伝記的人物像の間

1　教祖に直接見えた「直信」が、体感的に捉えた「像」ならぬ教祖

金光教祖在世中に文字化された最初期の資料として、明治四（一八七一）年に記された「御道案内」という書物がある。これは、岡山の米問屋の主人であった白神新一郎（一八一七〜一八八二）が、教祖の許で開眼の霊験を得た後、その感激を世人に伝えるべく執筆したものであり、明治八（一八七五）年に大阪布教に赴いた後、翌明治九年前後と同一三〜一四年頃に加筆がなされていく。明治四年に執筆されたものが『金光教教典』に収められており、その冒頭近くに次のような叙述がある。

そもそも、備中の国浅口郡玉島港より一里北西に大谷村大御本社生神金光大神様と申し奉り候は、ご壮年のころは歴々のお百姓にて農業あそばされしが、ゆえありて常にお金神様へご信仰なさせられて、日増しにおかげ

をこうむらせたまうにしたがい、ますますご修行あらせられ候ことは、言語筆紙に尽くしがたし。当今は白川御殿の派にましまし、生神金光大神様とは金神様よりご直許にして、お道開きの親神様なり。日々夜々そのあらたかなること申し述ぶるに尽きず。時に文化十一甲戌の御年ご誕生ましまし、今明治四辛未年、御年五十八歳。ご健勝にて、ご生質《しょうしつ》温和にして、威ありて猛からず。うやうやしく、御安く、寛仁大度に、毎日、お広前に早天より暮れまでご鎮座ましまし、農民より出でたまい、大神の御位、生きながら神とならせたまうことは前代未聞のことならずや。

（『教典』理解Ⅲ類　御道案内2）

ここには、教祖金光大神について、信仰の後、開祖となった簡単な経歴と、著者が抱いた印象などが記されている。経歴に関しては、その誕生の年と当時の年齢、元は農民であり、当時白川家に属していたことなど、史実に即した叙述がなされている。その一方で信仰始めの経緯は「ゆえありて」とあるのみで不明であるし、「おかげ」の内実、「修行」の実際についてもつまびらかではない。むしろ「威ありて猛からず」と表現される人柄の方が印象づけられる。「御道案内」のその後の叙述も、奉ずる神を初めとした教義的内容や、信心実践の指針、参拝者が受けた霊験談（おかげ話）が大部分を占める。「御道案内」という書名が示すように、世の人々をこの道の信仰に誘うための著作としては、教祖の生涯を詳しく述べるよりも、霊験の数々を書き記す方が説得的であったとも考えられるが、またそこには、著者白神にとっても、親しく見《まみ》え説明の言葉を要しないほどの自明な存在でありつつ、目の前にある存在感をいかに表現するかという点に意が用いられたことも窺える。

教祖様は、きついやうな優しいやうな方でありました。之が本当の神様ぢゃなあと思はれ、こういふやうな御方はどこにもあるまいと思ひました。
（秋山甲伝『金光大神事蹟集』二一番）

これは、後に岡山で教会を開く秋山甲《きのえ》（一八六四〜一九四六）の伝えである。この伝えでも、「きつい」というだけでは足りないし「優しい」というだけでも足りない、相異なる側面が同居している。このような両面は、日本思想史の研究からも、民衆宗教の教祖に共通する人格として、生活や人生上の苦難や危機を通して鍛えられた「表面は非常に穏やかだけれども、内心は非常に強いものがあり」「鋭いものを内に秘めた穏やかさ、やさしさというようなものがみられる」という。(9) 白神の「温和にして、威ありて猛からず」と比べてみると、教祖に出会った時の年齢も人生経験も学識も違い、したがって言葉遣いも違うが、その指す先に捉えられているものは同じであると思える。いずれも教祖に接した者が言葉の制約の中で何とか表現したものであるとともに、また教祖という存在そのものが要求する表現でもあろう。

とはいえ、「御道案内」のように教祖と同時代にあって、その経歴や教えが文字化され、とりわけ人物像にまで言及がなされるのは、例外的なことである。確かに、教祖の信仰始めの頃や安政六（一八五九）年の立教以前の経験などを伝え聞いた者はいたが、そうした伝えの多くは、教祖の没後、明治一八（一八八五）年に成立した神道金光教会が「教祖遺訓」を収集した際（明治二七〈一八九四〉年）に提出されたものや、明治三三（一九〇〇）年の教団独立後に教祖伝編纂の企図をもって各地で聴取された（明治四〇年代）ものがほとんどである。「御道案内」を著した白神もそうであるが、この時代には教祖に直接見え教えを受けた「直信《じきしん》」と呼ばれる人たちが参拝者を教導するという形で布教に従事しており、体感的に捉えられた、いまだ「像」ならぬ教祖が生きられていたと言えよう。

2　現存する最古の教祖年譜「教祖之履歴略書」（明治二一〈一八八八〉年）

現時点で知りうる最も古い教祖年譜は、神道金光教会（明治一八〈一八八五〉年創設）の教長であった金光萩雄（教祖二男。一八四九～一九一九）名で出され、当時の教団が「金光教祖正統」の名の下に表明した教祖の略歴である。複数の教会に写本が残されているが[10]、どの程度流布していたものかは明らかでない。

一、金光教祖御歳三拾九之時　則ち嘉永五子年より一念を凝らし信心を為し乍三か年を経　則ち安政二卯年九月十日に忌由敷神宣に随ひ　他念なく農業を廃して斯之教諭を為すの初めなり
一、備中国浅口郡大谷村鎮座金乃神社神拝式許状を請く　元治元年四月九日　神祇官統領神祇伯王殿
一、備中国浅口郡大谷村鎮座金神社　神主　金光河内　神拝之節冠斎服浅黄差貫着用之補任状を請く　慶応三年二月二十二日　神祇官統領神祇伯王殿
一、永代苗字帯刀を許され　慶応三年三月十一日　領主蒔田相模守
一、御紋付上下　拝領　領主蒔田相模守
一、大谷村須恵村鎮座神社神職被仰付　明治二年四月　浅尾藩社寺司局
一、大谷須恵両村鎮座神社神体改め委員被仰付　明治二年六月十五日　浅尾藩社寺司局
一、準七等官御扱被仰付　明治二年十二月　領主蒔田相模守
一、今般藩制変革被仰付出候に付自今等級廃候　明治三年十一月　浅尾藩
一、先般等級廃候に付家族一同村方へ帰籍被仰付　明治四年正月二十四日　浅尾藩勧農課

一、領主蒔田相模守東上送別に付御酒料として金四百疋下給ふ　明治四年八月十九日

一、神職を廃候　但し神勤之義は是迄之通りたるべし　明治四年十月十五日　浅尾藩庁

一、自今家族一同帯刀不相成御沙汰　明治四年十二月二十三日　浅尾藩勧農課

一、神勤を被廃　明治五年十一月二十六日　小田県

一、訪人に対し信仰崇敬之旨意説諭するを許され　明治九年十月二十六日　岡山県令高崎五六

一、神去　明治十六年十月十日（旧九月九日早天）

一、夙に敬神崇道の志篤く布教に従事し信徒数万を教化し、終に各地に分教会を設置し孜々汲々斯道之隆盛を計画す　生前之功労顕著に付贈級候事　贈　中教正　明治十九年七月二十三日　神道管長従四位子爵稲葉正邦

右教祖之略履歴通にて生前刑罰小過無之候

金光教祖正統金光萩雄　明治二十二年五月一日輯之

（「教祖之履歴略書」大阪教会資料）

「御道案内」に比べ、嘉永五（一八五二）年の信仰始めと安政二（一八五五）年に「忌由数神宣《ゆゆしきしんせん》」により農業を止めて教諭を始めたことが明記され、その後の経歴も詳しくなっている。ただし、入信の機縁や「神宣」の内容、その後の信仰内容にはほとんど触れられていない。もっぱら神職の資格を得て「神体改め委員」「準七等官」を勤めた経歴や、神職喪失後の布教資格認可、領主から裃や苗字帯刀を許されたことなど社会的待遇の列挙に重点が置かれており、信奉者の信仰的な関心に応えるものとは言い難い。また一見して分かるように、元治・慶応年間から明治期の履歴がほとんどであり、それは萩雄の記憶で覆える範囲と重なっていて、また村や藩の記録に拠ることもで

きる事柄ばかりである。

「覚書」には教祖の内面にも及ぶ信仰始めや立教までの経緯が記されているものの、それは教祖の三男宅吉が筆写した以外には、あまり知られていなかった。また教祖から参拝者に対して、自身の大病で初めて神の霊験を得た経験などが語られてもいたから、知る人は知っていた事柄に属するが、そうした内容もこの「教祖之履歴略書」(以下「履歴略書」と略記)には反映されていない。[11]

「履歴略書」が上記のようになったのは、当時はいまだ「覚書」の内容も、また教祖自身が語った伝えも、教団的に把握されていなかったか、あるいはむしろ対外的な表明を意識した教祖履歴であったため(神道本局へ提出されたものか)とも考えられる。しかしともかく、この「履歴略書」が明治の間は教祖年譜の下敷きとなった。[12]

3 教団の公的な教祖像と「正史」ならぬ教祖像

教祖在世中から徐々に広がりをみせていた布教圏[13]は、教祖没(明治一六〈一八八三〉年)後、直信たちやその弟子たちによる布教によって拡大していき、それとともに教祖の教えを中心とする伝承も伝播流布していく。

教祖に関する幾多の伝承は、神道金光教会以来教団が公的に表明したもの(「慎誡《しんかい》」一二ヵ条、「神訓《しんくん》」七〇ヵ条。いずれも現在の『教典』理解Ⅲ類に収められている)から各地の布教者に語り伝えられたり筆写されたりしたものまで、また簡潔な箇条書き風のものや物語風のものなどさまざまである。前掲「御道案内」では、教祖の経歴・生涯はごく簡単に触れるのみで、教えや霊験談の紹介が中心であったが、他の教祖に見えた人々が残した伝えも、同様に教えが中心である。「御道案内」の著者白神が大阪布教に着手し、明治一三(一八八〇)～一四年には参拝者が増加するが、この頃入信した近藤藤守(一八五五～一九一七)は、月に二、三度も教祖のもとに参拝して教えを聴き、大阪へ帰れば白神に代わって参拝者にその教えを伝えるようになり、人々は待ちかねて聴いたという。[14]また説教中に教祖の教えが出てくれば信者はすぐに書き留め、その数を誇りにするほどであり、他の信者の家に出向いて写しとることもあった。[15]このように教祖に直接見えた人々が伝えた教えは、師弟関係や同門の布教者間、さらにさまざまな関係において筆写され流布していく。[16]

そうした諸伝承の中には、教えのみならず、教祖の風貌・人柄や事蹟が語られているものもあるが、それらは個々のエピソードに留まり、伝記的な纏まりをもつものではない。それらは一面では、教祖が前半生に「七墓」を築いた苦難の経験や四二歳の大患体験など教祖の経歴が織り交ぜられたり、神意を受けて家業を廃するという、「覚書」に基づく今日の教祖認識と同様のものもある。他方、立教という出来事に関して大枠で一致しながら年代的なズレを示す認識もある。中には教祖の帰幽に関して、徐々に食事を減らしていき、神前奉仕の座で死を迎えた[17]というように、事実とは異なる一種の神話化された教祖とも言うべきものが示されている場合もある。「正史」としての教祖伝が不在のまま、このような珍説奇説も含めた断片的な教祖伝承が流布していた。

これに対して、教団の正統的な教祖像が示された。明治三三（一九〇〇）年の教団独立を経て刊行された『天地乃大理』（金光教本部、一九〇五年）は、教祖直信で教団創設に尽力した佐藤範雄による本格的な教義書であるが、その第一章に「立教沿革大意」と題した教祖の小伝が収められている。これは「履歴略書」のような断片的な事蹟の羅列とは異なり、教祖出現の意義をその信仰段階を追って弁証した伝記的内容である。ここでは、日柄方位の迷妄を天地の大理によって打破するという、世を救う教祖と、その意志を引き継ぐ教団の社会的使命を強調する、教義宣布のための教祖像が示されている。

しかし、直信佐藤によるこうした教団の公的な表明に対して、早くも翌年の金光教青年会の雑誌に、「教団第二世代」とも言うべき青年たちの中から、教祖没後二五年を迎えるに際し「お祭り騒ぎ」に終わらぬ記念事業として、教祖伝編纂の必要性が訴えられる（会説「適好なる紀念事業」『新光』第一四号、一九〇六年）。この著者は、「本教の如き教祖の人格によりて世を摂化指導せんとする教えにありては教祖の人格を明らかにし其事蹟を詳に知らしめんは実に至重至要の事業たり」とした上で、第一に、にも拘わらずそのことが十全になされていないために布教の現場は「祈禱家禁厭家」「お札売」と変わらぬ状態に陥っていると批判する。これは、淫祠邪教視に対抗する姿勢の表れであった。また第二に、当時教団が公にしていた「神誡（「慎誡《しんかい》」の名称を改めたもの）・神訓」という教えがあれば、教祖伝はなくとも充分であるという教内の意見を引いた上で、これに反論し「神誡神訓は即ち教祖より抽出したる教祖なり、教祖の精髄なり、神としての教祖なり」、それでは「教祖は如何なる処如何なる時代に出で如何なる機に触れて神を信じ教を布き給ふに至れるや、如何なる道程を経て神に達し給へりや、如何にして人を愛し、如何にして日常人を導き給へりや、如何にして御一生を終始し給へりや」という欲求には応ええないことを述べる。これら一連の欲求は、一面で従来の「履歴略書」や『天地乃大理』でも不明である点を解明したいという知的希望であるが、他面ではすでにある教えによって身を正し生活を進めるだけでは満たされない信仰的欲求をも含んでいたものと思われる。これは、直信たちとは異なり、教師信徒の子弟に生まれ自身の救いの体験を持たずに信仰を求めていく彼らにとって必要な教祖伝であった。いみじくも「如何なる道程を経て神に達し給へりや」という問いが発せられたように、「御道案内」の著者白神には目の前にありありと現前していた「生きながら神とならせたまう」た教祖の姿が、信仰にとって何者であるかの問いとなり、その信仰形成過程に遡る形で求められたのである。

二　伝承と、教祖による自伝的資料の間

1　伝承の教祖像――人間の罪を我が身に背負う教祖

こうして伝記的人物像への探究が進められるが、当時は資料的制約があった。従来から教祖が神の依託により立教したことは伝えられていたが、その内容は不分明だった。明治四〇（一九〇七）年、教祖没後二五年を記念して刊行された『金光教』は、教祖の小伝を叙した後、「神誡・神訓」を掲載した。前年の青年会雑誌で主張された教祖伝への求めが反映されたものか、この書に描かれた教祖には、『天地乃大理』に見られる教祖とは異なり、人間としての具体的な心情や意志の吐露が見られる。まず信心始めに当たり、日柄方位を犯せば激しく祟ると恐れられた金神という神に対して、「神ならば祟る故なし、我は自ら進みて金神に敬ひ近づかん」との思いをもって神に対していき、祟り神にあらずと感得したという記述がある。また次のように、

> 安政二年九月十日立教宣伝の神宣あり。此時教祖、「氏子の犯したる罪は我が身に負ひて修行すべければ悉く宥して真の神の道に進ませ給へ」と奉答し、……
>
> （『金光教』金光教本部、一九〇七年、三頁）

と、立教の神宣に対する答えの中に、氏子の罪を我が身に背負い、代わって修行することを誓う教祖の覚悟が見出される。また『天地乃大理』では立教とともに教祖は「天地の神と瞑合渾化し神の位置に進む」が、『金光教』では、そこからなお修行を続けようとする姿勢の相違がある。ちなみに、この書では教祖の「修行」が、立教前から

「信と行と漸次進むに従い」「心行によって其徳を修め」「従来は農業を傍の修行教導なりしが」と繰り返され、立教前後を問わず強調される。このような点で、完成された教祖ではなく、「如何なる道程を経て」教祖となったかに焦点を置いて論及されている。この後、これと同じ伝承に基づき氏子の罪を背負う教祖像の表明が、青年会雑誌を中心とする一群の論説によってなされていく(18)。

また、教祖が日頃から「たとえ、この身は八つ裂きの仕置きにあい、村々辻々に曝し者となるようなことがあっても、私の屋敷跡に青草が生えるようになっても、少しもいといません。世界の氏子が、生神金光大神、と真心で一心に願えば、どのような願い事でもかなえてくださいませ」(『教典』理解Ⅱ類 伝承者不詳7)と願っていたという伝承も、表現は違うが同じ趣旨のものであり、この伝承による論説もなされている(19)。

このように教祖が氏子の罪を代わって修行するがゆえに氏子の救いがなされるという伝えは幾つも見られ、中には教祖の家族を含め「七墓築く」苦難も氏子を救うためになされたものであったとの解釈も付加されている。

恐れ多いことながら吾教祖が本教を御立てなさるる初めに当つて神がかりがあり、「其方は人を救ひたしと金乃神を信ずるが金神を信ずれば七墓築かすが、それでも人が救ひたいか」と宣らせられた時に、教祖の御答は酸として月日も為に恥じらひて光薄けく見えたことであつたろうと思ふ程でありました。「譬ひ私の家が死に絶えて庭に青草が生えませうとも、私の体が村の辻々に曝さるるやうな所刑《しをき》にかかりませうとも厭ひませぬ。只世の中の氏子が助かりさへすれば、私は満足でござりまする」とあつたと云ふ。やがて教祖の御信仰が弥《いよいよ》進ませらるるに従ひ、次々に哀れ七つの墓は惨として木綿崎山の麓月影闇き畔りに青白い光りに見出さるるやうになりました。けれども、吾教祖は万生を助け救ひ給はん為には、かばかりの悲境苦境も顧慮せらるるに遑もなかつたのであります。

（藤彦五郎「聴るべき祈禱（完結）」『新光』第三五号、一九〇九年）

これは、氏子のために我が身を投げ出して行くという伝承が潤色を強めていく結果であるが、救済の根拠として求められた教祖の修行に、さらに具体性が求められ、そこに求められたのは教祖自身が参拝者に語った「七墓」の事実であった。この事実はもちろん「覚書」にも記されているが、この時点では「覚書」によってではなく直信経由の伝承に拠りつつ、身を犠牲にする教祖像に結合がなされている。

こうした教祖像は、今日の金光教で中心的に説かれることはなく、また直信たちも直接的に伝えてはおらず、どのような経緯で結ばれた像であるのかは、定かではない。ただしそこには、幾分かは明治末から大正期にかけての時代精神が投影された面もあろう。例えば、禊教祖となる井上正鐵の伝記には、その生涯を叙して、「大人夙に太神の神慮に基き。二神の神議に拠り。此神教を振起し。此神業を再興し。抱道持法以て命を牲にし身を犠にし。近くハ蒼生の悩苦を抜き。遠くハ国家に幸福を与へ。我皇道の尊きをして。朝日の豊栄登りと倶に明に。我本教の大なるをして。皇統の無窮なると倶に伝へん事を任とし玉ふ」[20]とされ、また天理教祖中山みきの伝記にも、隣家の子供の一命を救うために、自身の子供、さらに自らの命を賭けてと神に祈る叙述がある。[21]もっとも、同時代の教祖伝で、そのような要素の見られぬ場合もあるので、[22]一律に時代精神のゆえとすることには留保を要する。

2　「覚書」の教団提出と立教年代の確定

明治四〇（一九〇七）年に教祖直信で教団組織化にも力のあった佐藤範雄が、教政担当者である教監に就任し、教祖三〇年祭（明治四五〈一九一二〉年）を期して教祖伝の出版が企図された。これにより管長金光大陣（金光萩雄。

神道金光教会教長から、教団独立とともに管長となる）を初め直信数名を中心として、これに大学出の若い世代が加わって「教祖御略伝編纂委員会」が設置される。そして明治四三（一九一〇）年、同委員会の臨時常務委員に任命された高橋正雄（一八八七～一九六五）が同年四月から一〇月にかけて教祖に見えた人々を岡山・広島・大阪など各地に訪ね、教祖の言行に関する聴取調査を進めた結果、それまで定説としてきた安政二（一八五五）年立教説に疑義が生じることとなった。そして、直信たちが旧来の説を主張する委員会で、「覚書」の写本（教祖の三男宅吉が筆写したもの）をさらに抜粋した資料が委員安部喜三郎（金光宅吉の義弟、一八六五～一九四四）から提出され、その記述が決め手となって安政六（一八五九）年一〇月二一日が立教の時に確定する。(23)「覚書」の当該箇所に、それまで「立教の神宣」と伝えられてきた内容、すなわち農業を止めて神前奉仕に専念することの依頼、世間の難儀な氏子救済を委託する頼みなど、神の言葉が記されており、教祖でなければ知りえぬものであることが決め手であった。

しかし、このような新たな原典的資料の登場にも拘わらず、その後も教祖伝編纂は進まず、教団としての教祖伝は結果的に戦後の昭和二八（一九五三）年に至るまで刊行されなかった。その事情については、幾つかの要因が推測されるが、「覚書」に基づく教祖伝編纂の困難さと、教団にとっての優先課題に変更が生じたことが挙げられるであろう。

第一の点について、「覚書」によってもたらされたものは、立教年代の変更のみでは済まなかった。「覚書」の記述は、これまで「立教の神宣」と伝えられてきた内容と異なるものであったし、それに応えて教祖が氏子の罪を背負うという覚悟の表明もなかった。このような拠るべき資料の相違から生まれる教祖像の相剋も含めて、年代の変更では済まない教祖伝全体の再構成が必要となる。加えて「覚書」には、管長である金光萩雄を含む教祖の家族・近親者に関する赤裸々な事柄が記されており、またその中には必ずしも芳しくない記事も認められたため、それらに基づく教祖伝の叙述が憚られるという理由も推察される。

また第二の点については、教祖御略伝編纂委員会の一員であった佐藤金造（一八七九～一九六一）が教祖伝編纂につき東京帝国大学の宗教学者姉崎正治に相談した際、姉崎から「伝記よりも布教材料の収集が先なるが順序ならずや」[24]との忠告を受けたという経過がある。このことがあって以後、教祖伝よりも教えの編纂が目指されることになり、明治四四（一九一一）年に発足した教典編纂委員会の下で作業が進められ、大正二（一九一三）年に教祖三〇年祭記念冊子『金光教祖御理解』に結実した[25]。

高橋が直信たちの聴取に着手するに際し、調査方針として「一、直信直伝の文書談話を主とする事　一、直信の伝なりとして間接に伝れるものは、相当の委員（直信中主《ママ》もなる人々）の詮衡を経て採る事」と記されているように[26]、筆写や口伝を通じて流布し異説珍説も含めた多様な伝承の中から、直信直伝であることに信憑性が置かれていた。そこに教祖の自伝的資料が現れれば、その方が一級資料と見なされるのは当然であるし、事実、直信の記憶に基づく立教年代が「覚書」に基づき変更されるという、当時として重大な変更が決定された。以後は、この「覚書」が教祖・教義論の根本的な典拠となっていく。

3　教祖の自伝的資料と旧来の伝承に基づく教祖像との並存・拮抗

『天地金の大神』に見る「立教」の理解

前述のように教団による教祖伝編纂は頓挫したが、明治の末になって「覚書」の内容を踏まえた教祖伝が、教外の執筆者により刊行された。早川督『天地金の大神』（輝文館、一九一二年）と渡辺勝（碧瑠璃園）の『金光教祖』（宗徳書院、一九一二年）の二書である[27]。同時期に二つの教祖伝が出版されたが、その成立の由来・性格については、

『天地金の大神』は近藤藤守と、『金光教祖』は佐藤範雄というように、それぞれ直信との間に助言・指導の関係があった。早川は、金光教祖の信仰を理解する上で近藤から一方ならぬ教示を受けたという関係を、自ら『篠蔭』（金光教難波教会青年会誌）誌上で語っており(28)、近藤の語る教祖の人格を重視していた。それに対して、『金光教祖』は佐藤範雄の助言と資料提供を受けて執筆され、さらにその草稿が佐藤と高橋正雄による検討を経た(29)というように、佐藤の影響下に成立したものである。渡辺自身も当初は迷信視していた金光教祖の中に予想と反する姿を見出し、教祖を見る目を改めたと述懐しており、教団の社会的使命である「迷信打破」の教祖像が肯定的に捉えられている。(30)この書は、大正二（一九一三）年に本部で開かれた講習会のテキストに使用されるなど、半ば教団的な位置づけを得ていた。

そのような両書であるが、「立教」場面の叙述でも相違を見せている。『天地金の大神』には第一七節「説教の始まり」で、神からの頼みとして「立教神伝」を訳して紹介しつつ、併せて第二二節「金神の解脱」で、従来の伝承による教祖の応答を掲げ、これをもって「立教日」とするというように、立教の場面が二度にわたって採り上げられており、それぞれに力点を異にした叙述がなされている。

一七節：越えて十月二十一日の神告《おつげ》に「麦蒔済みて安心致したであらう、色紙五枚買ふて来い」、又重ねて「五枚重ねて切れ、幣串は曲尺《かねじゃく》で三尺五寸に致し、改めて上げよ」、教祖は何の事か判らないが、言はれる通りにすると、「金子大明神（神より教祖文治郎に与へた神号）この幣を切り、さかいに肥灰差止めるからその分御承知致しくれ、家業して外に出て居ると、人が呼びに来、戻り教へてやり、又出、又呼びに来る。農事の暇もない、来た人も待ち、両方の損になる。何と家業を全く廃《や》めて呉れんか、其方四十二歳の年に病んで、医師も手放して心配し、神仏に願をかけて全快致した、其時死んだと思ふて慾を放れ、神を助けてくれ。家内も後家になつたと思ふてくれ、後家よりましぢや、物も言はれ相談も出来る。其方のように実意叮嚀に神信心して居る氏子が、世間に何ぼうも難儀致して居る。取次いで助けてくれ、神も助かり氏子も立行く、氏子あつての神、神あつての氏子、繁昌致し末々親にかかり、子にかかり、あいよかけよで立ち行く」、と神告があつた、其後教祖は全く一室に立て籠つて、明治十六年十月十日の終焉に至るまで、僅に前後二回外出した外、絶えて外出した事がなかつたと云ふ事である。

（四九～五〇頁）

二二節：教祖は安政六年十月二十一日（金光教本部発行「金光教成立」に安政二年九月十日とあるは誤）神様から次のような神伝があった。「今日より更《あらた》めて伝ふる事あり、今日限り家業を廃《や》めて天《あま》が下の氏子を助くる道を開くべし、天地に真の神はあれど世人之を悟らず、祟障の神など人間《ひと》自《みづか》ら云ひ出で苦しめり、然るに汝ありて天地の神の真理《まこと》漸く世界《よ》に明かならんとす、爾《なんじ》宜しく大理を解き示して万民を救ふべし」／教祖は謹み神伝を受け／「これまで世人《ひとびと》大神の霊徳《おかげ》の中に生活《いき》ながら大神の有難き御恩を知らず、祟障の神など御無礼を累ねし罪まことに重し、されば氏子の犯したる罪は我身に負ひて修行すべければ、悉く宥《ゆる》して真の神の道に進ませ給へ」／と応答《いらへ》し教祖は自分の田畑其他の財産を三分して一は城主蒔田侯に、一は貧民に、一は家督に譲り木綿崎山麓に孤屋なる六畳一間に籠つて了つた、本教では此日を教祖の立教日としてある。

（六二～六三頁）

同じ安政六（一八五九）年一〇月二一日の出来事でありながら、片方は神からの頼み（今日の「立教神伝」）を掲げて教祖がその旨を承服したことの叙述に終始するが、他方は神からの依頼（内容はやや異なる）とともに、それに対する教祖の答えが掲げられており、そこには先述の伝承と同じく氏子の罪を背負う意志が見られる。すでに「覚書」の存在が知られ、その立教の場面を取り入れつつ、なお「覚書」以前の教祖像に基づく応答が記されるという並存状態にある。ちなみに『金光教祖』では、第四章「神勤」の第二節で「立教神伝」を引いた後、教祖が農業を止め神前奉仕に当たる旨承知したことを叙述するという一貫した叙述で、好対照となっている。

この点は、先述のような『天地金の大神』の筆者早川と近藤藤守との関係から、近藤の抱く教祖像が先のような立教の理解にも関与していたという推測が可能になる。近藤は明治四四（一九一一）年には「覚書」を筆写しており、その内容を了解していたはずである。それでもなお『天地金の大神』に以前の教祖像が名残を留めているのは、「覚書」により立教年代の訂正がなされ、神の意志が「立教神伝」という形で明確化したものの、なお負託に応えようとする教祖の人格的具体性が求められ、従来の伝承に見られる声が生き続けたものであろうか。

三　教祖像の構築・脱構築

1　「覚書」に基づく教祖像

教祖探究の教団的位置

大正期に入り、「覚書」による教祖探究の機運が高まっていく。「教祖に復れ」（『新光』第八三号、一九一三年）では、教団の社会活動（第二事業）に対して教祖を範とした信心本位の立場（第一事業）への回帰が主張される[31]。また、高橋正雄と共に金光教青年会設立の中心メンバーであり、戦後に教祖伝記奉修所長となる和泉乙三（一八八四～一九六〇）は、『金光教観』（日月社、一九一五年）の序論において「金光教は、その教祖の人格を中心とし、之によつて開展されたる教義である」(一頁)と宣言し、「覚書」に拠りつつ教祖の生涯を叙述するとともに、神観・人生観・信心観を著した。その中で「金光教祖の一生は、即《や》がて生きたる教義であつた」(四頁)とまで言わしめるほどに、教祖の生涯と教義の一体化がなされたが、それは「覚書」なくしては言えないことであった。そうした教祖・教義の一体化の中から「立教神伝」を中心として「取次」への注目がなされ、「金光教祖一世の事業は「取次ぎ」の語を以て現はされた。即ち彼れは、神と人との中に、その船となり橋となつて、「氏子ありての神、神ありての氏子」の道を疎通せしめた」(二五頁)と述べる。「取次」とは、人々の悩みや願いを神に祈り届けるとともに、神の思いや教えを人々に伝える双方向の働きを担うもので、教祖以来金光教の本部、地方教会を問わず日常的になされる信仰・救済行為である。前章で述べた青年教師たちが自らの欲求に従い、教祖が「教祖」となる過程を探究した挙げ句、この「取次」が、教祖の存在意義と使命を端的に表したものとして位置づけられることになった。従来の「迷信打破」のように教団の社会的機能を担う教祖像に比べれば、日常的な信仰現場の営みが、そのまま教祖の営為であり教祖以来の教団であるとの確認ともなる。このように「覚書」により面目を一新した教祖像が示され、しかもその教祖像は、教義論とも現場の信仰営為とも連続的に結びついたものであった。

そして大正から昭和へと移りゆく中で、「覚書」の「立教神伝」に基づく教祖像・教義論の探究と、教祖に照らして教団の現状を批判的に捉え、教団の建前・教制を本来の姿に帰そうとする動きも生じてくる。教祖像の刷新は、教祖・教義論に留まらず、教団観にも及んでいくのである。

「立教神伝」に基づく教祖像

和泉乙三は「立教神宣は、本教全体の根本教義を説きしめされ、本教の出発点であると共に、その帰着点である」（「立教神宣を拝して」『新生』第一六号、一九一八年）とし、高橋正雄も「立教の神宣は教祖の自叙伝にして、又本教の教義なり」（「真信」『金光教徒』第四八三号、一九二五年）と主張する。和泉はさらに「立教の神宣は、やがて本教そのものであ」るにも拘わらずいまだ成文が明示されないことから、「立教神伝」の原文公開を主張した（前掲「立教神宣を拝して」）。また『金光教青年会雑誌』（第四七号、一九二四年）は「立教神宣」特集号を組み、その巻頭言は「立教御神宣は、特に教祖がお受け遊ばしたといふにとどまらず、吾等道を信ずるすべての者が受けておるのであつて」と述べて、教祖立教に留まらぬ意義を主張し、全教師・信徒へと敷衍した。教団刊行物としては、やがて昭和八（一九三三）年の『金光教大要』（教祖没後五〇年記念出版）によって「立教神伝」が公開される。

こうした動向を代表し後年まで影響力を持った教祖伝として、高橋正雄『我を救へる教祖』（篠山書房、一九三三年）がある。これは、昭和初年に大阪地方の熱心な信者たちへの連続講話をまとめて出版したものである。全体に「覚書」を踏まえて、その生涯を叙しているが、この書の特異な点は、著者高橋が自身の生の問題[32]と重ねあわせる形で、その問題を救い助ける導き手としての教祖の生涯を辿っていることである。その序文は、「金光教祖様」との呼びかけに始まり、教祖を「「我」と「無我」との境の関門をお通り抜けになつて」その先の境地に至った存在と捉える。そして、高橋自身がその関門である「生死の境に立たせられ」た時、教祖が「私を見よ、私の通つて来た道を見よと仰しやつて下さいました」として、そこで教祖と面と向き合ったところから、その後の生きる道が開け、以来離れられぬ存在となったことを表白している（一～三頁）。そのように始まる教祖伝の叙述は、先に引いた「立教の神宣は教祖の自叙伝にして、又本教の教義なり」との言のごとく、教祖の立教を目指して進められ、また立教との関係から位置づけられる。明治期以来、立教とは教祖が農業を止めて専心「取次」に従事することになった画期であったが、特に高橋は「覚書」の「死んだと思うて欲を放して天地金乃神を助けてくれ」（『教典』覚書

9―3―4）との文言に、自らの生活を投げ出していく「我」と「欲」の問題を読み込んでいく。そして「立教神伝」の解釈のみならず、教祖伝の全体にわたって、その基調が貫かれる。これは、自身の信仰的な助かりと共にあるような教祖である。かつて直信たちも、自らの現実的難儀を救われた事実に立って、救済者であり神である教祖を説き語り表明してきた。しかし「教団第二世代」となる人たちからすれば、それは初めから神となった教祖である。同じく自身の信仰的助かりから求められる教祖像であるが、高橋の場合は自身の「我」と「欲」を凝視し、これと挌闘する、きわめて内面的な信仰を基調としていた。このように個的な信仰表白とも言うべき教祖伝であったが、その「立教神伝」解釈は後に教団全体に及ぶ信仰的な基軸となり、時には教団状況への問題提起の種ともなって、長期間にわたって作用していく。

その一つの方向として、「立教神伝」に見られた教祖像は、他職につかず教会の神前奉仕に専念する教師の姿勢として規範化され、さらに戦時中には「無私無欲」の精神で奉仕する旨の教導ともなった。

教団の正統性の発見

また今一つは、当時の教団の歴史的問題状況の中で、教祖が「欲を放して」始まった「取次の道」であることに、教団の正統性を発見していくことにも繋がってくる。和泉乙三は昭和八（一九三三）年の「立教の神宣に現れたる神」という講演で、教義論的な神観の解説を行なっているが、その前提となるところについて、金光教という団体の精神を明らかにしたものが「立教神伝」であり、その精神に照らして、精神が真に生かされる肉体＝教団となっているかと問いかけている（『立教神伝をいただいて』京都市教会連合会、一九六三年）。教団に優越する規範的な目として教祖立教の精神を掲げ、現実の教団が「若し金光大神の取次の道と云うものが現れていくのに不適当である」

（三八頁）ならば、これを改めて新しい形をとらねばならないとする。その言は仮定の形を取りつつ、現実的問題の存在を暗示していた。

この問題指摘は、昭和九（一九三四）～一〇年にかけて顕在化し、教団の統理者である管長（当時は金光萩雄の子息金光家邦、一八八八～一九八八）と、教祖以来の「取次」の業を担う神前奉仕者（当時は金光宅吉の子息摂胤、一八八〇～一九六三）という、それぞれ制度上・信仰上の要となる存在をめぐって、そのいずれに究極的な拠り所を求めるかという問題が、全教信奉者を捲き込んで展開された[33]。この事件は、後に「教団自覚運動」と呼ばれることになるが、この呼称の意味は、事件を通して教団存立の意義が問われ、教祖立教の精神を体現する「取次」が教団の本源であると自覚されたとの理解による。具体的には「大教会所御広前《ひろまえ》奉仕は教祖立教の神宣に基づき一教信仰の中心本教の源泉たれば、その伝統を護持する事を以て教政の運用布教の実施等凡ての基本とせらるべき事[34]」との要求が生まれ、昭和一六（一九四一）年の教規改正において教制上に実現することとなる[35]。

戦後になり、昭和二二（一九四七）年に教祖伝記奉修所が設置され、そこでの編纂を通して、教祖没後七〇年の節年となる昭和二八（一九五三）年に、初の教団刊行による教祖伝『金光大神』が出版された。この書には、「覚書」に基づく教祖探究の結実とも言うべき教祖像がまとめられている。教祖伝の本文第一行は、「神命を奉じて、神と人との取次に立つ金光大神の道を、金光教ととなえる」と、教祖と教団を自己規定する表明に始まり、その叙述を進めていく。ただし、その規定は、教祖伝の個々具体的な叙述に埋め込まれているわけではない。むしろ全体にわたって、「覚書」の解読に留まり解釈には踏み込まないとも言える、極度に禁欲的な態度が貫かれている。

「実意丁寧神信心」の教祖

「取次」を中心理念とする点で共通しつつ、教祖伝に比して、現実生活を生きる信奉者の生活との架橋を意識して教祖の生涯と信仰を叙述したものが、『概説金光教』（金光教本部教庁、一九七二年）である。この書は、教祖伝記奉修所を引き継いで昭和二九（一九五四）年に発足した教学研究所に委嘱され、十数年を要して編纂された、教祖・教義・教団史・信奉者の生活などを網羅した概説書であった。この書の立場は、序章において、現実生活の中で信奉者が「教えにもとづいて真実の生を求め行ずる」（五頁）指針となるべきものと明記されていた。そして立教の際に教祖を指して「此方のように実意丁寧神信心致しおる氏子」と呼ばれた「覚書」の記述に基づき、一農民が苦難の中で神を求め信心に励んだ末、「取次」の業を託され教祖となる資格としての「実意丁寧神信心」に、教祖像・教義論の中核的位置が与えられる。この「実意丁寧神信心」とは、「つねに真実をこめた生活活動をもって神にむかう生き方」であり、「実意は心の真実であり、丁寧は行き届いた行動、生活である」（一〇頁）ともされる。この語については、早くは前掲和泉乙三『金光教観』で、「実意丁寧」を旨とする教祖の人物像に注目がなされ、その後も多くの論者によって、教祖前半生における農民としての勤勉かつ正直な態度、普請と家族の不幸が繰り返される中で日柄方位を徹底して遵守する在り方、そして教祖が大病の際に示した神へ向き合う姿勢など、信心形成過程の主要因として重視されてきた[36]。とりわけ概説書では、個々の事蹟の評価に留まらず、教祖の信心成立の転機における決定的要因であるとともに、教義的にも「取次」によって神と人との関係が目指される、その関係が「実意丁寧神信心の生き方によってのみ開かれてくる」（二二六頁）とされ、昭和三〇（一九五五）～四〇年代にかけて、教祖像・教義論・信心実践論にわたる最重要な位置にあった。

2　教祖像の転回とその動因

昭和四〇年代になって、教団の社会対応の必要性が論議され、それまで自己の内面的な修養に重きを置いてきた信仰が「内向き」と批判されるようになり、信仰の質の問題から教団体制の問題へと及び、教団の方向性に転換が生じてきた[37]。それに伴い、教祖像に関しても、従来の求道者・取次者としての教祖像から、社会へ向かう布教者・救済者像への期待が高まり、「覚書」の明治期の記述から、文明批判の視点や社会的難儀に積極的に立ち向かう姿勢へ注目した、教祖の信仰解明が求められた。

そのような大動向の中で、「実意丁寧神信心」に対しても、教内外から批判的な再検討の眼が向けられるようになる。教学研究の進展に伴い、諸学問との交流も生まれていたが、まず歴史学の分野で、近世後期から明治前半期にかけて、日本の民衆が自己の心を正直・勤勉・倹約などの徳目に沿って鍛え、生活規範として生きることにより、近代化を支える力となったという通俗道徳説[38]があり、幕末維新期に成立した他の多くの宗教と共に、金光教祖の教えもその対象とされた。これにより、唯一無二の価値と観念されてきたものが、当時の民衆に一般的な当為であったと指摘された。また教内からも、「実意丁寧神信心」は教祖前半生において意味を持った生活態度であり、後の教祖はそのような倫理色の強い信仰を乗り越えていったのではないかとの疑義が呈された[39]。

こうして昭和五〇（一九七五）年前後、従来の「立教神伝」に対して、新たに人間社会の在り方と行く末への憂いを表明した神伝（明治六〈一八七三〉年旧八月一九日、覚書21―21―3～7）が重要視されるようになり、その中の一句に依拠して、人の世を救うために神から遣わされた（「差し向けられた」）存在という教祖像への着目がなされた。教学研究でも、人間社会に神から遣わされたという自覚が教祖像の中心とされ、さらに晩年の信仰に、あるいはそ

の生涯を意味づけるものとして敷衍されていった。(40)

3　もう一つの自伝的資料の教団提出

前節で述べたような動向と共に、教団中央では、昭和五八（一九八三）年に迎える教祖没後一〇〇年の節年を目指して「教団一新」を掲げ、教典の編纂、儀式・祭服・拝詞の改定に関する審議が進められていた。そのさなかの昭和五一（一九七六）年、教祖の自伝的資料である「お知らせ事覚帳」が教団に提供される。「覚書」には教祖の生誕（文化一一〈一八一四〉年）から明治九（一八七六）年（六三歳）までの事蹟が記されているのに対して、「覚帳」には安政四（一八五七）年（四四歳）から明治一六（一八八三）年（七〇歳）に死去する二十日程前の事柄までが記されている。また、「覚書」は写本であるのに対して、「覚帳」は教祖自筆資料であることから、より直接性の高い資料に基づく教祖最晩年までを網羅した信仰解明が期待された。そして教学研究所での解読作業が進められた結果、編纂中の新教典に収載されることとなる。

この「覚帳」には、教祖の家族の問題、布教公認をめぐる教祖と信仰共同体内の不一致や、教祖自身の健康状態と死の迫りの問題が、リアルタイムの筆致で赤裸々に記されている。そのことは『教典』刊行前から意識され、どのような信仰的位置づけとなるのかが問題視されており、その公開は、未解明で従来の信仰的了解に収まらないもの、教団への信仰上の脅威となるものを孕んでいるとの波紋を投げかけた。

中でも、「覚帳」最後の「人民のため、大願の氏子助けるため、身代わりに神がさする」という神伝（明治一六〈一八八三〉年旧八月二一日、覚帳27―15―2）は、それまで「やすらかに世を去った」（旧教祖伝記『金光大神』）と考えられていた教祖の死のイメージとは齟齬するものであり、また「身代わり」という表現がキリスト教的な贖罪の意味をも連想させたため、どのような解釈が可能なのかが論議にのぼることとなった。

この「身代わり」解釈の変遷について述べておくと、「覚帳」が教団に提出され解読に着手された当初には、言葉通りの代受苦的意味で受けとめられていた[41]。しかし昭和五八（一九八三）年の『教典』刊行前後から、キリスト教的「贖罪」観念への違和感を示す論調が現れ、代受苦的な「身代わり」の意味が忌避される傾向が現れる。そのため、素朴な意味での難儀な人々の「身代わり」に対して、肉体の死後も働き続ける「神の身代わり」という新たな解釈が提起され、近年はこちらが教制上の理念となっていることもあり、より教団の公的見解に近いものとして流通している[42]。

このように、「覚帳」の登場は、教団にとって「未知」で「他」なる教祖と出会う機会であったが、対社会的な志向を強める教団動向にあって、新資料が持つ多様な可能性の中で、布教を志向する世界的視野の強調へと傾斜していく。そのことは総体的には、教祖の当事者性（教祖による教祖認識）と、教団にとっての指標として求められる教祖像との間に課題を残すこととなった。

おわりに

教祖に関して断片的にしか知られていなかった時代から、教祖の詳細な経歴が解明され蓄積されて今日に至った。本論での時代を追った論述としても教祖の生涯の帰結としても、最後に辿り着いたのが、教祖の死をめぐる「身代わり」の問題である。そしてまた、この「身代わり」には、かつての氏子の罪を背負う教祖像との間に、不思議とも皮肉とも言える符合がある。皮肉とは、遥か明治期の「覚書」を知る以前の人々に抱かれ、「覚書」の発見によって次第に薄れ忘れられていった伝承の教祖像と、最新の原典的資料の中で大いなる謎として再び対面させられたという皮肉である。不思議とは、かつて教祖に接した人々の印象が遺伝子のように埋め込まれ、信仰の歴史の中でその時代時代に生きる人間によって生み出された伝承の教祖と、教祖自身が死の直前に神から告げられ、いわば神と教祖との間の最後の秘め事として受けとめられ書き残されたものとが符合するという不思議である。

この符合の意味するものをめぐっては、教祖像の中核が求道者像から救済者像へと求められてきた、その救済の根拠が問い直されることとして、今後の探究が進められる要があろう。それとともにまた、意味的に符合する像でありながら、明治期と『教典』刊行（一九八三年）前後のように、時代によって受けとめる心情の隔たりをめぐっては、教祖以後の教祖探究と、教祖自身（自伝的資料）による教祖認識との間の断絶が問題となる。しかしそれは、まず両者の符合が見られたがゆえの問題であり、教祖と教祖以後の疎隔と架橋の両面の関係を検討する課題がある。

そして、そのことが進められ出会わされるものとの応答が、教祖像の力学をめぐる最終的な問題であり、またそれは信仰の真正さと柔軟な強度が試され、あるいは証される場面でもあろう。

註

（1） 金光教教学研究所（一九五四年〜）における教祖研究史については、「「教祖」探究の歴史」（『金光教学』第四四号、二〇〇四年）参照。

（2） 島薗進「生神思想論――新宗教による民俗〈宗教〉の止揚について――」（宗教社会学研究会編『現代宗教への視角』雄山閣、一九七八年）では、〈民俗〉宗教から新宗教への転換が、〈民俗〉宗教の多発的反復的神憑りによる救済から、「生神」に託された「救けのわざ」による救済へという指標で捉えられ、生神は「神に選ばれた唯一の媒介者」という位置づけがなされる（四四〜四五頁）。他方で、教祖の「生への疑いと絶望に耐えうるような人格の深さ」が「救けの信仰の源泉」であり（四六頁）、日常生活実践の模範である「人間教祖」という見方も提示されている（四七頁）。片や霊威・霊験による救済、片や人格に基づく教えと生き方の担い手として、「生神」と「脱生神化された」教祖という二面性が浮き彫りになる。

（3）宮本要太郎「新宗教教祖伝の成立について」（『宗教研究』第三五一号、二〇〇七年）。また宮本は、「聖者における模倣可能性と絶対他者性とのパラドックス」とも表現した（「教祖から生神へ――比較聖者論から見た教祖像――」第三七回教学研究会〈一九九八年〉記録二六一頁）。それによれば、「教祖」は教えのオヤ・助かりの模倣として救いの集団的・歴史的体験の象徴的表現と捉え、また「生神」は神の働きの顕現・助かりの実体験として救いの個人的・超歴史的体験の具体的表現と捉える。そして「生神」は「教祖」の創造的な再生の契機となり、「教祖」は意味の源泉を再発見・再確認するモデルとして働くという（二六二頁）。これは、「生神」が神と人という領域横断的・境界突破型の存在を指すとすれば、「教祖」は社会的・集団的位置づけを指すという相違でもあるが、先の島薗論文に見られる「生神／教祖」の関係ともパラレルな面を持ちつつ、しかし宮本の規定は、「生神」と「教祖」相互の循環的・触発的な更新関係を、より意識的に標榜しているように思う。

（4）荒木美智雄「宗教的自叙伝としての『金光大神御覚書』と『お知らせ事覚帳』――その宗教学的意味について――」（『金光教学』第二三号、一九八三年）。後、「教祖の「聖伝」と「自叙伝」――金光教における「教祖と教団」から――」と題して、荒木『宗教の創造力』（講談社、二〇〇一年）に収載。

（5）「その人がだれ（who）であり、だれであったかということがわかるのは、ただその人自身が主人公である物語――いいかえればその人の伝記――を知る場合だけである。その人について知られるその他のことは、すべて、その人がなに（what）であり、なにであったかということを語るにすぎない」（ハンナ・アレント『人間の条件』筑摩書房、一九九四年、三〇二頁）。

（6）呼称について断っておく。金光教祖は文化一一（一八一四）年、備中国浅口郡占見村の農民香取《かんどり》十平・しもの二男に生まれ、幼名は源七。一二歳で隣村大谷村の川手家に養子に入り、文治郎となる。後、養父の遺言により赤沢と改姓し、名も文治と改める。信仰を始めて後、「文治大明神」「金子《こんし》大明神」「金光大明神」「金光大権現」という称号（「神号《しんごう》」と呼ばれる）を神から許され、明治元（一八六八）年には「生神金光大神」となって没年に至る。

教祖の自記資料や伝承資料の中では、「私」と共に「金光大神」が自称として用いられ、明治五（一八七二）年の壬申戸籍作成時に「金光大神」と届けたが、「金光大陣」と改められた。教団刊行の教祖伝（昭和二八〈一九五三〉、平成一五〈二〇〇三〉年）は『金光大神』を書名としており、教外の研究書でも「川手文治郎」「赤沢文治」と並んで、村上重良『金光大神の生涯』（講談社、一九七二年）、『新宗教事典』（弘文堂、一九九〇年）などで「金光大神」が採用されている。

（7）教祖の記したものは明治二年から一三年のものまでが現存する（ただし明治六年分は欠本）。教祖は「覚書」にこの帳面のことを「歳書帳」と記しているが、教団内では「御祈念帳」と呼び習わされている。

（8）『教典』には、前述の「覚書」「覚帳」と、教祖が参拝者に語った教語伝承（「理解」と呼ばれる）を編集した「金光大神御理解集」（Ⅰ～Ⅲ類）が収められている。「金光大神御理解集」の内、Ⅰ類は伝承者の自記提出または代筆者による資料、Ⅱ類は聞き取りの資料を編集したもの、Ⅲ類は『教典』以前に出版または配布されていた「理解」に関する書八編を収めたものである。以下、本論で『教典』からの引用に際しては、「覚書」「覚帳」は章・節・項番号を、「理解」は類・伝承者名・節・項番号で典拠を示した。

なお、『教典』編纂以前に、教祖の教えに関する伝承資料は、昭和四〇年代後半から教学研究所において『研究資料金光大神言行録』（以下『金光大神言行録』と略記）に編纂された。また、教祖の風貌・衣服・祈念や神前奉仕の様子・振る舞いなど、「言」よりも「行」を中心に編纂した『研究資料金光大神事蹟集』（以下『金光大神事蹟集』と略記）もある。

この他、文献・資料の引用では、旧字を新字に、片仮名文を平仮名文に適宜改めた。

（9）安丸良夫「日本思想史における宗教史研究の意義」（金光教教学研究所総会講演記録『金光教報』一九七四年五月号巻末八二～八三頁）。

（10）「教祖の履歴略」（神徳書院資料三一六番）、「金光教会教祖御履歴書写」（笹間教会資料七番）、「金光教祖様御履歴略輯」（綾部教会資料二番）、「金光教祖様之履歴略輯」（大津教会資料五二番）、「教祖之御履歴略書」（豊岡教会資料一番）、「金光教祖履歴略集の写」（福岡教会資料四番）などがある。また独立した資料としてでなく一部として収載されているものに「中野米次郎本」（平安教会資料一六四番）がある。

(11) 金光萩雄（『金光大神言行録』七四二番）、藤井くら（『金光大神言行録』一六二八番）など教祖の子女のほか、市村光五郎（『教典』理解Ⅰ類　市三1、『金光大神言行録』一五七番）、近藤藤守（『金光大神言行録』八五四番）、佐藤範雄（『金光大神言行録』一一四二番）など直信の伝えがある。
(12) 明治三二（一八九九）年の「金光教会起源沿革」「金光教会教祖略伝」では、信仰始めが天保一二（一八四一）年二八歳の時に早められているが、立教までの段階は同様であり、若干取り上げる事蹟と解釈を増しつつも、「履歴略書」の残りの部分はそのまま繰り返される。明治三八（一九〇五）年の『天地乃大理』や同四〇年の『金光教』でも、立教の意義や教祖像への叙述を増しつつ、後半部分では布教資格の有無・認可の取得が中心となる傾向にある点で、「履歴略書」が踏襲されていると言える。
(13) 中国四国全般・近畿はもとより、北陸（越中）、東京、九州（肥後・豊後）などからの参拝者が記録されている。小関照雄「『広前歳書帳』（教祖御祈念帳）について」（『金光教学』第二七号、一九八七年）一二七～一三〇頁。
(14) 『史伝　近藤藤守』（金光教難波教会、一九八一年）五一～五二頁。
(15) 浜田安太郎「二十年前の信心」（『新光』第三七号、一九〇九年）。
(16) 宮田喜代秀「教語の筆写活動について――筆写本研究――」（『金光教学』第一九号、一九七九年）。明治二〇～四〇年代の筆写本約六十冊について、流布経路や内容・性格を分析。
(17) 「谷村卯三郎本」（名古屋教会資料五番）の第二二七条「教祖金光大神様御行之談」。
(18) 同趣旨の誓いが、この他、入江湖畔「感想録（九）　本教に就きて伯母に答ふる書　其二　本教の信仰観（四）」（『新光』第二五号、一九〇八年）、和泉乙三「教祖臨終の御一言」（『新光』第三七号、一九〇九年）、畑徳三郎「独立十年紀念布教　金光教成立の一斑」（『新光』第三七号、一九〇九年）、長谷川雄次郎「信仰と慢心」（『新光』第五三号、一九一〇年）、「独立十年「金光教成立一斑」講義」（豊岡教会資料一七七番）、早川督『天地金の大神』（輝文館、一九一二年）などにも散見する。
(19) 入江雄次郎「信仰の生命」（『新光』第四一号、一九〇九年）。
(20) 麻生正一編『井上正鐵翁在島記』（麻生正守、一八九〇年）四～五頁。
(21) 『天理教御教祖御實傳』（武田福蔵、一九〇三年）二〇～二一頁。

(22) 牧巻次郎『黒住宗忠傳』(黒住宗忠傳発行所、一九〇七年)。
(23) 高橋正雄が後に「教祖伝を頂くについて――関東教区教師研修会にて――」(『金光教報』一九五八年六月号)で語ったところによる。
(24) 高橋正雄が直信たちから聴取した記録である「原ノート」の七九四番。
(25) これは、一〇〇節からなる「教え」であるが、その中には直信による伝承のみならず、「覚書」の記述から抽出されたものも数節含まれる。以上の経緯に関しては、宮田喜代秀「金光大神教語記録編纂の歴史過程――大正二年の「御理解」公刊に至までを中心に――」(『金光教学』第二一号、一九八一年)参照。
(26) 前掲註(24)「原ノート」七九一番。
(27) 早川督(一八八六~一九一四)は大阪毎日新聞社会部員で、『天地金の大神』は大阪毎日新聞に「金光さん」と題して明治四五(一九一二)年一月二六日から四三回にわたって連載されたものの出版。渡辺勝(一八六四~一九二六)は小説家で、渡辺霞亭・緑園などの筆名をもつ。新聞記者を経て、明治四〇(一九〇七)年前後には大阪朝日新聞等に時代物・現代物を連載していた。また、『天理教祖中山美伎子』(育文館、一九一〇年)も執筆している。
(28) 早川督「予が信仰の動機(六)」によれば、「僕をして教祖に近かしめた有力なる後援者は難波教会所の近藤老先生であつた、先生の熱烈なる信仰と、今日までに得られた豊かなる宗教的経験と、その人格の力とは相俟つて、僕が参詣する度毎に懇切に教祖の御生涯を語り、その信仰を伝へられたのであつた」(『籐蔭』第六五号、一九一三年、四三頁)という。
(29) 「教祖伝著述に於ける感想」(『道別雑誌』第七号、金光教大阪青年会、一九一四年)一五~一六頁。
(30) 註(29)前掲「教祖伝著述に於ける感想」では、まず「今天地の開ける音を聞きて目を覚ませ」という教えを「智者も学者も云ひ得ぬ言葉で容易ならぬ高い、有難い言葉である」と感じたという。次に宗教には多分に迷信が含まれているだろうとの予想に反して、迷信から人々を救おうとしたことに驚き、さらに「神国の人に生れて神と皇上との大恩を知らぬ事」に卓見を見たという(一三~一五頁)。また『金光教祖』の各所で迷信打破というモチーフが繰り返し叙述されている。
(31) これは、当時の教監佐藤範雄が金光中学校長でもあり教育者として知られ、さらに社会改良家としても活動を評価されていたことへの批判を含んでいる。この時期の社会活動については、坂本忠次「戊申詔書下の金光教団――地方改良運動との関連を中心に――」(『金光教学』第二六号、一九八六年)参照。

(32) 佐藤光俊「高橋正雄における信仰的自覚確立への過程について――信念模索期を中心として――」(『金光教学』第二三号、一九八三年)、同「高橋正雄における信仰的自覚の確立と展開――信念の確立と立教神伝解釈の教団論への展開について――」(『金光教学』第二五号、一九八五年)参照。

(33) この事件については、高橋正雄『教団自覚運動の事実とその意味』(金光教北九州教務所、一九六七年)、宮田真喜男「教団統理者選出の変遷」「同(二)――昭和十六年教規をめぐって――」(『金光教学』第一三～一四号、一九七三～一九七四年)、佐藤光俊「管長罷免要求運動の軌跡と歴代内局の立場――昭和九・十年事件史考」(同二一号、一九八一年)、同「管長退任要求の思潮と高橋内局――本部出張所報告を中心として――」(同二八号、一九八八年)、大林浩治「社会変動の中の「昭和九・十年事件」――教団秩序再編と教義・制度の位相――」(同四一号、二〇〇一年)参照。

(34) 金光教有志中央委員長小林鎮発金光教有志各教区委員長宛、中央発第二六号「教監更迭ノ経過ニ関スル報告」(昭和一〇〈一九三五〉年四月二七日)。

(35) 戦後の教制審議においても、「取次」を教制の理念として昭和二九(一九五四)年の教規改正がなされ、また昭和二四(一九四九)年から「取次」を生活の中に生かし実現する全教的な信心運動が昭和五八(一九八三)年まで展開された。

(36) 前掲教祖伝記『金光大神』(金光教本部教庁、一九五三年)、高橋正雄『我を救へる教祖』(篠山書房、一九三三年)、大淵千仭「教祖の信心について(上)――序説的概観――」(『金光教学』第一号、一九五八年)など。

(37) 宮本和寿「戦後教団における社会性の意味――竹部内局によって設定された「二課題」に注目して――」(『金光教学』第四二号、二〇〇二年)、大林浩治「一九六〇年代、教団を思い描くあり方――信仰展開の可能性のありかへ――」(同第四八号、二〇〇八年)参照。

(38) 安丸良夫『日本の近代化と民衆思想』(青木書店、一九七四年)。

(39) 瀬戸美喜雄「教会現場での『金光大神覚』の読み方」(『金光教報』一九七四年四月号巻末一一頁)。

(40) 瀬戸美喜雄「神の怒りと負け手——明治六年十月十日の神伝をめぐって——」(『金光教学』第一七号、一九七七年)、同『金光教祖の生涯』(金光教教学研究所、一九八〇年)。

(41) 「神の贖罪的な身代わり」という錯綜した表現(瀬戸前掲註〈40〉「神の怒りと負け手」五一頁)や、「人間同士の難儀を、神の子としての兄弟の難儀として引き受け、身代わりに立って、その助かりのために努める、いわば「身代わり信心」」を勧めるもの(福嶋義次「金光教の人間観」、平和祈願長崎集会講演、『金光教報』一九七九年一〇月号巻末二九頁)、「神の手代わり」と「氏子の身代わり」とが相即不離・同時的に行なわれてきたところに取次の意義を確認するもの(橋本真雄「神の手代わり・氏子の身代わり　教師育成の歴史をかえりみて」『金光教報』一九七九年一一月号巻頭言)などがあった。なお、「覚帳」は昭和五一(一九七六)年に教団に提供され、同年一一月から教学研究所で解読に着手された。解読文が本部教庁へ提出されたのは昭和五三(一九七八)年一二月二二日であり、これらの説は、解読中または解読終了から間近の時期になされている。

(42) 平成一五(二〇〇三)年刊行の教祖伝では両論併記となっているが、「神の身代わり」に比重が置かれている。

『稿本天理教教祖伝』の成立

幡鎌一弘

ひながたの道を通らねばひながた要らん。ひながたなおせばどうもなろうまい。

（『おさしづ』明治二二〈一八八九〉年一一月七日）(1)

はじめに

本論は、教団の根源的な存在である教祖（ここでは開祖・祖師など、広く教団の創始者を含める言葉として用いる）を教祖として意義づけているテクストである「教祖伝」をクローズアップすることで、教祖をめぐる教義・信仰と組織の運動に注目する。そして、教義や組織を別個に分析するのではなく、両者を密接に関係させ、当然起こりうる両者の弁証論的関係を見定めていくことで、宗教（教団）に対する理解を深めようとする試みである。天理教の歴史的文脈に即しながら検討を加えるが、具体的な分析に入る前に、教祖と教祖伝との関係について俯瞰しておきたい。

新宗教（民衆宗教）研究からそのキャリアを始め、その後も強い影響力を持った島薗進は、教祖形成の二つの過程として、（A）ある宗教者を絶対的な指導者として強く崇拝する集団が一定期間以上存在していること、（B）その指導者がなんらかの全く新しい、そして決定的に重要な理念や信仰形式を創出ないし開示したとみなされている、という二点を挙げ、（A）にある「原教祖」が、（B）により客観化――まさに「教祖化」されるのだという[2]。島薗がこのように考えるのは、なにより、「教祖のカリスマは教祖が大衆から隔絶して独力で生み出したというより、教祖と大衆の共通の志向にもとづく共同作業によって作り出された」とみるからである[3]。

換言するならば、ある人がなんらかの精神の覚醒を経験し、いかにすぐれた思想形成を遂げても、その人が教祖として位置づけられるとは限らないのであって、教祖は即自的に教祖たりえず、とりまく人々の認識によって形成される。これが、本論の出発点である。

教祖化にとって重要な意味を持つのが、「至高者神話」である。その要素として、島薗は立教による原教祖（カリスマ）の誕生を[4]、川村邦光はカリスマの死をクローズアップする[5]。教祖が死んだとしても、なお救いの源泉であり続けること、なにより教祖以外に救いを実現する存在がいないことを示すのが至高者神話である。島薗は「決定的なことは、すでに教祖の生涯において成されてしまったと信じられるから[6]」とその背景を述べている。

至高者神話は、多くの場合、教祖の伝記（教祖伝）に組み込まれ共有化される。教祖伝とは至高者神話を不可欠の要素としながらも、より広範に教祖の生涯をたどりつつ、教祖の正当性を説明するために編纂され構築された聖なる人物の物語（伝記）である。

この教祖伝（「聖伝」）を軸にして、信心の覚醒や宗教共同体の持続を見通そうと発言しているのが宮本要太郎である。宮本は、「ある人間を通して歴史的に顕現する聖なるものを記述」したものを「聖伝」とした上で、「「聖なる人間」に関する記憶は、しばしば彼らに対する帰依者たちの救済論的切望によってそのつど再構成されていくのであり、それゆえに聖者たちの個々の「生」は、それぞれの社会的・文化的・歴史的特殊性に根ざしつつも、それらを超越していくことが可能になる」と述べ、教祖伝に積極的な意義を見出すのである。[7] さらに、教祖像には、「救済者としての教祖像を打ち出す「教祖の神格化」＝崇拝の対象と「求道者としての教祖像を描き出す「教祖の人間化」」＝救いの模範の二つの方向性があることも指摘している。[8] 教祖は教祖伝によって教義化され、教祖としての性格が明確化され、高められる。これは、民衆宗教に限ったことではなく、仏教・キリスト教においても普遍的に見られることである。教祖伝なしには、教祖の存在を、そして現在不断に生み出されている救済の業の根拠を知ることはできない。教祖伝は伝記であると同時に教義書なのである。

しかしながら、研究史を振り返ってみると、教団が教祖を教祖たらしめるために作った教祖伝は、必ずしも好意的に見られていないことに気づかされる。編纂物である教祖伝は、教祖の救済の業を示すものながら、歴史に制約され、教団の教学・組織上の問題をも抱え込まざるをえないからである。荒木美智雄が取り上げた、金光教祖赤沢文治（金光大神）の宗教的自伝と教団によって整備された教祖伝（聖伝）との違いが、その事情を端的に物語っている。そもそも周縁的な存在（非中心的中心）であるがゆえに救済者たりえた教祖を、信仰の独立性を奪われた教団が、その周縁性を奪い既存の社会文化構造に従属させてしまったと、荒木は教団による教祖伝を批判するのである。[9]

金光教にあっては、金光大神自身の自伝の存在もあって、孤高の教祖とそれを世俗化した教団という二項対立が顕著に現れる。もちろん、こうした理解も可能であり、しばしば試みられてきたが、教祖を教祖たらしめているのは、教祖とともに歩み、教祖を教祖と認めた人々の組織（教団）であるとする本論の立場からすれば、二項対立の意味はさしてなくなってしまう。むしろ、教祖伝を作成することで教祖像が再構築されていくことこそ重要だと考えたい。多くの場合、教団内の一人一人の信者の記憶や記録によって教祖伝が構築され、逆に同じ根拠をもとにして教祖伝（教祖像）が批判される。つまり「教祖伝」を批判する根拠は、ほかならぬ、教祖の人生そのものであり、教祖の人生というテクストの多様な解釈の可能性こそ、教祖の魅力である。多様な言説の読み直しを試みているJ・カラーの言葉を拝借すれば、「意図（ここでいえば教祖の人生から読み取りうる信仰の指針や教義）は、テクスト（すなわち教祖の人生）の産物、効果のひとつとみなしうるもので、批評的な読みによって蒸留されてはくるが、つねにテクストによって凌駕されてしまう[10]」。現状に飽き足らない信仰者が、常に「教祖に帰れ」と叫ぶのはこのためなのである。これは、信仰的立場のみならず、宗教学にもいえることで、天理教教義を確立した中山正善（一九〇五～一九六七、天理教二代管長・真柱《しんばしら》）を批判する島薗進の手法が、まさにそれである[11]。

教祖をめぐる事実を積み上げても、決して真実の教祖にたどり着くことはできず、信仰に根ざしつつ教会の権威に序列化された教祖伝が、リアリティを持っているに過ぎない。このような理解が許されるとすれば、誰が、どのような状況で、どのようにして、その「教祖伝」を編んだのか、に関する解体的な作業こそ、教祖理解の第一歩として要請されてくるのではなかろうか。たとえば、教団の置かれていた状況、信者の個別的記憶を記録文書化し、あるいはその他の多くの文書とともに整理・分類し、編纂する技法[12]といった編纂の過程が重要な問題となるだろう。

さらに一歩進めば、「教祖伝」というテクストが、作者の手を離れた後のことも射程に収めなければならない。公刊された教祖伝は、教団の独占物ではなく、あらゆる読者に開かれる可能性を秘める。現実的には、信者あるいは学者以外に読まれる可能性は低く、信仰者が信仰的な理解や経験に基づきながら「教祖伝」の意義を汲み取り、教祖像を再構築しながら、宗教行動を起こす「解釈共同体[13]」を形成する。なにより出版物などによって正統な解釈を提示し、「解釈共同体」を方向づけようとする力学を考えてみなければならない。

かかる問題関心から、本論では、民衆宗教のなかでも長い伝統を持つ天理教の教祖中山みき[14]の教祖伝で、天理教教会本部の編纂による『稿本天理教教祖伝』（以下、『稿本』と略す）が上梓されるまでを、教祖没後からの長いスパンをとって検討する。『稿本』が公刊された昭和三一（一九五六）年は、教祖が没してから七〇年後、本格的な教祖伝の編纂開始から六〇年後であった。みきの歩みは「ひながた」と呼ばれ、エピグラフにも記したとおり、信者はそのひながたをたどることが求められる。初期の天理教の歴史が、『稿本』に集約され、その後の歴史も、みきの「年祭」を区切って考えられてきている。みきの生と死は、天理教の活動さらには歴史までも決定づける重要な意味を持ち続けているのである。

一　明治・大正期の教祖伝と教祖顕彰

1　存命のみき――始まりの時

最初に、中山みきの「死」について、簡単に触れることから、天理教の教祖伝誕生を繙いていくことにしよう。みきは、明治二〇（一八八七）年に入ってから体調が優れず、いったんは危篤の状態に陥った。中山真之亮（新治郎、みきの外孫、天理教初代管長）は、飯降伊蔵《いぶりいぞう》（本席として神の言葉を取り次ぐことになる）を通して神意を伺い、警察の取り締まりが厳しく、拘引されるかもしれない状況の中で、「つとめ」を行なうように促されていた。「つとめ」とは、親神・天理王命が人間を創造したことに由来する救済の業であり、取り締まりの対象となっていた。度重なる問答の末、二月一八日（陰暦正月二六日）、主立った信者が意を決して「つとめ」にとりかかり、無事に終えたとき、みきは息を引き取った。病まず、死なず、弱らず、一一五歳が定命（親神によって定められた人間の寿命）であるという言葉[15]は、信者の間に広く伝わっていたし、「つとめ」を行なうという神との約束を果たしたばかりだったのにもかかわらずである。

そのとき、伊蔵を通して伝えられたのは、「子供可愛い故、をやの命を二十五年先の命を縮めて、今からたすけするのやで」（『おさしづ』明治二〇年二月一八日）、つまり、一一五歳の寿命を二五年縮めて、いまから世の中の人々を助けるのだ、という強い意志であった。さらに、「扉開いて、ろっくの地にしてくれ、と、言うたやないか。思うようにしてやった。さあ、これまで子供にやりたいものもあった。なれども、ようやらなんだ。又々これから先だん〳〵に理が渡そう」と言葉が続いた。ここでいう「ろっく」とは「平らな」という意味で、「扉を開いて平らな地にしてくれと言ったではないか」とは、前日、神からの問いかけに対して、一同が「扉を開いてろくぢに均し下されたい」と答えたことを指している。誰も、それがみきの死を意味するとは思いもしなかった。「理が渡そう」とは、「さづけ」（病気直しの救済手段）を渡すことを指していると考えられている（『稿本』三〇三～三三七頁）。

この対話については、本論の最後にふたたび立ち返ることにするが、みきの死が死ではなく、生前同様、万人を助け続けるという言葉は人々を安心させ、みきに「存命の理」という位置づけを与えることになる。こうして生と死の観念の交錯する中で、中山みきの人生は語り出されるのである。

2　教祖の偉人化

死してまた「存命」ともされた中山みきの教祖伝は、以後、どのように叙述されてきたのだろうか。著書・論文あるいは講話など、天理教の信仰表明には、常に中山みきが語られ、文献の数も膨大である。幸い、教祖伝を網羅的に取り上げた山澤為次『教祖御伝編纂史』[16]というすぐれた整理があるので、これを導きの糸としてみよう。

山澤為次は、戦前の教祖伝編纂史の時期区分として、①教祖存命時代、②明治二、三〇年の時代（a教会本部におけるもの、b一般信徒間におけるもの）、③明治末期の時代（一派独立直後）、④大正の時代、⑤昭和の時代（a教内外一般、b教会本部におけるもの）と分けている。①・②で作られ始めた教祖伝は、一派独立を契機に、③から⑤へと時代が下るにつれ、多様な執筆者により各種の媒体（講談・歌・絵伝・浄瑠璃など）を通して宣伝されるようになった。とりわけ一般信者あるいは教外の者が進んで出版し、教会本部による教祖伝の編纂は遅れていた。

この五段階を、天理教の歴史に重ね合わせると、中山正善が管長就職奉告祭を行ない、実際に活動を始めた大正一四（一九二五）年の前後、つまり①から④までと⑤を区分することが許されよう。中山正善が天理教学の基礎を作ったこと、そしてなにより『稿本』は⑤bの蓄積の上で成り立っているからである。別に表現すれば、前者は教団の成立期、後者は確立期といえよう。そこで、本章では①から④の時期を中心に論じ、次章で⑤について分析する。

①・②期には、二つの流れがある。一つは、原初的に展開していた教義の整備、すなわち、①の段階での明治一四（一八八一）年頃から「こふき」が作られ始め、②での別席台本にいたるものである。

「こふき」とは、人間世界創造説話である「元始まりの話」（元の理）と教祖略伝から構成されるものと考えられている。[17]この「こふき」の流れを受けるのが「別席」である。「別席」とは、「さづけ」を受ける前に、信仰を深めるため取次人から教えを聞くこと、ないしその話である。この別席で、みきの略伝が語られた。明治二三（一八九〇）年に、教祖の履歴を編纂する動きが出ているのはこのためである（『おさしづ』明治二三年一〇月一三日）。明治三〇年代には別席台本として話の内容が統一された。「こふき」から「別席」へと、原初的な教義の整備、語りという点では講釈の制度化（テクスト化）の中で、みきの生涯が語られた。この流れは、信仰の根幹として維持されることになる。

これに対して、公認活動から一派独立における教団の組織化の中で作成された教祖伝がある。別席が語られる教祖伝ならば、こちらは対外的表明として最初からテクストとして出発した教祖伝である。これから論じようとするものは専らこちらに属している。

①の段階では、明治一六（一八八三）年、梅谷四郎兵衛が大阪阿弥陀池和光寺に提出した「神之最初之由来」[18]、明治一九年、本部設立運動のために神道本局に提出した「最初之由来」[19]がある。これが②aへと続いていく。いずれも信者の手による概略的なものである。

②段階にあたる明治三三（一九〇〇）年に始まった一派独立請願では、教義と組織の整備が大きな課題となった。教団を代表して一派独立の交渉にあたった松村吉太郎は、教会設置以来すでに十年たつものの、教義と組織の整備は全くの白紙に近かったとしている。[20]当然、教団内部に人材はおらず、外部から学者を招聘しなければならなかった。その人物とは、立派な学者、好人物（本部の方針にくちばしを入れず、本部の命のままに真実に働く）、人格者であることの三点を条件に挙げている。教団運営に影響のない限りにおいて、学問の権威やジャーナリストの力を借り、教祖伝の価値、教団の地位を高めようというのである。

教義整備のため、教団外部から招かれたのが、宇田川文海と中西牛郎である。宇田川文海は、名を知られた文筆家で、明治三三年五月から教団機関誌の『みちのとも』（題字には変遷があるが、本論では『みちのとも』に統一する）の編集に関わるようになった。宗教学者であった中西もまた、明治三三年、一派独立請願に協力するために本部に招かれ、「みかぐらうた」の釈義を作成した[21]。両者とも、松村吉太郎から史料を提供されて教祖伝を執筆した。明治三三年の宇田川文海「天理教教祖御略伝[22]」、明治三五（一九〇二）年の中西牛郎「教祖御伝記[23]」がそれである。

この松村の回顧から、二つのことを確認しておきたい。一つは、教祖の言葉が、まぎれもない「教え」である以上、松村のいう「教義」とは、「教え」を体系立て、学問的に翻訳し、対外的に説明することを指している点である。教義は淫祠邪教というレッテルを克服するためにも必要だったのである。

二つ目に、その当然の帰結として、あくまでも学者・学問は教団に奉仕することが求めらた。中西牛郎の処遇について神の「さしづ」にあったとおり、信仰の立場からすれば、学者や学問はあくまでも「道具」だったのである（『おさしづ』明治三三年五月三一日）。

山澤為次は、二人の文筆家の教祖伝に対して、少なからず感銘は与えると賞賛はするものの、純信者にとって物足りなく、「今一つピッタリとこない」という。その理由は、「説明乃至理論に傾いた憾」があり、さらに、史実、特に神憑り後の史料の蒐集が不十分であること、布教伝道で苦労した道すがらを言葉のあやで補っているためだと判断している。

やはり松村から史料の提供を受けて④の時期に執筆され、本部の権威本に準じるものとして流布した碧瑠璃園（渡辺霞亭）『天理教祖中山美伎子[24]』、天理教同志会（奥谷文智）『天理教祖[25]』に対しても、山澤は同じような印象を持っている。『天理教祖中山美伎子』や初期の山中重太郎『天理教御教祖御一代記[26]』に顕著だが、当時の教祖伝では、人生の九〇年間を対象とし、立教以前の事歴をもとに、良妻賢母として、あるいは浄土宗の五重相伝を受けた信心深い人格者として、中山みきを描こうとする。山澤為次は、立教以前が重んじられていては、教内人に満足のゆく教祖伝は編述しえないという。教義や信仰を前面に出すにつれ、立教以後の五〇年間にこそ意味が見出されたのである。

しかし、だからといって、教祖伝の素材を提供した松村吉太郎は、渡辺霞亭や奥谷文智の教祖伝を差し止めてはいない。松村は、天理教への批判の矢面に立ち、政府と交渉しつつ一派独立を成し遂げており、批判を逆に「布教伝道の肥[28]」と考えていたほどだから、その方針は、信仰的な純粋さを重んじる山澤為次とは異なっていたと考えたほうがよいだろう。

たとえば、山中の『天理教御教祖御一代記』の自序には、「唯々一片の面影以て俗世の誤解を釈かんと欲する」と、執筆の意図が明確に記されている。巻末の「此の書の成り立ちし次第」によれば、山中重太郎も松村吉太郎に何度も教えを受けていたから、その執筆意図に、松村の意向が反映されているとみても誤りではないだろう。

中西牛郎の「教祖御伝記」は、中山みきをイエスやムハンマドという偉大な宗教家と対比的にとらえる。「大宗教家は人類一般の模範となりて人類通行の路を通らさる可からず、左れは我教祖が済度宣布の天職を奉し玉ひし後にも猶ほ社会の一婦人として良妻たり慈母たるの人道を捨て玉はさりしは卑近なるが如くして其実之より高尚なるはなし、斯くの如くにして我々人類の真模範と仰く可きなり[29]」として、家父長制を重んじる明治期の社会に適合させつつ、「人類の模範」として位置づけるのである。

天理教が淫祠邪教として扱われている時期には、一派独立運動という枠組みに規定されながら、多少の思惑のずれはあろうとも、中山みきに対する誤解を解き、多くの人々に認知させることが重要視された。入信者が急速に増えた時代であり、読み手は、信仰者以上に非信仰者が想定されていたとすべきであろう。②から④にかけての教団の成立期には、教祖の「偉人化」が、教祖伝の一つの特徴だったと思われる。

3　教祖伝と教祖顕彰の場所としての墓地

先に記したとおり、人々は、「存命の理」によって、みきの死を受け止めることができた。一教会長であった松永好松の明治三六（一九〇三）年当時の説教台本である「天理教々祖履歴」にも、「魂わ存生ですから霊殿（幡鎌註：教祖殿のこと）に鎮座ましまして、存命の時も同じ其侭御働き下さります[30]」とあり、この教えは、みき没後に広く説かれ、受け入れられていた。また、身体は人間が親神から借りているものであり、死後の肉体は脱ぎ捨てた古着に過ぎない（「かしものかりもの」）という天理教の最も基本的な教えの下では、墓地はさして重視されないことになる[31]。

しかし、人々はみきの教えをそのまま受け止めたのではなく、みきに対する強い思いから、むしろその言葉を押しのけ、「改葬」を進めていった。最初、みきは既存の中山家の墓地に埋葬されたが、明治二五（一八九二）年になって新たな墓地を作ることになった。場所は、中山家の屋敷のある三島村北方の豊田山が選ばれた。同年一二月一三日（陰暦一〇月二五日）の改葬祭には数万人の参拝者があった[32]。陵墓を参考にした壮大な墓地である。

②から④の段階で出された教祖伝では、墓地は少なからず意味を持っていた。最初に挿絵が用いられた山中重太郎『天理教御教祖御一代記』では、誕生・幼少時の子守・五重相伝のほか葬儀の図が掲載されている。ついで、晩翠『天理教御教祖御実伝　附御本席飯降伊蔵先生略伝[33]』や宮崎三郎『天理教独立史　上巻[34]』、碧瑠璃園『天理教祖中山美伎子』や天理教同志会編『天理教祖』では、巻頭図版に墓地の写真が採用されていた。みきを顕彰するとき

に、墓地はなくてはならないものだったのである。歴史的な人物を顕彰するに際し、墓地が重要な意味を持っていることは、贅言を要しないだろう。

当時出された一枚刷りの土産絵でも、本部の諸施設の中で墓地がしばしば強調されている。早くは、改葬を描いた明治二五年の天理教道友社「天理教会教祖改葬式行列之光景」、藤田伊三郎編「神道直轄天理教会教祖改葬式之図」（同人発行）があり、明治二九年の武田福蔵編「神道天理教会本部之図」（同人発行）、明治三〇（一八九七）年に出された橋本留吉著「神道直轄天理教会本部全図」（同人発行）や「天理教御本部之景」（田中幸助発行）などがそれである。また明治三〇年には墓地だけを描いた柴崎竜州編「神道天理教々祖之墓」（木下松太郎発行）も出されていた。[35]

一枚刷りと教祖伝は、ともに武田福蔵や木下松太郎（木下書店・木下真進堂）など教会本部以外が発行元になっているという共通点がある。教会本部（増野正兵衛）からは、御改葬図のほか、明治二〇年代の「神道天理教会本部祭式之図」「神道天理教会本部神楽式図」が出されているが、数は少ない。しかも本部の出した二点が描く「かぐらづとめ」は、明治二九年の内務省訓令によって制限されてしまう。天理教祭儀の根幹である「つとめ」に対する理解を深めにくい状態のもとで、一般に出されたものは、教えを純粋に理解して実践することよりも、みきに対する人々の常識的な理解、すなわちみきの死と率直な敬慕の思いが強く反映したように思われる。「存命」とは教えられながらも、実際には「死」そして墓が大きな意味を持っていたことになる。

このように、墓地を教祖顕彰の場所として位置づける教祖伝が流布したことと、みきの年祭における人々の行動は無関係だとは思えない。

明治二九年三月九日（陰暦正月二五日）に行なわれたみきの一〇年祭では、霊祭場に「奥都城の遥拝壇」が設けられていた（『みちのとも』第五二号、一八九六年）。二〇年祭（明治三九〈一九〇六〉年二月一八日〈陰暦正月二五日〉）では、「十万の信徒誰とて教祖の霊塋に参拝せざる者なし」（『みちのとも』第一七〇号、一九〇六年）という状況だった。

三〇年祭（大正五〈一九一六〉年一月二五日）には、神殿での祭儀の前に墓前祭が行なわれるようになった。四〇年祭は、大正一五（一九二六）年一月一五・二〇・二五日の三回祭典があったが、いずれも墓前祭が行なわれており、「早きは夜の一時頃から遅きは晩の十時十一時に至るまで殆んど賽客の絶え間がない」というほど墓地への参拝者が多かった。しかも、たとえば、「皆が皆まで信仰に燃えてゐる人達ばかりであるから、……御教祖の御墓前にぬかづいて恩寵を感謝すると共に、再び御教祖の御苦労を偲んで、暫しは声もなくたゞ感激の涙に咽んでゐる」（『みちのとも』第四五五号、一九二六年、一三頁）というから、信仰心に満ち満ちた行動だったことはいうまでもない。

墓前に額ずく行為は、「存命」でいるというみきの言葉にはそぐわない。どちらかといえば、一般の人の親族の年忌（年祭）における感情に近いだろう。前節の分析とあわせて類推されるのは、人々を助けるために生涯を捧げ、そのために数多くの苦労を重ねた偉人、教義的にいえば「ひながたの親」として認識されたのではないのか。それは、みきに助けられたという感謝や尊敬に裏づけられており、教祖伝もそのようなものとして描かれ、読まれていたと思われる。

二　戦前の「復元」と教祖伝編纂

1　知的エリートの誕生

⑤の時期になると、④までと一線を画す動きが顕著になる。そもそも④までは、教祖伝研究のみならず、教義全般について、本部の公式教義ではなく、信仰者個人として理解を表明することのほうが多かった。教団の中枢にあって教義および教団運営の担い手の一人であった深谷徳郎によれば、この間、教義化が進まなかった理由は、文章伝道を重視しなかったこと、人材不足、教祖在世時の信者が多く存在していたこと、官憲の圧迫のために教義の公表を恐れたことだったという[36]。ここに、教会本部が一派独立請願運動の過程でみきの教えとは隔たりのある『天理教教典』(一九〇三年、以下『明治教典』とする)を作成し、普及を促した主体だったということを付け加えてよいと思われる。しかし、⑤の時期になると、これらの要因が軽くなり、教義化の機が熟したという。『明治教典』が廃止されたわけではないが、これに制約されない信仰表明も多くなっていく[37]。

中山正善が大正一四(一九二五)年四月に創設した天理教教義及史料集成部(以下、集成部と略す)は、みきを知る世代が最後を迎える一方、他教団に引けを取らない高学歴の人材が育ち、教義が作られたことを示す象徴的な組織である。念のため、**表1**によって、このとき任命された集成部員を確認してみよう。監督となった五人は、当時残っていたみきを直接知る数少ない信者であった。掛は、みきを知らない信仰の二代目・三代目からなり、大きく二つに分けられる。第一世代は、一九〇〇年代から一九一〇年代前半に東京の私立学校で高等教育を受けた上原義彦・増野道興・中台赤太郎・増野(旧姓山田)石次郎などである。第二世代は、一九一〇年代後半に東京帝国大

表1　大正14年4月10日、天理教教義及史料集成部

(掛監督)	山澤為造・松村吉太郎・板倉槌三郎・高井猶吉・宮森与三郎
(　掛　)	梶本宗太郎・春野喜市・喜多秀太郎・上原義彦（1908、東洋大学専門部）・増野道興（1909、明治）・中台赤太郎（1909、明治）・増野石次郎（1914、早稲田）・中山為信（1917、東大宗教）・諸井慶五郎（1917、東大法）・深谷徳郎（1918、京大文）・枡井孝四郎（早稲田）・平野規知雄（1920、早稲田）・山澤為次（1923、東大社会）・小野靖彦（国学院）

表2　東京帝国大学・京都帝国大学出身者

東京帝国大学	文学部宗教学：○中山（旧山澤）為信（1917、中山分家創設、内統領）／中山正善（1929、真柱）／○☆上田嘉成（1931、教義及史料集成部主任）／○☆中山慶一（1932、表統領）／牛尾喜太郎（1934、教会長）／永尾廣海（1935、学校法人理事長）／藤原道夫（1935、教会長）／松岡忠也（1935、？）／島村規矩夫（1937、真柱継承者補導委員・高知大教会）／☆田中喜久男（1938、天理大学長・集成部史料掛）／☆諸井慶徳（1938、集成部・天理教校長）／多菊一誠（1938、亜細亜文化研究所・戦死）・松村義晴（1942、高安大教会長）
	文学部（その他）：○山澤為次（1923、社会学、小学校長・集成部）／堀越（旧村田）儀郎（1916、心理学、国会議員・天理大学長）／石崎正雄（1933、国史学、中学校長・おやさと研究所）／宮下太（1934？、天理小学校長）／喜多秀義（1937、時局委員・天理高校長）／山脇国利（1936？、一れつ会理事）／林友広（1940？、大教会役員）／田村豊（1940？）／笹田睦男（1941？、分教会長）／細谷繁盛（1941？、亜細亜文化研究所・戦死）
	法学部：諸井慶五郎（1917、表統領）／岩井尊人（1917、三井物産・大臣秘書）／東井三代次（1928、教庁印刷所長・国会議員）／岸勇一（1940、朝鮮総督府・天理大学長）／藤田増平（1939？、夕張大教会長）
	工学部：辻豊彦（1922、外国語学校長・学校法人理事長）／平木一雄（1932、水道課）／奥村音造（1933、営繕部）
	理学部：村上英雄（1931？、地理、よろづ相談所長）
京都帝国大学	経済学部：上田民夫（1928、表統領代行）
	文学部：深谷徳郎（1918、河原町大教会）／高橋道男（1928、天理図書館・国会議員・表統領）／富永牧太（1928、天理図書館長）／柏原義則（東大から転校、名東大教会・国会議員）／深谷忠政（1936、道友社長）

参考文献：『三才寮五十年史』、諸井慶五郎『茶の間の夜話』、東井三代次『あの日あの時おぢばと私（上）』、平木一雄『おやさと・いまむかし』、『みちのとも』。
○：『御教祖伝史実校訂本』編纂担当者　☆：『天理教教典』原案作成者
（　）：卒業年、専門、主な役職。

学・京都帝国大学を卒業した中山（旧姓山澤）為信（中山真之亮の娘玉千代と結婚して中山分家創設）・諸井慶五郎・深谷徳郎らであり、前の世代より高学歴化がさらに進んだ。

とりわけ、一九一〇年代後半以後、天理教の関係者が東京帝国大学文学部宗教学研究室に遊学するようになった。中山正善が入学した当時の主任は、日本の宗教学の祖というべき姉崎正治であった。遺漏もあろうが、東京・京都帝国大学の出身者を挙げたのが**表2**である。中山為信・中山正善をはじめとして、戦後、『天理教教典』（一九四九年、以下『復元教典』とする）や『稿本』の編纂にあたる上田嘉成・中山慶一・田中喜久男・諸井慶徳、「みかぐらうた」本を整理した永尾廣海らが陸続と門を叩いた。

宗教学以外の人材も豊富で、教義形成に重要な役割を担った山澤為次は、東京帝国大で社会学を学んでいた。厳しい国家統制により、教義・祭儀の改編を余儀なくされた「革新」の時代（一九三八年一二月〜一九四五年八月）から戦後にかけて教団を支えた諸井慶五郎・東井三代次、あるいは教団の外部にいながら先進的な視点で教義を模索した岩井尊人などは法学部の出身である。そのほか、工学部・理学部あるいは京都帝国大学の出身者など、まさに信仰する知的エリート集団を形成していた。彼らは、教団運営の中核となることを期待されて多様な分野に配置され、その人脈を生かしながら本部でそれぞれの役割を担った。②の段階で『おさしづ』によって学者に対して示された「道具」という認識は、教団運営のためのものとして、はるかに高度にかつ多様に分化して展開していた。

②の段階では、教内の「純信者」の信仰と教団外部から招聘された「文筆家」「学者」の学問的な説明・理論とに区分されていたが、⑤の時期には、両者が一元化し、信仰者による学問的説明・理論が求められた。中山正善の「教祖伝研究上の一私見」[38]は、そのプリンシプルを示した一文である。そこでは、信仰者の立場のみ教祖＝中山みきの「道すがら」を扱うことができると指摘し、「正直な態度によつてあたる事」が「信仰者として学的良心の下

に進め得る唯一の研究的態度」だという。後日付け加えられた修辞等を排除し、「ありのま丶の教祖様として研究し、受け入れる」ことによって「世界一列の教祖様とする事が」できるというのである。そのため、「その時代、その変遷の研究が教祖伝研究には欠けてはならない」と歴史学的視点を求めた。信仰的という主観的な枠組みのもとで、「正確な史料」は、記述の客観性・正統性を獲得するために不可欠だった。山澤為次が重視する史料の蓄積は、このような中山正善の意を受けた発言であり、集成部はまさにそのために創出された。

史実を重視する姿勢は、これよりさき、『おふでさき』の釈義（註釈）を編纂するに際しても見られた。『おふでさき』[39]の「まへがき」で、正善は、言葉は時代によってその使い方が変わるのであり、解釈に際して、「教祖様の時代の使ひ方を考へずに、直に現代の使ひ方の様に解釈するときは、「よろづよ」かけて変りない親神様の深い思召を、あたら一代限りのものに狭めてしまふ憾みがある」と述べている。さらに、史実の記憶が薄れ、「只書き残された文辞を遊戯気分で解釈し、その中に含まれてあつたかんじんな精神を忘れてしまふ」から、「史実や俚言俗語の解釈を主とした釈義をつけた」のだという。ここでも、歴史的文脈に即した理解が重視されている。

昭和五（一九三〇）年一一月、教祖逸話の収集が始まり、昭和六年の『おやさまのおもかげ（上）[40]』に結実した。昭和七（一九三二）年一月には、教祖五〇年祭を目指して教祖伝を編纂することが決議されたが、集成部員の多くは教団運営の枢要を担い、年祭活動に関わる役職を兼ねていたために、編纂は実現しなかった。松村が一派独立の際に課題として掲げていた教義と組織の整備は、ともに彼らによって担われていたのである。このときまとめられた『御教祖伝史実校訂本（上・中・下一・下二・下三）[41]』は、戦後の『稿本』の下地となる。

このような学問の教団内在化は、教会本部による権威本が作成され始めた⑤の時期の大きな特徴であり、まずは「史実」（歴史）、そのための実証的教学が重視された。また、後との対比の上で特に注意したいのは、このとき、信仰的理解を前提としながらも、みきを「世界一列の教祖様」ととらえ、『おふでさき』の英訳を積極的に進めようとしていた点である。「世界」の指し示す内容には留意しなければならないが、ひとり信仰者あるいは教団のための教祖ではなく、普遍主義的理解――それはどこかで前代にイメージされている「偉人」としてのみきに通じる――も垣間見ることができる。

2　教義化の方向性

大正期の教団を牽引した増野鼓雪は、集成部が創設されたとき、本教の教義は、断片的なもので、必要に応じて語られたものであるから、思想的に見れば何の統一もなく、宗教的な真理は直観的なもので思想的なものでないから、統一のない断片的なものでも、別段差支はない[42]、と言っている。もともと、みきの言葉（教え）や行為は、救済を求める人々の個別体験的なものであった。しかし、直接みきを知らない世代にとって、残された「言葉」を集めることが、みきに近づくことができる唯一の方法である[43]。そして、個別の体験（記憶）を収集することに内在して――厳密にはもはや個別でも体験でもない――、それらの個別性を超え、「全体としての統一」が求められたのである。

増野は、つづいて、みきの教義と生活とは全く一致し、教義と史実とが密接に関係を持っているので、「教祖に関する史実はやがて教義となる」と述べる[44]。教義化されたみきの人生は「ひながた」にほかならない。集成部の出発点から、教祖伝は単なる伝記ではなく、史実と教義が織りなされたものでなければならないという自覚があったのである。このことは、『稿本』編纂に際して、史実編・信仰編・逸話編という三本柱が想定されたこと（『第十六回講習会録』六五頁）につながっている。

『おふでさき』に対する文献学的姿勢や歴史的背景を踏まえた釈義の公刊からすると、中山正善は、史実の持つ個別性を重視しているようにみえる。しかし、実際にはそうではない。後のことであるが、以下は、「こふき」についての正善のコメントである。

「教祖のお話に矛盾のある筈はない、それは何等かの誤解から来るのだ。例えば、伝承中の誤字、遺漏とか、解釈上の誤解とかあるのではなかろうか、それをただしたい」と考えまして、先ず、「原本」なるものをつきとめようと、努力しました。(45)

親神の意図、みきの言葉は完全無欠であり、矛盾は一切ない。現実に矛盾するように見えても、そこに真理（親神の意図）が隠されている。それを理解するのが信仰であり研究の目的なのである。一つ一つの言葉から普遍的な神の意図を読み出すための前段として、字句と事実を確認する作業が必要とされた。実証的手法が「こふき」という教学的創世神話と共存できたのは、実証的手法があくまでも教学に従属するものだったからである。正善が『おふでさき』を重視するのは、なによりそれが「月日のやしろ」であるみきの記した「原本」であり、親神の意図を最も端的に示すものだと考えたからである。永岡崇が指摘するように、みき（親神）以外のものを排除しようとする姿勢(46)は、『おふでさき』同様、「こふき」を研究するときにも顕著に現れているし、みきの直筆の本が見つかっていない「みかぐらうた」についてもいえることである。正善が、みきの記した「みかぐらうた」が発見されていないのに存在すると確信するのは(47)、親神以外に教えの源泉はなく、親神の教えは最初から常に完全でかつ明確な輪郭を持っていると考えているからである。

さらに、正善は、歴史的手法とは全く異なる見方を深めていく。『おふでさき』に接するとき、当時は和歌一首一首を解釈し悟るという読み方が主流であった。これに対して、正善は、すべての和歌の順序に意味があると考えるようになる。一七一一首の順序が一貫した親神の意思であり、教義体系であるという。[48]晩年にはっきりと表明された姿勢だが、そもそも昭和一〇年に『神』『月日』及び『をや』について[49]を刊行したときからの論点である。この論文は、『おふでさき』における「神」の呼称が、時期を追って「神・月日・をや」と変わっていくことを明らかにしたものであり、正善の中山みきの理解を決定づけた。ここでは、『おふでさき』の記された背景（事件等）はさして顧慮されていない。和歌の順序が、神の意図によって定められているとすれば、その背景にある事件の配列もまた、すべて神の計らいなのである。『おふでさき』のコンテクストを、人間の起こした事件からその事件を起こした神の意思にシフトさせ、結果として事件そのものを無視していくのである。このことは、史実を重視する前述の姿勢とは明らかに異なっている。『稿本』の編纂の中では、この立場が強調されていくことになる。

ともあれ、『おふでさき』は教祖伝の根本の史料であるから、『おふでさき』に一貫して流れる意図は、すなわち、みきの人生＝ひながたに通じた意図でもある。みきを知ること、みきの教えに回帰することは、教祖を理論的に構築すると同時に、教祖にあらざるものを排除し、純粋なものを求める志向を強めた。増野のいう「全体としての統一」は、正善にとっては、信者の現前に生起する事実すべてが親神の意図のもとにあり、それを体現するみきの無謬性（「月日のやしろ」）として理解されていくのである。

3　みきの死から生へ

教義を純粋に理解し実践しようとする姿勢は、みきの五〇年祭（昭和一一〈一九三六〉年）の活動においてもよく示されている[50]。中山正善は、五〇年祭を教祖のひながたの五〇年に重ね合わせて強く意義づけ、信仰者の奮起を促した[51]。活動の第一は、教祖殿の建設であった。工事の中心となった板倉槌三郎は、教祖殿の建設は、本部の権威や参拝者の収容のためではないという。教祖殿は、あくまでも「神様の御用場」「神様のおやしろ」「教祖様のお住い」であり、みきから「さづけ」をうける、あるいはその他諸々のお願い（事情運び）ができるようにして、「存命の理」というみきの教学的な立場を、教祖殿の建築を通して実現しようとした[52]。ここで教祖殿の建築が最も優先されたことは、注目に値する。なによりも、教祖に帰り、教祖の言葉そのものを実現することが重要だったのである。

次に発表されたのが神殿増築で、南北から拝み合う構造にすることで、「四方正面鏡やしき」という教えに近づこうとした。その中心には、木製の雛型「かんろだい」を据えることになった[53]。やがて、かんろだいを取り巻いて行なわれる「かぐらづとめ」も復元し、それに伴って、「つとめ」を具体的に説明するよう『おふでさき』註釈も改められた。このような運動は、戦後、「復元」と称されるが、戦前からすでに行なわれていたのである[54]。

「復元」は単に江戸時代に回帰することではなく、新たな創造である。みきの在世時代には、かんろだい（石造）普請は頓挫しており、石ではないにせよ、完全な形のかんろだいの設置は初めてのことである。五〇年祭は、それまでの年祭と大きく異なり、期間が一月二六日から二月一八日までと増やされたが、「かぐらづとめ」は期間中毎日行なわれた。かぐらづとめが毎日行なわれたのは、みきの在世中の明治一五（一八八二）年と明治二〇年以来である。

教祖殿が昭和八（一九三三）年一〇月に竣工したことを受け、昭和九年四月一八日に「教祖誕生祭」が行なわれ、以後、本部の恒例行事となった。翌年からは、四月二六日までが奉祝旬間とされ、昭和一一年には奉祝歌も作られた。

教祖の生を顕彰する行事が創設された一方、五〇年祭の祭典期間中で墓前祭が行なわれたのは、二月一八日に限られた。墓地は改修されたが、教義や活動の根拠が、みきの死から生（存命）へとスライドしていることがうかがえるのである(55)。

こうした教義形成の背景として見落とすことができないのは、教団の組織的強化である。先のエリートたちは、教義を深めること以外に、組織の中心的な担い手でもあった。さらにこの時期、真柱の位置づけが変わったことは重要だろう。「さづけ」を渡し教会設置などの事情を認める「お運び」は、本席飯降伊蔵から上田ナライト、中山たまへと継承されていたが、昭和一三年（一九三八）七月、たまへの死去に伴い、真柱として中山正善が初めてこれを行なった。真柱の信仰的な意味が強化され、行政を含めた権威がこのとき確立したのである。

さらに、印刷所・外国語学校・図書館・参考館・研究所など本部機能が拡充された。もともと天理教は、ぢば・教祖を中心とした信仰を培い、組織原理もそれを基にしていたが、総力戦体制のもと、とりわけ昭和一三年一二月の「革新」によって、本部の強い指導力が要請され、活動にせよ教義にせよ、教団としての統一が図られた。昭和三（一九二八）年の『おふでさき』公刊に伴う第一回教義講習会を皮切りに、繰り返し本部において教義講習会が開催されていたが、革新期には徹底して行なわれた。回数が付けられた教義講習会の最後が第一六回、すなわち『稿本』発刊前に周知するための講習会である。教義講習会の資料や内容は、教庁印刷所で印刷に付され、教会・信者に届けられた(56)。

総力戦体制に適応しつつ展開したこのようなシステムが教団の骨格となり、戦後の『復元教典』『稿本』が普及していくことになるのである。

三　『稿本天理教教祖伝』編纂における歴史と教義

1　遠ざかる歴史

生々しい戦争の爪あとの中で行なわれた昭和二〇（一九四五）年一〇月の秋季大祭では、「革新」によって禁止された「かぐらづとめ」が「復元」された。昭和二四（一九四九）年には、原典に基づく『復元教典』が制定され、天理教団は、新しい歩みを踏み出すことになった。昭和二七（一九五二）年には、中山みきの七〇年祭（昭和三一〈一九五六〉年一月）の執行が発表され、教祖伝の編纂が、活動の一つの柱となった。集成部を作り、そこで蓄積された史料と教義研究の実績、なによりそこで研鑽を積んだ人材が中心となって編纂が開始された。

第一稿は上田嘉成が執筆し[57]、以後、第一七稿までが『天理教教祖伝草案』、第一八稿から二二稿までが『天理教教祖伝稿案』とされた[58]。教内に周知徹底するため、第二一稿をもとに第一六回教義講習会が開催され、昭和三一年一〇月、『稿本』の上梓となった。編纂の四年間で、構成も叙述も大きく変わっており、構成では、第三稿で三巻各一〇章の計三〇章、第一一稿からは一〇章立てとなった（**表3**）。この間、章名は必ずしも同じではなく、唯一、最終章の「扉ひらいて」だけは変わらなかった。「存命」とされていても、みきの死をもって教祖伝を閉じることは、終始一貫していた。そのほか度重ねて推敲されたが、この推敲の過程そのものが教祖理解の変化にほかならないと考えている。その記述がどのような方向性を持って決着したのかを、前章で示した動向を踏まえて検討していきたい。

「方針案」「草案第二稿はしがき」によれば、中山真之亮が編んだ「稿本教祖様御伝」（片仮名本）・「教祖様御伝」

表3　『草案』『稿案』『稿本』の章立て（一部）

草案第三稿	草案第八稿	草案第九・一〇稿	草案第一一～一七稿	稿案第一八稿	稿案第一九稿	稿案第二〇稿～稿本
1 御生立	1 月日のやしろ	1 月日のやしろ	1 月日のやしろ	1 月日のやしろ	1 月日のやしろ	1 月日のやしろ
2 御家庭	2 万人の手本	2 万人の手本	2 生い立ち	2 生い立ち	2 生い立ち	2 生い立ち
3 御慈愛	3 谷底早くに	3 貧に落ち切れ	3 旬刻限の到来	3 みちすがら	3 みちすがら	3 みちすがら
4 神が表へ	4 ふちなか	4 ふちなか	4 みちすがら	4 つとめ場所	4 つとめ場所	4 つとめ場所
5 貧に落切れ	5 世界のふしん	5 世界のふしん	5 たすけづとめ	5 たすけづとめ	5 たすけづとめ	5 たすけづとめ
6 いばらぐろふ	6 をびや許し	6 をびや許し	6 親神の思召	6 親神の思召	6 親心	6 ぢば定め
7 谷底早くに	7 ひながた	7 谷底	7 ぢば定め	7 ぢば定め	7 ぢば定め	7 ふしから芽が出る
8 よろづ道あけ	8 をびや神様	8 をびや神様	8 ひながたの親	8 親心	8 一列澄まして	8 親心
9 産屋神様	9 よふぼく	9 よふぼく	9 御苦労	9 御苦労	9 高山へ	9 御苦労
10 勤場所	10 つとめ場所	10 つとめ場所	10 扉ひらいて	10 扉ひらいて	10 扉ひらいて	10 扉ひらいて
11 剣の中も	11 剣の中	11 剣の中				
12 あしきはらひの勤	12 あしきはらい始	12 あしきはらい始				
13 よふきづとめの歌	13 陽気てをどりの歌	13 陽気てをどりの歌				
14 おふでさき始	14 おふでさき始	14 おふでさき始				
15 ちよとはなし始	15 ちよとはなし始	15 ちよとはなし始				
16 山いかゝりて	16 高山へ	16 高山へ				
17 月日表へ	17 月日表へ	17 月日表へ				
18 ぢば定め	18 ぢば定め	18 ぢば定め				
19 最初の御苦労	19 御苦労	19 御苦労				
20 つとめ急込む	20 つとめ急込む	20 つとめ急き込む				
21 かんろだい石普請	21 かんろだい石普請	21 かんろだい石普請				
22 いちれつすましてかんろだい	22 一列澄して	22 一列澄して				
23 教祖様の面影	23 教祖の面影	23 教祖の面影				
24 雨乞勤	24 雨乞勤	24 雨乞勤				
25 節から芽が出る	25 ふしから芽が出る	25 ふしから芽が出る				
26 教祖様の逸話	26 教祖の逸話	26 教祖の逸話				
27 真に肉を巻け	27 しんに肉を巻け	27 しんに肉を巻け				
28 最後の御苦労	28 最後の御苦労	28 最後の御苦労				
29 最後のお仕込	29 最後のお仕込	29 最後のお仕込				
30 扉ひらいて	30 扉ひらいて	30 扉ひらいて				

（平仮名本[59]）と明治二〇（一八八七）年初めの『おさしづ』を加えたものを根本にした。解釈を加えながら『おふでさき』を史料として利用するスタイルは、第三稿の叙述ですでに定まっていた。そのほか、辻忠作「ひながた[60]」、諸井政一「道すがら外編[61]」、あるいは『史実校訂本』、山澤為次「教祖様御伝稿案」（一）～（八[62]）、山澤為次「教祖様御伝稿案年譜表[63]」などが参照された。

厳密な史料論としてみた場合、一次史料の『おふでさき』以外の中山真之亮「教祖様御伝」あるいは辻・山澤為次の記述は、編纂物や回顧録といったもので、史料的な価値は高くはないが、記述の柱として尊重された。その上で、「あらゆる史料」によって「史実を正確にし」「立教の精神」を明らかにすることが目指された（「第一巻第三稿、はしがき」）。史実の正確さは、『稿本』の生命といってよいものである。

もう一つ重要な方針は、当初はみきの誕生から始められていたことである（**表3**）。「主として時の流れに添い、時の逆転は極力さけるように心がけた。これは、当時の実感を生き〳〵と現わすため」（「第一巻第三稿、はしがき」）であり、当時の人々の感覚に沿い、みきの歩みを共有するために、時間軸が尊重された。

時間の流れに従うだけではなく、数は少ないが歴史的な背景も書き込まれていた。たとえば、第三稿では、天保飢饉（第三稿、三七頁）、立教の前年（天保八年）に起こった大塩平八郎の乱（同、四〇頁）に言及しているし、幕末期の日本・世界あるいは世界の宗教の解説（同、一三五～一三七頁）、王政復古から立憲政治という政治体制の見通し（同、一九一～一九三頁）、明治政府の宗教政策（神道国教化政策や大教院・中教院制、禁厭祈禱の禁止、同、二二八～二三〇頁）が述べられている。また、中山家に論難に来た修験道の小泉不動院も丁寧に解説している（同、一七三～一七四頁）。その後、第七稿では、簡単ながらみきが誕生したときの時代背景（第七稿、二頁）が書かれ、奈良県がみきを取り調べた場所の山村御殿と当時そこに居た伏見宮文秀女王についての註が付けられた（第七稿、二〇六～二〇七頁）。しかし、こうした歴史事項は、削られていく傾向にあり、幕末期の日本や世界に関する記述は第五稿から、大塩平八郎の乱への言及、小泉不動院の説明は第六稿からなくなった。誕生当時の社会の説明は第七稿だけに書かれ、その後一度も記されることはなかった。明治政府の宗教政策は第一一稿から註に回された。『稿本』では、他の註と同様に削除され、結果として、『稿本』では中教院が何なのか全く説明がなく、突然、明治七（一八七四）年一二月に中教院へ信者が呼び出されたことが記されるのである（『稿本』一二二頁）。

『稿本』の編纂に参加した中山慶一の『教派神道の発生過程』[64]は、民衆宗教が誕生した時代背景に頁を割いている。当初の歴史的叙述は、このような著作をものした中山慶一ならずとも取り上げるであろう最低限のものである。また、『おふでさき』には、「大社」「高山」「上」という、いわゆる社会の上層部に対する批判がにじんでおり、『おふでさき』の註釈でも言及している[65]。これらの説明のためにも必要な社会性・歴史性を意識した叙述は、本文中に意識的にちりばめられていたはずである。しかし、歴史事項の説明的記述は、編纂過程で明らかに後退した。『稿本』で、他宗や抑圧する側のことをわざわざ説明する必要はないという判断も働いたに違いない。このような姿勢が、『稿本』の輪郭を決定づけていくのである。

第七稿では、その冒頭に、天理王命・中山みき（月日のやしろ）・ぢばの意味を付け加えた（第七稿、一頁）。次の第八稿では、時間の流れを尊重した編纂方針を改め、天保九（一八三八）年の立教の記事から始まるようになる。編纂が進むにつれ、時間軸に従いみきの人生をたどるより、まず天理教とは何かを説明しなければならないと判断したのだろう。冒頭に立教を示すことで、中山みきを天理教の教祖として叙述する根拠を、読み手に示すことに成功したのである。中山正善は、すでに昭和一〇（一九三五）年には、神憑りを冒頭に置く構成を提案していたので、早い段階で着想されていたものであった[66]。

ただ、この変更には、単なる叙述上のテクニックに止まらないものを含意していた。それは、歴史的叙述が少なくなっていたことと密接に関係している。島薗進が指摘するように、立教を親神の意思（旬刻限の到来）と見、みきの人生を「月日のやしろ」となった立教の前後で分けることによって、みきの心の変化を問うことがなくなったのである。(67) みきの存在を、教義論的に「月日のやしろ」として理解し、それを基本に叙述の変更を加えていくようになる。死から生へと力点が移ってきたみきの姿は、ここにきて、生死を超越した神と同義になったのである。

具体的には、次の二点が指摘できよう。一つには、度重ねてこだわりを見せていた「正確な史料」に示されていることであっても、教義論として符合しなければ、それを採用しないことである。二つ目には、島薗が問題視するような、立教以前のみきの人生を重視しないという点である。これらの点については、節を改めて論じてみよう。

2　信者のためのみきの人生＝「ひながた」

前節末で示した一点目を、立教の記述から検証してみよう。「方針案」にあったとおり、信頼できる史料として叙述の中心に据えられた中山真之亮「教祖様御伝」での啓示の第一声は、「天の将軍なり」であった。ついで、

否、元の神である、此屋敷ニ因念あり、美支《（ママ）》の心見すまし、世界の人を助くる為めニ天下りた、此屋敷親子諸共神の社ニ貰ひ受けたい、返答せよ。

と続く。第七稿までは、この史料の表記を若干改めただけで、ほぼそのまま採用されていた。史料に即した実証的な手法である。明治期の教祖伝もおおよそこの記述に従っており、史料を提供した松村吉太郎ら当時の本部の人々

の共通理解だったと思われる。

しかし、第八稿で立教の模様を冒頭に記すように改められたとき、最初の言葉に「天の将軍」はなく、以下のように記された。

我は元の神・実の神である。この屋敷にいんねんあり。このたび、世界一れつをたすけるために天降つた。みきを神のやしろに貰い受けたい。

これは、文章のみならず、冒頭に配置されているという構成の点でも、『復元教典』と同じである。『復元教典』と『稿本』との間で、教義としての一貫性が図られたのである。

しかしながら、史料と『復元教典』の記述には重要な違いがある。一つは、「美支（ママ）の心見すまし」という記述を削除したこと、ついで、もともとは「此屋敷親子諸共」だったものを、みきのみを対象としたことである。単なる字句の問題ではなく、前者では、親神が神憑り以前のみきの心を見澄ました上で啓示したという、一種の因果論的な記述を避け、人間を創造したときの約束の年限である「旬刻限の到来」を、天保九年の立教の前提とするためだと推測される。また、後者では、他の家族・信者と異なる「月日のやしろ」という教義上のみきの立場を明示するため、娘のこかん[68]を除いたのである。いずれの場合でも、史料の記載を主とするのではなく、『おふでさき』などの解釈により、史料を選択し、さらにそれに手を加えて叙述したのである。

このほか、「稿本教祖様御伝」（片仮名本）には、「大神宮ナリト」という言葉も書かれていたが、これが採用されることはなかった。また、同じ「稿本教祖様御伝」には、「聞キ入レ呉レタ事ナラバ、三千世界ヲ助クベシ、若シ不承知ナラバ此家粉モナヒ様ニスル」と記され、この記述も第三稿から第六稿まで採用されていた。第七稿以降、紆余曲折があり、第一八稿で「三千世界ヲ助クベシ」とすべきところを「世界一列を救けさそ」とした（第一八稿、七頁）。仏教用語の「三千世界」を削り、『おふでさき』冒頭にある「世界一列」に改めたわけである。史料を根拠にしつつも、教義理解に基づきながら、神道・仏教とも違うという教団の立場を加味して言葉が選択された。正確な史料は『稿本』の意義づけには絶対に必要だったが、しかし、それは教義あるいは教団の立場に従った。学問を教団の道具として利用する志向は、ここでもいかんなく発揮された。

次に、立教以前を相対的に軽く扱うようになったことを取り上げてみよう。

もともと立教以前のみきの姿を明らかにする史料は乏しい。それでも、第三稿では、「人倫の根本たる結婚生活を通し家庭生活を通して、手本ひながたの道をお拓き下さる事となつた」（第三稿、一一頁）、あるいは、自らの子どもの命と引き替えに預り子の疱瘡を助けようとした話に対して、「之ぞ、たすけのひながたとして、我々道の子の忘るべからざる御足跡である」（第三稿、三六頁）との評価を与えていた。第三稿では、立教以前の中山みきの人生もまた、教えを受けた人々のたどるべき「ひながた」だったのである。

そもそも、この理解は、『復元教典』の「第五章ひながた」において「九十年に亙る道すがらこそ、万人のひながたである」（一九四九年、初版、四五頁）とされていたのに符合している。『復元教典』を解説した第一三回教義講習会において、中山慶一（第五章担当）は、「教祖様がお通り下さいました九十年のおん道すがらは生きた事実として、私共の目の前にお見せ下さいました親神様の御教」であり、「この教祖様のひながたこそは、おふでさきやみかぐらうたと共に私共の信仰の根本のよりどころである[69]」と説明している。

九〇年のみきの全人生を踏まえる考えと、立教後の五〇年を重視する二つの立場があり、明治から大正の教祖伝では立教以前も重視されていたことは、すでに触れた。『復元教典』段階でも、この点が曖昧なまま記述されていた。当初の教祖伝は、立教以前のみきの「偉人化」の流れを汲んでいたのである。

ところが、第六稿になると、立教以前の記述に「ひながた」という言葉が用いられなくなる。たとえば、先の部分は、「我が身我が子の命を捨て、人だすけに進まれた教祖の真心は、我々道の子の、いつ〳〵迄も忘れる事の出来ない御足跡である」（第六稿、三〇～三一頁）と改められた。「ひながた」は、立教後の五〇年を指すものとして、厳密に定義されたのである。

第七稿以後、立教以前を扱った部分の章名は、「万人の手本」とされていた。信仰者のたどるべき「ひながた」ではないが、人助けにいそしむ立教以前のみきの姿を、人々の手本として信者以外にも広く訴えかけていたのである。しかし、第一一稿以後、当該の章名は、単純に「生い立ち」とされ、「忘れる事の出来ない御足跡」という評価も消えてしまう。「ひながた」が五〇年と確定すると、『復元教典』の「九十年に亙る」という表現も『稿本』編纂後いつしか削除されることになるのである。(70)

中山正善は、「ひながた」を、天理教が始まった日、つまり、みきが「月日のやしろ」と定まったときから考えることを第一義とし、それ以前を前史として位置づけたとしている（『第十六回教義講習会録』九二～九三頁）。換言すれば、天理教の発生から説き起こすことによって、教団の内と外あるいは信仰の有無という区別を、教祖伝の中に持ち込んだのである。

戦前の教祖伝が、比較の視点を含め、みきを広く人々に知らしめ、偉人として位置づけていたのに対して、『稿本』でのみきの人生――ただしそれは立教以後だが――は、天理教の信者に独占され、信者のための「ひながた」として強調されることになったのである。

3 「つとめ」の完成の陥穽

教義を強調する流れは、編纂の稿が進むにつれ、より明確になる。特に、大きな変更が加えられた第一一稿が一つの転機になった（第一一稿、はしがき）。このとき、三〇章立てから一〇章立てへ変更され（表3）、『おふでさき』を用いて、「第六章　親神の思召」が新たに書き起こされた。『稿本』でいえば「第八章　親心」に相当する。第一一稿第六章は一二〇頁あまり、史実を除いた『おふでさき』による教義展開の部分だけでも九〇頁ほどある。第一二稿からは、歴史的な記述が除かれて、純粋な教義を示す中心的な章となった。教祖伝は、最初から「史実と教義が織りなされる」ことが意識されていたが、ここにいたり、教義がいっそう重視されてきたのである。

本章第一節でみられた教祖伝の非歴史化は、歴史的な意味が、非歴史的な意味に依拠し、非歴史的意味はいまを生きる人々の立場、関心に深く関わるという歴史叙述の特質そのものである。みきの生涯を「ひながた」として理解する、つまり、信者がたどるべき教義――すなわち非歴史的な意味――として普遍化しようとしたときの、必然的な方向性だったと見てよいだろう。[71]

第一一稿の「親神の思召」では、『おふでさき』執筆の様子を記した後、その大意を記し、短いながら、陽気ぐらし・かしものかりもの・ぢば・かんろだい・つとめ・さづけという天理教教義のキーワードを網羅する。つづいて、陽気ぐらし・つとめの完成・親心の三点を、それぞれ『おふでさき』の第一号から順を追って説明した。「世界一列を救けて、陽気ぐらしの理想世界をこの地上に実現したいとの親心」から、「人間世界創造の元の理を明かして、つとめの完成を急き込まれた」（第一一稿、一五六頁）と総括されているように、「つとめの完成」が教祖伝の叙述の最も重要な柱となった。

「つとめ」の地歌である「みかぐらうた」の第五節（十二下り）については、最初、その一部の引用・解釈に止まっていたが、第九稿になると全文引用して、簡単な解説を加えるようになった（ただし、解説は第一八稿で削除され、最終的に歌の引用だけになる）。第一四稿では、つとめの意義が強調され、かぐら・てをどり、かんろだいづとめ・かぐらづとめ・たすけづとめ・よふきづとめなどを説明した。

『稿本』でいえば、「第五章　たすけづとめ」に記される「みかぐらうた」は、みきの没後に確定し、現在用いられている明治二一（一八八八）年の「みかぐらうた」本に準拠している。「つとめ」は一度に教えられたのではないが、『稿本』では、慶応二（一八六六）年に最初に示されたときにあわせて、すべてをまとめて掲出した。紆余曲折を略し、現在行なわれている形が最初に提示されているのである。「つとめ」を説明し、複雑な叙述を避けるという意味では、了解される方法である。しかし、「月日のやしろ」という教学上の位置づけからすれば、むしろ、親神の教えは、最初からすべてが決定しているという思想に従ったと見たほうが適切だろう。

とはいえ、「つとめ」の完成を叙述の柱にするに際し、大きな問題が残っていた。中山正善が、「おつとめの変遷」を発表したのが昭和二七（一九五二）年一一月で[72]、編纂当時、研究が不十分なものだったことを認めている（『第十六回教義講習会録』二二九頁）。教義的に深めることができても、「つとめ」の史実は必ずしも確定していなかったのである。

文献学的にいえば、「みかぐらうた」は、微妙に歌詞が異なっていたり、つとめる順番や唱える神名が時期によって違ったりしているのは明らかである[73]。『稿本』に示されているように、そもそも「つとめ」は、地歌、手振り、道具（かぐら面・鳴物）、場所（ぢばとかんろだい）などが徐々に形作られたもので、最初から完成形が示されていたわけではない。また、みきが完成形を提示したという史料も伝承もない。「つとめの完成」という用語は、『稿本』では、明治二（一八六九）年に書かれた『おふでさき』第二号の説明にも用いられているが（『稿本』一七六頁）、当時の信仰者が「つとめ」の完成形を了解していたわけではない。

一つの問題は、現在用いられていない第一第三合一節と呼ばれる歌の存在である。現在の第一節は、「あしきをはらうてたすけたまへ　てんりわうのみこと」、第三節が「あしきをはらうてたすけせきこむ　いちれつすましてかんろだい」であるのに対し（これらも字句の修正を経ている）、第一第三合一節は、第一節上の句と第三節下の句からなっている。つまり、「あしきはらひたすけたまへ　いちれつすますかんろだい」で、第三節に代わって明治一四、五年の写本にみられるものである。[74]

この歌の存在は、辻忠作「ひながた」を下敷きにして、第一七稿まで記載されていたが（第一七稿、二六一頁）、第一八稿になって削除されたため、『稿本』では説明されていない。詳細は別稿に譲るが、[75]『稿本』では、第一節、第三節の歌詞の変更についても、説明が不十分のままで終わっている。文献学的に確認できるにもかかわらず、現状とあわず、しかも説明が難しいものについては、『稿本』から外されてしまったのである。

厳格にみれば、「つとめ」の地歌だけではなく、鳴物についても検討の余地がある。道具のうち、女鳴物はみきによって教えられたことがはっきりしているが、[76]男鳴物がどのように教えられたのかわかっていない。細かく見ていけば、男鳴物のうち、太鼓はしめ太鼓、鉦鼓は手持ちの鉦だったが、みきの没後、それぞれ楽太鼓、雅楽で用いる鉦鼓に改められて定着している。[77]現在の「つとめ」の形態は、必ずしも明治二〇（一八九七）年以前のものではないのである。

つとめの完成が『稿本』の重要な柱であるならば、つとめを行なう人間の「心の成人」（信仰の深まり）だけではなく、形態の変遷にももっと意を尽くしてもよさそうなものである。しかし、それぞれの歴史状況にあわせて、つとめの形態が変化したとなると、「月日のやしろ」であるみきの立場に従って最初から完成形が存在しているという暗黙の前提は、矛盾を抱え込んでしまう。少なくともいえることは、完成されたつとめとは、教祖伝の編纂当時行なわれていたつとめと同じということである。『稿本』のつとめの記述は、教祖時代に回帰することのできない現実の枠組みに規定されているのである。

4　「月日のやしろ」と「ひながたの親」を結ぶ「親心」

『おふでさき』を読み込むことで教義が深められていくと、それと合致しない史料の記述が問題になる。叙述の工夫が必要とされ、立教や「つとめ」の記述のように、史料が取捨されるのである。

その一例が、立教の後、「国常立命」ほか「十柱の神」がみきの前に姿を現したという中山真之亮「教祖様御伝」の記事である。『史実校訂本』に掲げられ、戦前の教祖伝編纂の段階でもよく知られていたにもかかわらず、検討された様子すらない。十柱の神は、親神天理王命の働きを表したもので、それぞれが単独で存在しうるようなものではないと考えられているからである（『復元教典』第三章　元の理、第四章　天理王命、参照）。よって、第三稿の段階ですでに無視されている（第三稿、六二頁）。

ついで、親神とみきの関係が問題になってくる。たとえば、立教後の記述として、第一〇稿までは、a「親神の思召しのまに〳〵内蔵に」三年間籠ったこと、b秀司の足にみきが息を吹きかけて痛みを直したこと、c天保一〇（一八三九）年四月頃から「刻限々々に、身の内守護の理について、親神の思召しを受けられた」ことが記されていたが（第一〇稿、三五～三六頁）、第一一稿ではすべて削られた。a・bは、『逸話篇』（二頁）で復活するが、cはその後触れられることはない。みきの心はすべて親神の心であるという「月日のやしろ」という教義的位置づけならば、みきが親神から教えを受けることはありえないのである。[78]

みきが親神と人間の情の板挟みになり、池へ身を投げようとした事件（「宮池事件」）は、「月日のやしろ」――ここに板挟みは存在しえない――に疑義を差し挟む記述として、編纂時から大きな課題だった（第一一稿、はしがき）。中山正善は、昭和二八（一九五三）年一二月に、「月日のやしろ」＝教えを説く立場と「ひながたの親」＝教えを聞く立場の二つを体現していることを、人々にいかに納得させるのかが重要である、と述べている。[79] 昭和三〇年五月には、「教祖の言葉、文意を、只に親神様の御命のまゝに流れ出るものとのみ偏重して、人々の立場にあつてお話下されている親心に、気付かなかつた」ことを反省しなければならないとした。[80] みきの言葉が「親神様の御命のままである」（「月日のやしろ」）とは、正善による教祖論の最も重要な位置づけであるから、その考えは微妙に軌道修正されたとみるべきだろう。「月日のやしろ」と「ひながたの親」の両面をとらえるために、「親心」という心情的な言葉を用いて、両者をつなごうとした。これは、やがて『稿本』で教義を論じた八章の章名となる。

中山正善は、右を記したのとほぼ同時期の第一一稿で、宮池事件について、いったん以下のように書いた。

月日のやしろに坐す教祖が、我々人間の胸にひしく〳〵と響き、涙を以て偲ぶような中を通られたのは、ひながたの親として、人間の種々の苦しみの姿を悉く自ら通って手本を示し、その後を追うて来いと教えられたのである。教祖が板挟みになられたというのではなく、一列人間が人生の道すがらに於いて板挟みになった時の身の処し方を、姿に現わして教え、そのお姿を慕うて救かる道に随いて来るよう導かれたのである。

（第一一稿、五〇頁）

ここでは、信仰者としての感情を踏まえつつ、『おふでさき』から導かれた教義（「月日のやしろ」）を前提に中山みきを理解しようとしている。その一方、この表現では、宮池事件が信者に示したみきの「芝居」になってしまう（『第十六回教義講習会録』一五七～一五八頁）。そのため、第一四稿では、右の箇所は削除された。

代わって、第一四稿では、「いんねんある魂の月日のやしろたる理より思案すると、不可解にも思われる事ながら、ひながたの親として人生行路にのこされた神一条の指針と思う時、たゞ〳〵限りなき親心を偲ばれるのみである」（第一四稿、四八～四九頁）と「親心」を使って叙述した。しかし、「不可解にも思われる事ながら」、は、一般信者側の表明であり、第一七稿では、字句の修正を伴いながら、「当然の事ながら」と改められる（第一七稿、五一頁）。また、第一六稿では「板挟み」という表現もなくなっている（『第十六回教義講習会録』七二頁）。紆余曲折を経て、「教祖は、月日のやしろとして尚も刻限々々に親神の思召を急込まれつつも、人間の姿を具え給うひながたの親として、自ら歩んで人生行路の苦難に処する道を示された」（『稿本』三〇頁）と最小限度の表現に止められるのである。

中山正善自身、戦後復興を呼びかけるラジオ放送で宮池事件に触れ、苦難の中でも明るさと喜びとを見出すよう訴えかけたことがあったように[81]、宮池事件は、いろいろな立場の「板挟み」になり、苦労を重ねた人々の心を打つ逸話であった。そのため、感情を排し、教義論を全面に出した『稿本』の叙述に対しては、厳しい意見が寄せられた（『第十六回教義講習会録』一五〇頁）。

しかし、本章でたびたび述べたとおり、教学上の議論に合致しない史実は、採用されなかったり改変されたりしていたことを考えてみると、宮池事件を『稿本』から切り捨てることも可能だったはずだ。一般の信者からみれば、位置づけが軽く叙述も物足りなかったかもしれないが、むしろ、この逸話が掲載されていることのほうが重要なのである。おそらく、正善は、自らも共感を抱くこの逸話に寄せる信者の思いを無視できなかったのであろう。信仰を前提としたテクストである以上、信仰者の篤い思いと教義論の整合性を図らなければならなかった。しかし、結果的にみて「月日のやしろ」と「ひながたの親」の共存を論理的に説明し切れなかった。第一六回教義講習会第一次講習では、この件に関して、わざわざ参加者からの意見を募った上で丁寧な説明を加え、「月日のやしろ」としての理解を強調する。そこでは、みきの立場を信じ、教祖伝を読む人々が「心の成人」を促すよう求められた。『稿本』のテクストでは整合的に語りえなかった部分を、「親心」を感じる信仰によって補うよう、講習会を通して解釈共同体を方向づけたのである。宮本要太郎の表現した「教祖の神格化」と「教祖の人間化」という対立する二つの概念を止揚するのは、素朴に言えば、そのような教祖の存在を信じることにほかならないのである。

このように、『稿本』の編纂過程では、教義論が前面に出て、みきは、第一に「月日のやしろ」として位置づけられ、細心の注意を払って叙述されるとともに、前代までに培われた、どちらかといえば「ひながたの親」に共感を持つ信者の信仰心との共存が図られている。確かに、「月日のやしろ」を徹底する正善の教学は、信者に対して従来のみきに対する理解に修正を求めるものだったが、逆に、「月日のやしろ」に対する正善の理解も修正され、みきを取り巻く信者の存在を前提とする「親心」が重んじられた[82]。「つとめの完成」あるいはそれに向けた信者の「心の成人」そのものが、信者の存在を前提とし、『稿本』の叙述を大きく規定せざるをえなかったのである。

『稿本』は、天理教の教義や信仰の中からみきの教え以外のものと想定されるものを排除するだけではなく、歴史的側面を後景に退けながら、純粋にみきの教えに立ち返ろうとすることにより、教えの有無（立教）によってみきの人生をも仕分けてしまった。積極的に比較宗教の視点を用いた中西牛郎などと対比すれば、仏教や神道との違いを強調することに付随する排除の論理が隠されていることも、純粋さの重要な要素である。そして、社会的な諸関係より精神的・内面的なものを強く求めることによって、教団の独自色を提示するとともに、教団の内外の区別をも鮮明にするのである。(83) 史料により正確な史実を明らかにするという普遍的な方法を用いながら、実際には、特殊性こそが重要なのであって、信者以外にこの『稿本』の読み手は想定されていないのである。

「教祖に帰る」ことは、必ずしも他者を排除することではないはずだが、「復元」の名の下に試みられた純粋な教義・信仰を希求する姿勢は、純粋にあらざるものを新たに措定し排除し続けることと同義となっているように思われる。『稿本』は、同じように精神性(心の成人)を強く打ち出した『復元教典』とともに、教会本部の権威によって、『稿本』の前提としていた信仰の形態を、純粋さをもとにして平準化し、やがて解釈共同体=教団のありようをも改変していくのである。

おわりに

天理教の教祖伝の編纂を回顧してみると、教団の立場と内容とは密接に関係していることが鮮明になる。明治後半の淫祠邪教という厳しい社会からの眼差しの中では、むしろ教団外部の宗教学者・ジャーナリストの価値は高く、時代に合わせるように偉大な宗教家として描くことで、教団の社会的な地位を高めようとした。思えばこれは、近年問題になった宗教教団と宗教学者との関係にほかならないだろう。ここでは、当然、比較宗教の視点を取り入れた評価こそ意味のあることだった。その後、昭和に入ると、史料を重視し、実証性を重んじる研究姿勢が醸成され、近代的学知、とりわけ東京帝国大学宗教学研究室での影響を受けながら教学形成が図られた。戦後、教団がその地位を確保すると、逆に信仰を基点に教団の正統性を内部から説明し、比較の視点が後退して、他宗との違いを強調する独自性・純粋性が前面に出ることになる。そこでは、実証的手法をもとに、史実の正確さを強調することで正統性が担保されているが、むしろ歴史的制約を取り払い、教義としての叙述に力が注がれた。

『稿本』の編纂過程において、中山正善の徹底した教義理解と伝統的な信仰とは、すりあわされつつ叙述が重ねられることになり、前者が後者の理解に強い影響力を持つことになった。みきを語る自由な信仰表明、あるいは多様な媒体は、『稿本』の持つ教会的権威もさることながら、むしろ編纂の方向性、つまり、中山みきの直筆のテクストをもとに、みきを教祖として純粋に理解しようとする「復元」の姿勢そのものによって、忌まれていくことになるのである。

ところで、正善は、戦争末期の極限状態の中で、世の中の出来事はすべて親神の思いに従っており、その中で人間としての心の持ち方（陽気ぐらし）を重んじるように説いていた。その姿勢は戦後の「復元」の提唱においても一貫している。[84]この発想は、『おふでさき』の記された順番（事実）がすべて親神の意図であるとした理解と同根である。純粋な教義的解釈によって強調された「つとめの完成」の裏側にある信者の「心の成人」という精神主義的理解も、おそらく歴史的産物だと思われる。しかし、どのような状況にあっても、正善自身が親神の意図を受け止める側にあったように、結局は、みきを取り巻く信者の存在を、親神の意図の内側に含みこんでしまうことはできなかった。

『稿本』は、いうまでもなく、みきを主人公とした伝記である。しかし、実は信者の位置づけはたいへん重い。第一章でも触れたみきの「死」は、自らの意図で決定したのではなく、信者の言葉に従ったものだった。青地晨は、このような「重大な問題が、一部の側近者の不用意で、しかも誤解にもとづく答えによって左右され」たことに疑義をさしはさんでいる。[85]しかし、みきの生涯を振り返ってみると、重要な問題ほど、むしろ自ら決定していないことに気づかされる。

みきが前川家から中山家に入嫁したのは、自らの意思ではなかった。みきには仏門修行への思いがあったが、両親から中山家に入ることを説得されたという（『稿本』一三頁）。天保九（一八三八）年一〇月二六日、みきが「神のやしろ」に定まったのもみきの意思ではない。みきは、一〇月二三日、神の啓示を受けたが、そのきっかけの加持台も他の女性の代役であり、三日間の押し問答の末、みきを神に差し上げると決断したのは、夫の善兵衛である（『稿本』四〜八頁）。人間誕生の場所である「ぢば」も、みき一人で決めたわけではない。明治八（一八七五）年六月、みきとともに複数の信者が屋敷の中を歩き、同じ場所で足が止まったのである（『稿本』一二八頁）。明治一五（一八八二）年に『おふでさき』の執筆が終わったが、その最後の言葉は「これをはな一れつ心しやんたのむで」という信者に対する問いかけであった。その後、信者に「こふき」を作るように命じ（『稿本』一五七〜一五八頁）、自らは作っていない。信者たちは、『おふでさき』を抜き書きするなどしてまとめようとしたが[86]、完成しなかった。「つとめ」についても同様である。そもそも「つとめ」は信者がつとめるものであり、みきは「つとめの完成」を信者にゆだねなければならなかった。みきの人生は、親神だけではなく、家族や信者によって決定的な意義づけを与えられてきたのである。

とりもなおさず、みきの教えが信者に向かって発せられたとすれば、教えそのものは、信者の存在そのものに規定されていることになる。冒頭に示した島薗の顰みに倣うなら、「教祖と信者の共同作業」の結果としての教えなのである。その教えは、決して教祖＝みきのみで完結していない。『みかぐらうた』『おふでさき』『おさしづ』のいずれも、最後にいたって、未来に託す言葉が現れる。みきの人生もまた、閉じられることによって、「存命」として開かれるのである。みきの人生は偉大な「ひながた」だったに違いないが、この言葉もまた、それを見習う

（たどる）信者の存在が前提になければならないのである。

みきの教えも人生も多くは他に開かれている。島薗のいうように、決定的なことはその人生のうちにすでになされていたかもしれないが、それは事態の半分しか言い当てられておらず、なにもなされていないとも考えられたがゆえに、信者として、教えの達成への参入（信仰・帰依）が意義づけられたのである。[87]

同じように、『稿本天理教教祖伝』も、「稿本」と冠せられたように、後世の参入を期待されていたはずである。仮に「稿本」の名がなくとも、教祖伝の再構築に参画することは誰にでも可能であり、信仰の有無にかかわらず、常に自らの教祖伝・教祖像を描きうる。その再構築を根拠づけるのは、教祖伝で取り上げられた、あるいは取り上げられることのなかった教祖の言葉であり、人生そのものに違いないのである。

註

（1）『おさしづ』（縮刷版、天理教教会本部、一九七六年）。『おさしづ』は、天理教教祖中山みきの明治二〇（一八八七）年の言葉と、みきの没後、飯降伊蔵が取り次いだ神の言葉を編纂したものである。

（2）島薗進「教祖と宗教的指導者崇拝の研究課題」（宗教社会学研究会編集委員会編『教祖とその周辺』雄山閣出版、一九八七年）一一～二二頁。

（3）島薗進「カリスマの変容と至高者神話――初期新宗教の発生過程を手がかりとして――」（中牧弘允編『神々の相克』新泉社、一九八二年）六二頁。

（4）島薗前掲註（3）「カリスマの変容と至高者神話」六五～六六頁。

（5）川村邦光「教祖のドラマトゥルギー――カリスマの制度化と継承――」（前掲註〈2〉『教祖とその周辺』所収）。

（6）島薗前掲註（3）「カリスマの変容と至高者神話」六六頁。

（7）宮本要太郎『聖伝の構造に関する宗教学的研究』（大学教育出版、二〇〇三年）一三～一六頁。

（8）宮本要太郎「新宗教教祖伝の生成の一端をめぐって」（『関西大学文学論集』第五六巻第四号、二〇〇七年）。

（9）荒木美智雄「宗教的自叙伝としての『金光大神御覚書』と『お知らせ事覚帳』――その宗教学的意味について――」（『金光教学』第二三号、一九八三年）。さらに、一九一二年に出された二冊の金光教の教祖伝をめぐる葛藤については、藤井喜代秀「教典編纂委員会における教祖伝の編纂過程について」（『同』所収）が詳しい。

（10）ジョナサン・カラー『新版　ディコンストラクション　Ⅱ』（富山太佳夫・折島正司訳、岩波書店、二〇〇九年）一一二頁。

（11）島薗進が「天理教研究史試論――発生過程について――」（日本宗教史研究年報編集委員会編『日本宗教史研究年報』第三号、佼成出版社、一九八〇年）などにおいて展開した如上の方法については、島田勝巳「「天理教学」の生成と展開――媒介としての宗教諸学の意義をめぐって――」（『天理教学研究』第四三号、二〇〇九年、一三〇頁）に指摘がある。また、島薗進・中山正善の関係については、永岡崇「教祖の〈死〉の近代――中山みきの表象＝祭祀をめぐって――」（『日本学報』第二六号、二〇〇七年）も参照されたい。

（12）記憶の記録化・歴史化については、さしあたり、ポール・リクール『記憶・歴史・忘却（上）』（久米博訳、新曜社、二〇〇四年）第二部を参照。

（13）スタンリー・フィッシュ『このクラスにテクストはありますか』（小林昌夫訳、みすず書房、一九九二年）。

（14）寛政一〇（一七九八）年～明治二〇（一八八七）年。天理教では、中山みきの表現として「教祖」と書き「おやさま」と読むが、本論では、「中山みき」で統一する。中山みきの表記については、中山正善が考証を行なっている（『続ひとことはなし』天理教道友社、一九五一年）。「教祖《おやさま》」のように徹底されたのは、『稿本天理教教祖伝』以後である。なお、教祖伝編纂に関わる研究として以下のようなものが挙げられる。山澤為次『教祖御伝編纂史』（天理教道友社、一九五〇年、初出は『復元』第八・一〇号、一九四七年）、中山正善「ひとことはなし」第一四七～一八一回（『天理時報』一九三八年一月一日～一〇月二三日、この部分は単行本化されていない）、『第十六回教義講習会第一次講習抄録』（天理教道友社、一九五六年。以下、『第十六回教義講習会録』と略す）、西山輝夫「文献としての教祖伝通史」（明治・大正・昭和前期・昭和後期・むすび、『天地』第一巻第六・七号、第二巻一号～三号、一九七八年～一九七九年）、島薗進「天理教研究史試論――発生過程について――」（日本宗教史研究年報編集委員会編『日本宗教史研究年報』第三号、佼成出版社、一九八〇年)、山澤秀信「原典の刊行および教義書の編纂――山澤秀信先生に聞く――」(『天理教学研究』第三九号、二〇〇二年)、同「『稿本天理教教祖傳』の編纂についての覚書」(『天理教校論叢』第三五号、二〇〇二年)。

(15)『おふでさき』(天理教教会本部、一九四八年)第三号九九~一〇〇。同書は、一七一一首の和歌からなる、みきの直筆の書で教義の根本史料である。

(16)山澤為次前掲註(14)『教祖御伝編纂史』。以下、特に断りのない限り、山澤による編纂史の整理は同書による。

(17)「こうき」(天理大学おやさと研究所編『改訂天理教事典』天理教道友社、一九九七年)。近年の天理教学では、「元始まりの話」が重視されがちであり、これに対して、安井幹夫は「神憑略記」(教祖略伝)の意義を積極的に見出そうとしている(安井幹夫「「神憑略記」をめぐって――こふき話の概念を考える――」〈『天研』第一三号、天理教校研究所、二〇一一年〉)。

(18)「神之最初之由来」(『復元』第三一号、一九五七年)。

(19)鴻田忠三郎・清水与之助・諸井國三郎・増野正兵衛「最初之由来」(前掲註〈18〉『復元』第三一号所収)。

(20)一派独立については、松村吉太郎『道の八十年』(養徳社、一九五〇年、一四七~一五二頁)、中山正善「ひとことはなし」一五一回(『天理時報』一九三八年一月三〇日号)による。「教義と組織の整備の遅れ」とは、羽根田文明『天理王弁妄』(法藏館、一八九三年、二〇頁)の天理教批判が自己認識となったものだと推定される。

(21)中西牛郎と天理教の関係については、金子圭助「中西牛郎の天理教学研究」(『天理大学学報』第二七巻第四号、一九七六年)による。宗教研究者としての中西については、星野靖二「明治中期における「仏教」と「信仰」――中西牛郎の「新仏教」論を中心に――」(『宗教学論集』第二九輯、駒沢宗教学研究会、二〇一〇年)など参照。

(22)宇田川文海「天理教教祖御略伝」(『復元』第八号、一九四七年、『復元』第三五号、一九五八年、再掲)。

(23)中西牛郎「教祖御伝記」(『復元』第九号、一九四七年、『復元』第三六号、一九五九年、再掲)。

(24)碧瑠璃園(渡辺霞亭)『天理教祖中山美伎子』(育文館、一九一〇年)。

(25)天理教同志会(奥谷文智)『天理教祖』(同会、一九一三年)。

(26)山中重太郎『天理教御教祖御一代記』(賀来中太郎発行、一九〇〇年)。

(27) 天理教批判文書の研究には、以下のものがある。高野友治「明治時代のジァナリズムに現われた天理教批判の研究」(『天理大学学報』第一五巻第二号、一九六三年)、金子圭助「〔資料〕明治期の新聞に現われたる天理教関係記事について――「天理教伝道とその歴史的展開」の一資料」(『天理大学学報』第一九巻二号、一九六七年)。
(28) 松村前掲註(20)『道の八十年』一三九頁。
(29) 中西前掲註(23)「教祖御伝記」(『復元』三六号)五二頁。
(30) 松永好松「天理教々祖履歴」(松谷武一編『松永好松遺稿参考書』天理教南大教会、一九九三年)五八頁。
(31) みきの葬儀については、中山正善『ひとことななし　その二』(天理教道友社、一九三六年)参照。そこでの、「尚生存者も多い事で尋ね廻れば沢山の記事となりませうが、「古衣服」を棄てるお葬祭の行事ですから之で筆をとめておきませう」(九三頁)が中山正善の立場を表明している。
(32) 上田嘉成『稿本中山真之亮伝』(天理教道友社、一九八二年、改訂六版)一三七～一六七頁。
(33) 晩翠『天理教御教祖御実伝　附御本席飯降伊蔵先生略伝』(武田福蔵発行、一九〇三年)。
(34) 宮崎三郎『天理教独立史　上巻』(同志協会、一九〇九年)。
(35) いずれも、天理大学附属天理図書館『天理図書館開館八〇周年記念　おぢばがえりのお土産絵　一枚刷り版画集』(天理大学出版部、二〇一〇年)所収。
(36) 深谷徳郎「教義結集の急務」(『みちのとも』第四三九号、一九二五年)二八頁。
(37) 代表的なものが、『天理教綱要』(天理教道友社)で、一九二九年から一九三五年に、毎年発行された。
(38) 中山正善「教祖伝研究上の一私見」(『みちのとも』第六一八号、一九三二年)。
(39) 天理教教義及史料集成部編『おふでさき』(中山正善発行、一九二八年)。
(40) 『おやさまのおもかげ(上)』(中山正善発行、一九三一年)。
(41) のち、下三を除き、『復元』第二九・三〇・三一・四七号(一九五六・一九五七・一九六一・一九八九年)所収。
(42) 増野鼓雪「教義及史料の集成」(『みちのとも』第四三九号、一九二五年)三頁。
(43) 永岡崇は、他者の記憶の共有を強調する。永岡前掲註(11)「教祖の〈死〉の近代」参照。
(44) 増野前掲註(42)「教義及史料の集成」五頁。

(45) 中山正善『こふきの研究』(天理教道友社、一九五七年)五頁。
(46) 永岡前掲註(11)「教祖の〈死〉の近代」参照。
(47) 井上昭夫は、これを批判し、原本が存在しないことを前提に議論している(「「みかぐらうた」釈義批判――「味わう」ことの身体性にふれて――」〈『天理大学おやさと研究所年報』第一六号、二〇一〇年〉九三頁)。筆者もまた、原本はなかったと考えている。
(48) 中山正善『おふでさき概説』(天理教道友社、一九六五年)三四~三五頁。
(49) 中山正善『『神』『月日』及び『をや』について』(天理図書館、一九三五年)。
(50) 両年祭に関する一般的な事実については、前掲註(17)『改訂天理教事典』、天理教道友社編『ジュニア版天理教の歴史④　おやさま年祭とともに』(天理教道友社、一九八五年)参照。
(51) 中山正善「第三回教義講習会開講に就いて」(『みちのとも』第五七〇号、一九三〇年)。
(52) 板倉槌三郎「本部の計画とその活動」(前掲註〈51〉『みちのとも』第五七〇号所収)。
(53) 「神殿増築の発表」(『みちのとも』第五七四号、一九三一年)七〇~七一頁。
(54) 幡鎌一弘「「復元」と「革新」」(天理大学おやさと研究所編『戦争と宗教』天理大学出版部、二〇〇六年)。
(55) 年祭行事から墓前祭がなくなるのは、三代真柱中山善衞が行なった昭和五一年の教祖九〇年祭である。これ以後、本部の出版物に墓地への参拝が記されなくなっていく。
(56) 幡鎌一弘「総力戦体制下における天理教の教義形成」(『宗教研究』第三五九号、二〇〇九年)。
(57) 上田嘉太郎編『獅子奮迅　上田嘉成思い出集』(天理教浪華分教会、一九九四年)二四六頁。上田嘉成は、昭和一三年にすでに教祖伝を一通り書き終えていた(山澤前掲註〈14〉『教祖御伝編纂史』九九~一〇〇頁)。
(58) 『天理教教祖伝草案』『天理教教祖伝稿案』は、もともと記録用に作成されたものである。以下便宜的に第〇稿のように表記する。私が確認したものは、天理教教会本部から天理大学附属天理図書館に寄贈され、制限はあるが閲覧に供されている本である。第二稿はタイプ印刷で第一巻のみ所蔵されている。第三稿から活版印刷となり、全体が確認できる。編纂過程の章立ては、中山正善「成人譜(一〇七~一〇九)」(『天理時報』一九五五年一〇月九・一六・二三日)にも一覧されている。便宜を図られた天理図書館に感謝申し上げる。

(59) 中山真之亮「稿本教祖様御伝」(片仮名本)・「教祖様御伝」(平仮名本)(『復元』第三三号、一九五八年、所収)。
(60) 辻忠作「ひながた」(『復元』第三一号、一九五七年、所収)。
(61) 諸井政一「道すがら外編」(『復元』第三四号、一九五八年、所収)。
(62) 山澤為次「教祖様御伝稿案」(一)~(八)(『復元』第二・三・五・六・一一~一四号、一九四六~一九四八年)。
(63) 山澤為次『教祖様御伝稿案年譜表(その一・その二)』(天理教教義及史料集成部、一九四五・一九四六年)。
(64) 中山慶一『教派神道の発生過程』(森山書店、一九三二年)。
(65) たとえば、『おふでさき』第三号五七「高山のしんのはしらハとふじんや　これが大一神のりいふく」の註など。
(66) 山澤前掲註(14)『教祖御伝編纂史』九六頁。
(67) 島薗進「神がかりから救けまで――天理教の発生序説――」(『駒澤大学仏教学部論集』第八号、一九七七年)参照。
(68) 中山真之亮「稿本教祖様御伝」には、「此文中ニ親子トアルハ、親ハ教祖様ニシテ、子ハ小寒様ナリ」と註記されている。
(69) 天理教教義及史料集成部編『天理教教典稿案講習録』(天理教道友社、一九四九年)一六〇頁。
(70)『復元教典』(ひながた九〇年)と『稿案』(同五〇年)の記述の違いについては、第二稿が公表された直後から指摘されていた(枡井孝四郎「教祖伝稿案質問室」〈『みちのとも』第九四〇号、一九五六年〉九五頁)。中山正善『おふでさき概説』(天理教道友社、一九六五年、一六九頁)にも言及がある。『復元教典』の記述が変更された正確な時期は不明である。
(71) アーサー・C・ダント『物語としての歴史――歴史の分析哲学』(国文社、一九八九年)四七頁。
(72) 中山正善「続ひとことはなし(三〇)教語解説(二七)つとめの歴史及変遷」(『みちのとも』第八九四号、一九五二年)。
(73) 写本の整理の研究には、『みちのとも』の連載をまとめた中山正善『続ひとことはなし　その二』(天理教道友社、一九五七年)があり、そこに多くの本を増補したのが、永尾廣海「みかぐらうた本研究の諸問題について(上)(中)(下)」(『天理教校論叢』第一六~第一八号、一九八〇~一九八二年)である。

(74) 永尾前掲註(73)「みかぐらうた本研究の諸問題について(上)」。
(75) 幡鎌一弘「いちれつすまして(第三節)」(天理大学おやさと研究所編『「みかぐらうた」の世界を味わう』天理大学おやさと研究所、二〇一一年)。
(76) 天理教教会本部編『稿本天理教教祖伝逸話篇』(天理教道友社、一九七六年、以下『逸話篇』と略す)九二~九六頁。
(77) 中山正善『ひとことはなし その三』(天理教道友社、一九四六年)二〇八~二一一頁。
(78) 「おふでさき」執筆についても同様である。第二〇稿までは「親神の、「筆、筆、筆をとれ。」との、お急込みのまに〳〵、教祖が筆を執られると」(第二〇稿、二〇五頁)とされていたが、第二一稿では、このうち「教祖が」を削除している(第二一稿、一七〇頁)。微妙な言い回しながら、親神とみきの心が別の存在であることをうかがわせる記述に神経を使っていることがわかる。
(79) 中山正善『おふでさきに現れた親心』(天理教道友社、一九五五年)一六四~一六七頁。
(80) 同前、序文。
(81) 中山正善「節から芽が出る」(『みちのとも』第八一六号、一九四六年)一三頁。
(82) 筆者は、島薗前掲註(67)「神がかりから救けまで」に従いながら、正善の思想と一般信者との違いを主に考えていたが、本論執筆にいたって、むしろ両者の相互依存的な面を無視できないと考えるようになった。それは、永岡崇のいう「教義の展開と一般信徒とのかかわり」を考え、「教義概念の形成を担うのは、教団幹部だけではない」(永岡崇「総力戦と「革新」する天理教」〈川村邦光編『近代日本における表象と語り』大阪大学大学院文学研究科日本学研究室、二〇〇八年、二一九頁〉)という主張を受け入れるものである。しかし、永岡に批判された教義概念の形成を「教団幹部」に絞り込んで議論している点では、筆者は従来と同じ立場である。
(83) 島田前掲註(11)「「天理教学」の生成と展開」は、戦後の天理教学の生成そのものが、信仰の弁証であることを論じている。
(84) 幡鎌一弘「はたらき ひのきしん」(天理大学おやさと研究所編『天理教のコスモロジーと現代』天理大学出版部、二〇〇七年)一二〇~一二一頁。

(85) 青地晨『天理教』(弘文堂新社、一九六八年)二〇〇頁。
(86) 安井幹夫「おふでさき抜き書き文書をめぐって」(『天理教教理の伝播とその様態』天理大学出版部、二〇〇八年)。
(87) 幡鎌一弘「だいくのにんもそろひきた(十二下り目)」(前掲註〈75〉天理大学おやさと研究所編『みかぐらうた』の世界を味わう』所収)。

教祖論・教団論からみた平田国学

――信仰・学問と組織――

遠藤　潤

はじめに

一般に、平田篤胤に始まる平田国学は、本居宣長の学問と比較して信仰的要素を強めたと評価されることが多い。また、具体的な実践についても、江戸時代後期から神祇に関するさまざまな信仰が見られるとともに、明治期には神道・神社に関わる行政に平田国学の関係者が深く関与していたことは広く知られている。しかしながら、今日的な意味での教祖や教団という観点から、現在の研究水準にもとづいて平田篤胤の存在や平田国学のあり方を再検討した成果はあまり見られない。

ここでは、平田篤胤を教祖という観点から見たときに、彼の活動が開始された文化・文政期（一八〇四～一八三〇）から明治前期までを見渡して、果たして教祖としての性格を帯びた段階があったのかどうか、とりわけ明治前期以降に教祖的な存在になりえたのかどうかという点について検討する。また、教団という観点から平田国学に近代的な意味での教団的な展開があったのかという点についても考察する。

私がこの問題について考えるようになったのは幡鎌一弘の示唆による。幡鎌は小林健三「玉たすきの考察[1]」を示し、明治初年に平田篤胤の養嗣子である銕胤《かねたね》が『玉襷《たまだすき》』という書物をまとめたことに、教祖・教団的な展開を見ることはできないかという問題を提起した。ここでは、まず小林の論の概要を示した上で、小林以降現在までの平田国学研究の成果を踏まえてこれを検討しつつ、篤胤の教祖的性格や平田国学における教団的展開について考察を加え、この提起に対する私なりの考えを示したい。

平田篤胤は、毎朝拝するべき神々を選定し、それらに対する拝詞を拝するべき順序を示しつつ『毎朝神拝詞記』にまとめた。これは折本の形態で出版され、門人ら希望する者に頒布された。「玉襷」という書名をもつ書物は、基本的にはこの『毎朝神拝詞記』掲載の拝詞を逐条的に解説するものとして著され、その刊行は天保三（一八三二）年から開始され、篤胤の没後に銕胤が中心となって篤胤の門人組織である気吹舎《いぶきのや》からの刊行が続けられたが、全一〇巻ないし一二巻を目指し、草稿も存在していたにもかかわらず、明治維新を迎えた時点では第九巻までしか刊行されていなかった。明治六（一八七三）年に平田銕胤が未完だった第一〇巻を加えるとともに、篤胤の略伝である「大壑《だいがく》御一代略記」などもあわせて『玉襷』として刊行した。

この点について、小林は次のように理解する。

> ……が、しかし、御一代略記と神拝記と神拝詞とを十巻本に収録したのは、鉄（ママ）胤のふかい用意からでたことと考える。生前、没後の門人合せてざっと三千人に及ぶ平田教の教団にあって、御一代略記はいうまでもなく教祖伝にあたり、次の神拝詞はその教祖が日常厳修したという点で、その息のかかった神拝中の神拝詞と申す地

位にある。[2]

「教団」という形態がこの段階で存在していたとは考えられず、「平田教の教団」という用語には違和感を感じざるをえないが、小林は「大壑御一代略記」に教祖伝としての性格を認め、「神拝詞」が最重要なものであったことをいう。

さらに、次のように述べる。

> ……ここで私見をまとめると、玉たすきとは、明治の十巻本を規準としていえば、
> （一）「毎朝神拝詞記」とその解説（本文）と、御一代略記、毎朝神拝詞と合せて完結する三部作であり、
> （二）その本質は、文政十二年本の毎朝神拝詞記が文政七年増訂を加えられた点に注目すれば、毎朝神拝詞は宣長の継承者としての使命観（ママ）の反映とみるのが至当である。
> （三）平田教教団の必修の経典とされたのは、その帰結である。[3]

教団論や教祖伝の点でいえば、『毎朝神拝詞記』と解説である『玉襷』本文と「大壑御一代略記」「毎朝神拝詞」が三部全体として完結性を持っていること、そのために「平田教教団」の必須の経典とされたとする点が注目に値する。小林の論を敷衍するなら、この段階で銕胤がこの時期にこの形態で『玉襷』にまとめたことに教団形成の上での意味があるという見方と理解することもできるだろう。

この小林の見解は、いくつかの点で検討が必要である。ひとつには『玉襷』を考える際に「明治の十巻本を基準

として」いる点についてである。『玉襷』の刊行は段階的に行なわれたのであり、その過程で性格づけや内容の変更が生じている。「明治十巻本」の意義はその過程の中で理解されなければならない。

ふたつには、気吹舎の人々あるいは明治以降に平田家のもとに集まった人々にとって、『玉襷』は「平田教団の必須の経典」と呼べるのかどうか、という点である。『霊能真柱《たまのみはしら》』や『古史伝』をはじめ、いくつかも書物が気吹舎蔵版として刊行されたり、また写本の形で販売されたりした。それらの書物の中で『玉襷』に圧倒的な優位を与えることは妥当なのだろうか。

さらには、「平田教団」という評価もまた検討対象である。篤胤の教えを奉じて何らかの集まりを形成した人々の集団が、果たして「教団」という概念でとらえられるものなのかどうか。平田篤胤の門人組織である気吹舎は、神祇信仰を前提としつつも、学問の組織として成立していた。気吹舎への入門希望者は定型の誓詞「気吹舎大人に進る誓の詞」を提出していたが、その文章は次の通りである。

気吹舎大人に進る誓の詞

皇大御国の上代の道をうしの導き伝へ賜ふを、己甚く願ひしのふに依て、名簿を進りて其の道に赴き、教を受賜はり侍《さぶら》ひぬ。今より後、教賜はる如く重しみ学ひて、神の御道に習ひ、公の御掟に違事無く、又うしに対ひてゐや無く異き心を思はじとて此うけひに違はば掛まくも畏き天つ神国つ神知看し罰め賜はむ。あなかしこ。(4)

つまり、「皇大御国の上代の道」を篤胤大人が導き伝え、自分は強く願い思慕するために、名簿を提出してその道に赴いて教えを受けたまわる。今後、教えをたまわるように重大だと考えて学び、「神の御道」にならい、「公の御掟」に反することなく、また篤胤大人に対して失礼に背く心を思うまいとしてこの誓に違うならば、天つ神、国つ神がとがめて罰し賜うだろう、というのである。文面は篤胤の没後を思わせる。気吹舎で学ぶことは、このように出発点において篤胤への強い帰依を伴うものであったが、同時にそこでの学びは信仰に関するものに必ずしも限定されなかった。この点で、少なくとも近代にいう「教団」と完全に重なるものとはいいがたい。

これら小林の論やそれについての検討を踏まえた上で、冒頭で掲げた課題、すなわち篤胤は「教祖」あるいは「開祖」として理解しうるのかどうか、平田国学に関する組織にはどのようなものがあり、それは「教団」として理解できるのか、という二つの課題について、以下においていくつか具体的な問題を通じて考察したい。まず、篤胤生前からの平田家や気吹舎における諸信仰のあり方を例示的に検証するとともに、没後の篤胤が気吹舎でどのように神格化されたかについて確認する。また、『毎朝神拝詞記』や『玉襷』については歴史的経緯を明らかにしつつ気吹舎でのこれら書物の位置づけを考える。さらに、明治期の特徴的な動きとして平田神社の創建と本教教会の設立について、その経緯および教団論から性格の分析を試みる。

以下、原文の引用にあたっては、読者の便宜を考え、適宜表記を変更している場合がある。また、二行分かち書きについては、【　】で挟んで示す。

一　気吹舎におけるさまざまな祭祀対象

篤胤にとっての神々は、第一に、世界を生成させる主体であった。彼の前期の主著である『霊能真柱』では、服部中庸《なかつね》『三大考』を批判的に継承し、当時の西洋天文学で明らかにされた天体論と神々の歴史である「古史」を重ね、神々の活動によって太陽、地球、月が成立する過程を示した。『毎朝神拝詞記』および『玉襷』では、重要な神々に対する一般家庭で行なうべき毎日の礼拝方法を示す中で、神々の序列を整序するとともに、先祖を神々の列に加えている。ただ、平田家に遺された「気吹舎日記」[5]などを見ると、篤胤や平田家はこれらに限らずさまざまな神々に対する崇拝や祭祀を行なっていた。

篤胤が早い時期に注目した神に天満天神や宮比神《みやびがみ》がある。天満天神については文政三（一八二〇）年に『天満宮御伝記略』[6]を版行したが、これは江戸における手習い・寺子屋の普及とそれに伴う天神信仰の展開に対応したものであり、天神信仰について「正しい由緒」を説明しようとするものであった。また、宮比神は「古き御世には、高き卑しき男女をいはず、宮仕へする人のかぎり、年ごとの正月と、十二月との初午の日に、諸家にて、宮咩《（ママ）》祭りとて、風雅やかに此神を祭れること。古書どもにこれかれ見え」るというもので、[7]文政一二（一八二九）年に『宮比神御伝記』を刊行してその中で具体的な祭式を示している。[8]観音講などすでに行なわれていた講に対して、崇拝対象を宮比神にすることで、これらの儀礼をいわば古伝に沿った形で執行することを試みた。[9]いずれも庶民信仰としてすでに行なわれている祭祀に対して、篤胤の考える正しい形での解釈を与えることを意味するとともに、書物や神像の掛軸を販売するなど、実践を伴うものでもあった。

平田家が定期的に祭祀を行なう対象は、「気吹舎日記」の中に確認できる。頻繁に登場するものに、「平親王様《たいらしんのうさま》」「高根様《たかねさま》」「二柱様《ふたはしらさま》」「真柱様《みはしらさま》」などがある。

「平親王様」は、平将門のことで、篤胤は文政八（一八二五）年その木像を入手して以来、三月に像を連れて花見に出かけた。[10]天保一四（一八四三）年に篤胤が亡くなってからはその行事は日記には確認できない。

「高根様」は、天狗小僧寅吉の師匠「杉山山人高根命《すぎやまさんじんたかねのみこと》」のことである。「気吹舎日記」によれば、文政四年二月一五日に山形藩の画師蘆沢洞栄が肖像画を認めている。(11) 翌三月四日から寅吉は一〇〇日間、一日米一合ずつと蕃椒一つと塩少々のみを食べる修行を始めたが、この行の中で寅吉は神がかりのような様子を呈している。(12) 三月一二日に篤胤に対して、明日（一三日）が高根様の誕生日で、「山」では祭りを行なうので、自分も行ないたいと申し出、篤胤は喜んでこれを受け入れている。(13) 翌文政五年には三月一三日に加えて四月八日に「高根様御祭」が行なわれ、その後は四月八日をほぼ定日として「高根様御祭」が開かれて数人の知人や門人が参加している。その祭りは少なくとも慶応年間まで行なわれていたことが確認できる。

「二柱様」とは「二柱様御祭」として「気吹舎日記」に登場する。その祭神は明らかではないが、あるいは天御《あめのみ》柱命《はしらのみこと》と国御柱命《くにのみはしらのみこと》かと推測される。天保四（一八三三）年に書斎を新しくした際にそこに「神床」を設けて遷座しており、(14) 六月一七日を定日としている。

この他、平田家では六月と一二月の晦日の大祓や甲子祭が行なわれている。

また、篤胤が個人的に学業の神として信仰したものに久延毘古神《くえびこがみ》（案山子）がある。篤胤はこの神を足は行かないが天下のことを知り尽くしている神として、その画を常に自分の傍らに掛けておいた。(15)

篤胤は学問の上で重要な神や人物を「学神」とするとともに、版行などを行なった。慶応三（一八六七）年一月に成立した、学神の名前を刷り物とした平田銕胤撰「学神号」（早稲田大学図書館蔵）に銕胤が寄せた讃などによれば、学神は次のような経緯をたどった。まず、文政二（一八一九）年一月に、篤胤が「古学の神」の名前を書いて「古道学神号」として版行した。このときの神は、八意思兼神《やごころおもいかねのかみ》、忌部神《いんべのかみ》（斎部広成《いんべひろなり》）、菅原神（菅原道真）、岡部大人（賀茂真淵）、本居大人（本居宣長）の五柱であった。その後、篤胤が荷田大人（荷田春満）と久延毘古命を学神に加えるように言ったが、篤胤が生前に書に起こすことはなかった。安政四（一八五七）年頃、学神について再度刊行がもちあがったときに、気吹舎門人たちが「師翁」（篤胤）を学神に追加するように願ったのでそれを容れた。慶応三（一八六七）年成立の「学神号」では、このようにして、八意思兼神、久延毘古命、斎部広成、菅原道真、荷田春満、賀茂真淵、本居宣長、平田篤胤の八柱が記されたのである。いわゆる国学四大人は、これらのうち、八意思兼神、久延毘古命、斎部広成、菅原道真の四柱を除いたものになる。

このように、古伝の上で必ずしも重視されていなかったり、そもそも古伝に登場しない神についても、平田家では祭祀を行なって大切にしている場合があり、実際の信仰の場面では必ずしも記紀に沿った神体系に一元化されていたわけではなかった。こうした祭りを行なうのと並行して『毎朝神拝詞記』や『玉襷』の刊行が行なわれていたことに注意が必要である。

二　篤胤没後の「神格」授与

篤胤が亡くなった後しばらくして、平田家は篤胤を神として祀るようになる。この点についてはすでに別稿(16)で論じたが、ここでの行論に必要な範囲でその経緯を示しておきたい。

平田家の日記に故篤胤の祭りが記載されるのは篤胤が亡くなった二年後の弘化二（一八四五）年からである。同年八月二一日に平田家は白川家から霊神号「神霊能真柱大人《かむたまのみはしらうし》」を受け(17)、一〇月二一日に初めての「真柱様御祭」を行なった(18)。篤胤の忌日は閏九月一一日であるが、その後、「真柱様御祭」は九月一一日を定日として執行される。

その後、先祖や篤胤の妻も神号を受けた。嘉永六（一八五三）年五月には白川家から「平田家祖代々霊神」号を受けた[19]。安政二（一八五五）年三月には白川家が銕胤の願いを受けて、篤胤の二人の妻に対し霊神号を与え[20]、四月五日に祭りが行なわれた[21]。

文久二（一八六二）年正月には篤胤に対して、白川家から、さらに位の高い霊社号「神霊能真柱霊社」が与えられた。その理由について神祇伯王は、前王は、篤胤が古道を講明し、著述に尽力したことによって霊神号を授けたが、このたびその学が「宇内」に伝播し、士民に「神皇唯一」の旨を知らせたことの功績は大きいので霊社号を重加したという。そして、子孫が尊崇に「家学」と「祭祀」をおろそかにしないように乞う、とした[22]。

このように、篤胤に対する霊神号や霊社号の付与は、古道を講明する学問を行ない、それが世間に広まって、神代の神から歴代の天皇までが一系である旨を知らしめしたことを白川家が認めて授与されたものであるが、「気吹舎日記」の記事などから判断する限り、その祭祀は平田家で行なわれ、門人たちが何人か参加はしたが、比較的小規模なものだったと考えられる。

三　『毎朝神拝詞記』と『玉襷』刊行の経緯と気吹舎での位置づけ

すでに示したように、小林健三は「毎朝神拝詞」に篤胤の宣長からの継承意識の神髄を見るとともに、明治刊行の一〇巻本の『玉襷』を「平田教団必須の経典」と位置づけた。ここでは、両書の経た歴史的経緯を明らかにしつつ、気吹舎でのこれら書物の位置づけを再考する。

『毎朝神拝詞記』の諸本や成立・改訂過程については、渡辺寛がすでに明らかにしている[23]。渡辺があげている諸本のうち、再版など内容に有意な異同がないものを除くと、以下の五種からなると考えてよい。

(1)　文化一三年初版本（書名『毎朝神拝詞』）
(2)　文政一二年本
(3)　嘉永三年本
(4)　慶応本
(5)　明治六年本

(2)文政一二年本には、「文政十二年正月」の篤胤の自跋が収められている。(3)嘉永三年本には「嘉永三年三月」の神祇伯資訓王《すけのりおう》による序文が記されているとともに、(2)に見られた篤胤の自跋の年が「文政八年」に改められている。さらに、(5)明治六年本では、篤胤の自跋の年がさらに「文化八年」に改められるとともに、『玉襷』の本文の改変に伴って自跋の内容も変更されている。

慶応本や明治六年本における本文の変更については、渡辺が詳細を明らかにしている。それによれば、文政一二年本・嘉永三年本と慶応本を比較すると、前二者において日々拝すべき対象とされていた「二荒山大神」が慶応本では省かれ、明治六年本では、さらに「皇居」「大元尊神《だいげんそんじん》」「皇孫尊《すめみまのみこと》」「神武天皇」を拝する詞が付加された。これに対応する形で篤胤の自跋についても、文政一二年本におけるそれが、神拝詞にあげた多くの神々を拝むことができない人は、家の神棚と先祖の霊屋《みたまや》を拝めばよいとしていたのに対して、明治六年本ではこの二者の前に皇居を加え、皇居、家の神棚、先祖の霊屋を対象としている。ただし、先祖の霊屋の拝礼を説いた部分は、明治六年本まで刊行されることがなかった点には注意が必要である。

『毎朝神拝詞記』の性格は、篤胤の自跋が示しているように、篤胤に従って「古への道を学ぶ徒」の中で「朝ごとに何の神々を拝みてば善けむ、また其の御前に白す詞を古へ風にはいかに白して宜らむ」と問う人々に対して、本居宣長の神拝式や篤胤常用の拝式を取り合わせて記したものである。とはいっても、篤胤は「神拝は人々の心々に為す態」であるので必ずしもこの式に従えとはいわず、拝詞を「古へ風」にするか今の風にするかも個人の好みに任せると断っている。

『毎朝神拝詞記』の初版は、渡辺によれば文化一三（一八一六）年一月で、書名は「毎朝神拝詞」とされていた。文政一二（一八二九）年に「改訂　再板」が刊行されるが、「気吹舎日記」によれば、一月九日に初めて「清書板下書」、同年一一月三日に摺立が開始、文政一三年三月に「四十部摺立」とあり、印刷が比較的長期にわたっていたことがわかる。また、同年に門人たちへの送付も行なわれていた。[24] 興味深いのは、日記の各記事において同書の名前が「神拝式」とされている点で、「神拝詞記」という表記の「記」の文字には、従来ともすると考えられていたような特別な意味は込められておらず、いわば語呂合わせのような性格も考慮すべきと考えられる。

この『毎朝神拝詞記』の解説を中心とした書籍『玉襷』の名前は、『毎朝神拝詞』が刊行される三年前、文化一〇年一二月刊の『霊能真柱』の附録につけられた文献リスト『菅能屋先生著述書目』に見える。そこでは「たまだすき」として、「此書は、日々に必ず拝すべき、神々に申奉る詞を本文となし、それにつけて、その神々の御伝、及び神拝の心得かた、また先祖の祭りかた、世に在る人の、今日の心得大概を記したる書なり」と記されているが、「追刻」とあって、彫刻・版行はまだ行なわれていなかった。[25] すなわち『毎朝神拝詞』刊行前に『玉襷』の構想はあったわけである。平田銕胤が明治になって公にした篤胤の略伝「大壑御一代略記」では『玉襷』のもととなる稿本が文化八（一八一一）年に成立したとするが、ここではいくつかの理由から保留しておきたい。

文政一二年の『改正再板　毎朝神拝詞記』版行の二年後である天保二（一八三一）年三月、篤胤は本居大平に書状と「神拝式」および「玉襷」初巻の草稿を送り、序文を依頼した[26]。翌三年に大平の序を得て、二月に『玉襷』第一巻・第三巻が刊行された[27]。天保五年に第四巻が、天保七年に第五巻がそれぞれ刊行された。

天保一〇年頃成立したと考えられる篤胤の著書・撰書目録である『大壑平先生著撰書目』では、刊行途中の『玉襷』について「十二巻」とした上で、次のように説明している。

此書は、右の毎朝神拝詞を本文となし、其レにつけて其神々の御伝、及び神拝の心得かた、また先祖の祭りかた、都て世にある人の今日の心得を、第三ノ巻より。第十ノ巻までに説キ記され、第一第二の巻は発題にて、古道の本義は云ふも更なり、世々の治乱、及び儒仏等の道の大意、また古学の仍て起れる由来までを、詳らかに説聞され、ついでに神祇を蔑する、両新宗を弁駁して、附録二巻を添られたり。此書すべて十二巻、師の講本を、其ま丶に上木したるなり。

（『大壑平先生著撰書目』天保五年一一月序／天保一〇年一一月跋／天保一〇年一二月跋[28]）

この説明には二点ほど注意すべき点がある。一点は、文化一〇年の『菅能屋先生著述書目』では、『玉襷』は『毎朝神拝詞記』の解説を中心としたものとして構想されていたが、ここではその解説の前に二巻分の「発題」があり、「古道の本義」から古学の由来までを網羅して説明するとしている点である。実際の版行は、この段階では第二巻が未完のため、この構想の半分が第一巻として実現していることになる。

二点目は「神祇を蔑する、両新宗」すなわち法華宗と真宗を弁駁する附録二巻についてである。現存の『玉襷』は一〇巻からなり、法華宗・真宗を主題的に批判した部分は含まれない。この点について谷省吾は「附録二巻」は不明であるとしたが、山田孝雄がすでに指摘しているように[29]、神敵二宗論はもと『玉襷』の附録であったものを仏教関係ということで『出定笑語』の附録としたのである。

秋田県公文書館には篤胤の草稿が多く収蔵されているが、その中に「二宗論」なる草稿が存在している[30]。表紙に「玉襷」とあったものに上から紙を貼り「二宗論」という題名が記されている。このことは、本書がもと『玉襷』の一部であったことを傍証している。

ちなみに版行された『出定笑語附録』の「はしがき」は「文化十四年」の記載を持つが、後述するようにこれを根拠に成立を考えるには問題がある。

諸書の記述を総合しながら、この部分についての経緯を考察すると下記のようになる。

篤胤の法華宗・真宗批判は、『玉襷』の附録として収めるべく、法華宗・真宗を批判対象とした「神敵二宗論」にまとめられた。これを前提として、天保一〇（一八三九）年の末までに成立した『大壑平先生著撰書目』では、『玉襷』は一二巻からなるものとして構想され、そこには法華宗・真宗を批判する附録二巻が含まれていた。ところが、仏教関係ということで『出定笑語』の附録とすることになった[31]。気吹舎は、のち文久二（一八六二）年に、『出定笑語附録』を出版した。『出定笑語附録』は第一巻下巻の冒頭に「神敵二宗論」という題名を付記しており、内容的には第一巻下と第二巻がもとの「神敵二宗論」にあたると考えられる[32]。

このように、元の構想から法華宗・真宗の批判部分である「神敵二宗論」を外したものが、明治に完結した際の『玉襷』の姿である。他方、「神敵二宗論」を中心に構成した『出定笑語附録』は、気吹舎からの正規の出版物としては『出定笑語』よりも先の文久二年に出版され、同時代の仏教徒に大きな衝撃を与えた[33]。

『玉襷』の刊行については、天保七年の第五巻の後にやや時間が空き、ようやく嘉永二（一八四九）年に第六巻が刊行された[34]。この翌年、白川資訓王の序を伴う嘉永三年本の『毎朝神拝詞記』が出版される。序の中で資訓王は篤胤に触れて次のように述べる。

……然を今二百余年天の下愛たく治れるに依て、よろづ古に復れる中にも、去し文化の頃より平田篤胤と云者出て、其師本居宣長の教を受て神祇の学に仕奉り、種々の書ども著せる中に、古風の拝式を教たる毎朝神拝詞記と云物あり。又其を詳に講明せるを玉襷と名ケたるが、共に最正き書にして、実に古風は斯こそ有べけれ。然れバ我祖父ノ君の御代より此道の学師に任給ひて神職らにも其道を説聞しめ、庶人も古風の拝式を心得て、次々我道の明かに成ぬるハ専この篤胤らが功にぞ有ける。世々其のつかさ承れる身の此を悦思ハざらめや。誰かハ此功を称ざらめや。故この由を一言かき与ふるになむ[35]

ここでは、『毎朝神拝詞記』は「古風の拝式」を教えるもの、『玉襷』はそれを詳細に講明したものと説明している。すでに述べたように、弘化二（一八四五）年に白川家は篤胤に対して古道の講明などの功績によって霊神号を与えており、今回の『毎朝神拝詞記』の出版はそれからほどなくしてのものである。

その後、『玉襷』は嘉永五（一八五二）年から安政三（一八五六）年にかけて第七巻から第九巻までが出版された。そして、未完のままだった第二巻が文久元（一八六一）年に刊行された。この前後の時期に成立した書目である『伊吹廼屋先生著述刻成之書目及巻数』（『古道大意』嘉永元年刊、附録）や『伊吹廼屋先生及門人著述刻成之書目』（『志都能石屋』嘉永七年刊、附録）でも、まだ『出定笑語附録』は刊行されていないが、『玉襷』は全体で一二巻ではなく、一〇巻の刊行を計画しているものとして扱われている[36]。「神敵二宗論」を外した形での『玉襷』の姿が、ここに成立している。

未刊だった第一〇巻は主として先祖祭祀について述べたものだが、篤胤の草稿に大きな校訂を加ええないままの本文と、鉄胤による篤胤の伝記「大壑御一代略記」などをあわせた形で明治六（一八七三）年に出版された。本論文の冒頭で示したように、小林健三はこれを信仰的実践の基準書と教祖伝をあわせた形での「ふかい用意」にもとづくものと評価した。しかし、第一〇巻がそれまでの九巻の整えられた形と異なって、ほぼ篤胤の草稿のままであることから判断しても、周到な用意のもと出版されたという理解には疑問を禁じえない。明治初年に気吹舎蔵版の書物がさかんに出版されるが、これは宣教使の活動と連動するものであり、『玉襷』刊行もその一環と考えられる(37)。また、この時期の平田一門の行動を見ても、鉄胤を中心とした平田派国学者たちは、大教宣布運動の中で、篤胤を中心として近世の気吹舎以来の一門の学問的な統率を維持し、そのことで国家規模での影響力を把持しようとはしていたが、教団的な形態で自らの結束を固めようとはしていなかった。これらの点から、私は『玉襷』に収められた「大壑御一代略記」に教祖伝としての性格を認めるのは、やや難しいと考える。

四　平田神社と本教教会

近代以降の平田国学の信仰的性格を考える上で無視できない重みを持つのは、平田神社の創建と本教教会の創立であろう。私自身、まだ十分な資料を調査できず、断片的にしか理解しえていないが、現在把握している限りでその概略を示し、その性格を考察したい。

明治五（一八七二）年から六年にかけて、教部省は講社や教会の設置について規準を示して免許を与えることとなった。それまで、近代の教団は法律的なあり方としては存在しておらず、近代日本の宗教的団体の形態としては、ここでいう講社や教会が最も早い時期のものと考えてよい。それは具体的には、次のような経緯をたどった。[38]

まず、明治五年三月一五日付で「教部省職制章程」が定められた。その中で「教徒ヲ集会シ教義ヲ講究シ及講社ヲ結ブ者ニ免許ヲノ事」が教部省の業務とされた。[39] 同月一八日付の「教部省事務章程」では「教義ヲ講シ講社ヲ結ブ者ニ免許ヲ与フル事」が教部卿輔の「専任処置」すべき事項として明示された。

明治六年八月に大教院は「教会大意」を発行した。これは各地方で結社していた黒住、吐普加身《とほかみ》、富士、御嶽《おんたけ》、不動、観音、念仏、題目など「神仏之諸講中」を調査して「一派之教会」に認める際の規準を示したものである。[40]「教会大意」は一〇条の誓約からなるものであったが、第一条に「一　三条ノ大旨ハ終身之ヲ謹守スヘキ事」とあって、三条教憲が基本条件とされたことがわかる。さまざまな講社のうち、「教会大意」という規準を満たして教部省が認めたものが「教会」となるのである。ここでは「教会」を表徴として、国家に認められたものとそうでないものが区別された。

明治八年、平田銕胤は東京の本所にあった自邸内に篤胤を祀る祠を創建して表沙汰にせずにいたが、明治一一（一八七八）年頃には遠方からも参詣人がやってくるようになった。[41] 銕胤はその事情に鑑みて、関係者に相談の上、願いを提出したところ、五月八日に官許が下って神社とすることとなった。以後、名称を平田神社として、参詣は自由に任せることとした。[42] ここに篤胤を祀る神社が成立したのである。

これには、平田神社を拠点とする教会を設置する動きも連動していた。同年七月三日付で平田胤雄《たねお》と矢野玄道《はるみち》が「本教教会結社之儀願」を東京府知事楠本正隆に提出し、「教会大意」に即して平田神社に結社したい旨を願い出ている。楠本は同月六日にこれを許可した。[43] 七月一〇日には胤雄と玄道は内務卿伊藤博文宛に「本教教会結集願」を提出し、同月二五日に許可を受けた。その後、八月には「本教教会規約」の検閲を、現物を添えて願い出ている。「本教教会規約」では、まず緒言で「人タル者ハ報本反始愛国省家ノ念ナカルベカラズ故ニ今回本教教会ヲ振起シ官許ヲ得普ク天下ノ有志ヲ糾合結社シ四大人【羽倉東麿翁岡部真淵翁本居宣長翁平田篤胤翁ヲ云】ノ遺志ヲ継ギ吾ガ惟神ノ大道宇宙ノ真理ヲ拡張発揮セント欲ス依テ規約ヲ説ク条款ヲ定ムルコト左ノ如シ」とその設立趣旨が述べられている。ここでは、篤胤ひとりだけでなく、四大人（荷田春満、賀茂真淵、本居宣長、平田篤胤）をひとまとまりとして、「惟神ノ大道」「宇宙ノ真理」を「拡張発揮」させるための一種の指導者、「先達」に位置づけている。(44)以前の学神と比較すると、八意思兼神、久延毘古命、斎部広成、菅原道真が除かれているとも理解できる。

篤胤を祭神とした神社と、その神社を拠点とした「教会」がともに成立したわけだが、これは、近代の「神道」の動きと深く結びついていた。大教宣布運動の中で、仏教は近世からの宗門にもとづく組織化を果たしているのに対して、神官教導職については、東西二部に分けた組織化が図られたが成功せず、明治九年には神道を三部（のちに四部）の部分に分けて管掌する体制が試みられた。(45)こうした中、明治一〇（一八七七）年一〇月頃から神道事務局は神殿の造営に着手した。(46)「神道」を部分に分けるという制度は明治一一年七月に廃止され、神道教導職の今後について、同月、「神道教規緒言」、教導職心得、教導職派出章程、講社規約、議場体例、説教条例、議案題目、会議概則等を用意して神道会議が開催された。

本教教会の設立と関連して注目されるのは、この会議に際して千家《せんげ》尊福《たかとみ》から提出された文書である。藤井貞文が紹介しているように、尊福は同月に提出した「本教ノ大旨ヲ確定スル事」（『神道祭神論』）で以下のように主張した。

故ニ事務局ニ於テ速カニ教典編成シ、教意ヲ天下ニ示シ、其異見アル者ハ別立シ、互ニ為シ易キノ地ニ就クヲ要ス、苟クモ如此ナル時ハ、則事務局ハ微々振ハサルモ、別立者ノ隆興スル所ナラハ、□以テ神道ノ興紀ヲ維持スル所有ル可シト信ス、余ヲ以テ見ルトキハ、本居・平田等ノ諸大家ハ、一教院ヲ設クヘシ、大ニ其教意ヲ拡充シ、門下ノ者ト共ニ布教スルヲ望ム、嗚呼神道ノ一ナリト雖トモ、諸家ノ伝説一ナラサル上ハ、各其伝フル所ヲ拡充シ、互ニ其信スル説ヲ敷衍スルニ非レハ、神道ハ隆興セス、本教ハ振起セサル可シ、冀クハ早ク事務局ノ定説ヲ立テ離合ノ区別ヲ明ニシ、彼此伸手ノ自由ヲ得テ実施センコトヲ、

藤井貞文は、その要点は「神道事務局の教規を速に確定して、教典を編成して天下に示し、教説の区々にして分裂の傾向に在る諸派を統合すべきで、若し其教意に異見ある者は、強て統合して面従後背せしめず、寧ろ別立して各其易きに就て布教せしめるのが、神道興隆の所以であると言ふのである」としている。(47) 藤井は、尊福について「万一にも自分の諸説が容れられない時は、別立する底意を持つてゐた事も窺知せられる」とも指摘しているが、私がここで主題としている平田神社および本教教会もまた、尊福がここで述べたこと、すなわち諸家の「伝説」が一致しない以上、それぞれが伝えてきたことを拡充する必要がある、「本居・平田等ノ諸大家ハ、一教院ヲ設クヘシ」という主張に直接呼応する動きとして理解できる。

平田胤雄と銕胤は、本教教会設立直後八月三一日付の福住正兄《ふくずみまさえ》宛の書簡で次のように述べる。(48)

……然は先翁奥社之事、先般官許を蒙り、平田神社と称し候事共、先般御案内申候事に存候。扨は、右公然と相成候に付ては、弥以て、永世祭典相続之方法相立申さず申候ては、済まざる義。夫に付き、爰許篤志之面々相談候所、即今流行之事にも之有る、講社取結候事、然るべきとの事にて、本教々会と相称し申すべく、其御

筋へ出願候所、先月二十三日許可を得申候。折節神官教職会議とて、事務局へ出張多く、右は多分同流之人故、早速示談相整ひ、結社粗出来、諸国世話人も之有り、都合宜しき儀に御坐候。之に依て、規約書一部差上申候。従て御一覧下され、不都合之廉も之無く候はヽ、早々直させ申すべく

官許を受けて平田神社を創建したが、「永世祭典相続」の方法を定めるために、最近流行でもある講社を取り結ぶことにしたというのである。

明治八年に創建された篤胤を祀る祠は、篤胤の没後からこの時期に至るまで平田家で行なわれてきた篤胤の神霊の祭祀の延長上にあると理解される。これを一般にも公開するために平田神社が創建されたが、これを拠点として設立された本教教会は、篤胤のみならず四大人を祭神としたもので、学神の系譜を引くものである。神道界での教説の形成が難しい状況の中で、平田門が一門として「一教院」すなわち教会を立てる、その具体的な形として平田神社および本教教会が成立した。平田門は神社と教会の設立によって今日的な意味での「教団」的性格の強い組織を初めて形成したということができるが、それは近代初頭の教育や宗教などの要素が不分明のまま混在していた大教宣布運動から、仏教が離れ、さらに「神道」の内部でも見解・理解の違いによって組織が分出していく過程において生じた現象であった。いわば当初、自意識としては一連の動きの盟主を自負していた平田門が、ひとつの教会を形成するに至ったのである。もちろん、平田派国学者の活動範囲は、この教会のみに限定されていたわけではないことは言うまでもない。

おわりに

以上、教祖・教団の観点から平田篤胤および平田国学を検討してきた。「気吹舎大人に進る誓の詞」に端的に見られるように、篤胤を「皇大御国の上代の道」を教え導く「大人」として敬慕するところから気吹舎の組織は始まった。『毎朝神拝詞記』には神々のある種の秩序が提示されているが、同時にそこには必ずしも収まらない形で、篤胤および気吹舎における神祇信仰は展開していた。そして、さまざまな信仰的要素を含みつつも、その活動の重要な部分は「神の道」をさまざまな考証にもとづいて学ぶことにあった。

学問の神＝学神は、そのような気吹舎の性格を端的に示すものだったともいえる。篤胤の生前には、八意思兼神、斎部広成、菅原道真、賀茂真淵、本居宣長、荷田春満、久延毘古命の七柱で、篤胤を含まない形で構成されていた。篤胤は没後に白川家から霊神号を受け、門人たちの願いを容れて学神には篤胤が加えられた。その後、古道に関する学問に功績があったとして、白川家からさらに霊社号を授与された。

確かに、「四大人」の系譜に沿って国学史を把握した場合、『毎朝神拝詞記』や『玉襷』が持つ意味は小さくない。その系譜の中で宗教的な性格を明確な形で打ち出したという点において、篤胤のこれらの書は重要な画期を示しており、この点について早くは明治初年の段階で、アーネスト・サトウが国学史をたどる中で、神道の religion としての性格が初めて明確に打ち出されたものとして、篤胤の『毎朝神拝詞記』や『玉襷』に注目している[49]。両書では個人が行なう儀礼が明示されている点を以前にない特徴と把握しているのである。小林が『玉襷』の完成に「平田教」の成立を見、そこに収められた「大壑御一代略記」を教祖伝ととらえたのも、この点に関わっていると考えられる。

ただ、『毎朝神拝詞記』は数度の改訂を経てその内容が変化し、『玉襷』は一部の巻の刊行が遅れたり、「神敵二宗論」が別の著書『出定笑語附録』に移されて刊行されるなど、その本の性格は出版の経緯の中で一定しておらず、必ずしも計画的なものとはいえない。維新後に未刊だった第一〇巻が篤胤の略伝を含む形で刊行されたことには、気吹舎の基本書を完結させるという意味はあったが、同じ幕末維新期に気吹舎の重鎮である矢野玄道らが国学校や大学校の設立に強い意欲を持っていたことなどを考え合わせると、当時は学問と信仰を必ずしも峻別できないとはいえ、この段階で気吹舎ないし平田国学の主流が「教団」創立へと向かったとするのは難しいと思われる。

近代的な意味での教団的な展開については、平田神社の創建とそれに伴う本教教会の設立にようやくその明確な姿を認めることができる。その背景には、篤胤以来継続してきた、平田国学の学問を国家的なものにするという願望の挫折を経て、信仰的な要素と教育的・学問的な要素とが未分化あるいは渾然一体となっていた大教宣布運動から、仏教が離脱し、「神道」においても教説の統一が困難になり、平田国学もまた、自説を「一教院」として把持する道を取るという状況があった。本教教会において祭神が四大人に定められたこと、すなわち、学神から、八意思兼神、久延毘古命、斎部広成、菅原道真を除かれ、直接的な系譜意識にもとづく四人の国学者に限定されていることには、この間の変容の刻印を見ることができる。神祇をめぐる信仰と学問が分化していく中で、学問の祖たちこそが信仰対象とされるという逆説が、ここにはある。

註

（1）小林健三「玉たすきの考察」（『平田神道の研究』古神道仙法教本庁、一九七五年）。

（2）小林前掲註（1）「玉たすきの考察」（前掲）二二七頁。

（3）小林前掲註（1）「玉たすきの考察」（前掲）二二九頁。

（4）「誓詞帳」（『新修平田篤胤全集』別巻、名著出版、一九八一年）一四頁。「誓詞帳」では、一般の祝詞などと同じく、送り仮名などは漢字を当てて表記されているが、ここでは読者の便宜のため、遠藤がひらがなに直した。

（5）平田篤胤、銕胤、延胤が執筆し続けた日記を「気吹舎日記」と総称する。渡辺金造は文政期日記および篤胤の後妻織瀬による「戴恩日記」を翻刻して『平田篤胤研究』に収めた。他の「気吹舎日記」については、『国立歴史民俗博物館研究報告』第一二二集（二〇〇五年）、第一二八集（二〇〇六年）、第一四六号（二〇〇九年）に翻刻されている。「気吹舎日記」については、吉田麻子・宮地正人「気吹舎日記」（『国立歴史民俗博物館研究報告』第一二二集、二〇〇五年）などを参照。日記の題名は各冊によって異なる場合があるが、以下、本論文での引用にあたっては総称して「気吹舎日記」と記載する。

（6）『天満宮御伝記略』文政三年一〇月刊（『新修平田篤胤全集』補遺二、一九七八年、所収）。

（7）『宮比神御伝記』文政一二年七月刊（『新修平田篤胤全集』七、一九七七年）三七〇頁。

（8）「偖また上に記せる如く、古へ正月と十二月の初午の日に、宮咩《ママ》祭を執行へるに倣ひて、此祭を行はむと思ふ人々のために、是にその略式を記して教へ知しむ。そは此両月は、事多くいそがしき月なれば、初午にかぎらず、二の午三の午、また其余の日にても、差支なき吉日を択びて、祭るべし。人々うち寄り自身にする事なり。床の間を清く掃除して机をなほし、其上に、菅薦か真薦を敷くは本式なれど、清き毛氈にても敷て、其左右に、花斗に榊にしてと麻とをつけ並べ、時の花を交へたるも宜し。さてその間に香をたき、不浄をよけて御神像を掛べし。其神像は、古書どもに委しく考へて、極彩色に図せると、石摺にしたると、両様の掛軸あり。【望みの人々には進ずる事なり。】」（『宮比神御伝記』〈前掲註（7）『新修平田篤胤全集』七〉三七五～三七六頁）。

（9）松本久史「維新期平田派国学と民俗信仰――『宮比神』神像画を例にして――」（『荷田春満の国学と神道史』弘文堂、二〇〇五年）。

(10)「気吹舎日記」文政一二年三月一三日条（渡辺金造『平田篤胤研究』一〇六六頁）を初出として、「気吹舎日記」の文政一三年、天保三年、五年、九～一三年のそれぞれ三月に記録が見られる。
(11)「気吹舎日記」文政四年二月一五日条（渡辺前掲註〈10〉『平田篤胤研究』）九二七頁。
(12)『仙境異聞』（『新修平田篤胤全集』九、一九七六年）五八二～五八四頁。なお「気吹舎日記」文政四年三月一日条（渡辺前掲註〈10〉『平田篤胤研究』九二七頁）には、この日より始めるとある。
(13)『仙境異聞』五八三頁。
(14)「気吹舎日記」天保四年六月一七日条（『国立歴史民俗博物館研究報告』第一二八集）六九頁。
(15)熊澤恵里子「平田国学と教育活動」（国立歴史民俗博物館編『明治維新と平田国学』二〇〇四年）。
(16)遠藤潤『平田国学と近世社会』（ぺりかん社、二〇〇八年）。
(17)国立歴史民俗博物館蔵「平田家資料」箱六―八。
(18)「気吹舎日記」弘化二年一〇月二二日条（前掲註〈14〉『国立歴史民俗博物館研究報告』第一二八集）一九九頁。
(19)金光図書館蔵「御勧遷・御染筆・御祈禱留」嘉永六年五月一五日条。
(20)「御勧遷・御染筆・御祈禱留」安政二年三月一一日条。
(21)「気吹舎日記」安政二年四月五日条（前掲註〈14〉『国立歴史民俗博物館研究報告』第一二八集）二九三頁。
(22)「平田家資料」箱六―二〇。
(23)渡辺寛「平田篤胤の毎朝神拝詞記」（『高原先生喜寿記念皇学論集』皇學館大學出版部、一九六九年）。渡辺寛「平田篤胤の毎朝神拝詞記・追補」（『神道史研究』第一九巻第一号、一九七一年）。
(24)「気吹舎日記」文政一二年（渡辺前掲註〈10〉『平田篤胤研究』）一〇五九～一〇九七頁。
(25)谷省吾『平田篤胤の著述目録　研究と覆刻』（皇學館大學出版部、一九七六年）四六頁。
(26)「気吹舎日記」天保二年三月二九日条（前掲註〈14〉『国立歴史民俗博物館研究報告』第一二八集）三七頁。
(27)宮地正人作成「平田塾刊本目録」（前掲註〈15〉『明治維新と平田国学』所収）。
(28)谷前掲註〈25〉『平田篤胤の著述目録　研究と覆刻』四八頁。
(29)山田孝雄「玉たすき解題」（『新修平田篤胤全集』六）六頁（初出、『玉襷』青葉書房、一九四四年）。

(30)「二宗論」(秋田県公文書館所蔵「貴重書」貴八)。
(31)『出定笑語附録』一之巻上(『新修平田篤胤全集』一〇)四一五頁。
(32)以下の記述を参照のこと。「斯て下に記せる、一向宗の論と、次の巻なる日蓮宗の弁とは、前に玉襷に附て、神敵二宗論と名け置れたるを、仏道の縁に因りて、この出定笑語の附録とは為たるなり」(『出定笑語附録』一之巻上〈『新修平田篤胤全集』一〇、四一五頁〉)。「銕胤云、……扨又爰に引継ぎて、僧徒等の仏壇を飾れる状、夫に付、都ての所為の虚偽にして、唯愚俗の者をして、強て信ぜ令むと、欲する奸計なる事など、委しく論ひ置れたれども、其は出定笑語の附録に出て、早く板本と為て、世に弘め置たれば、今はた爰に出さむは、桜木の災とも云べければ、これ又略きぬ。其の説を知らんと思はむ者は、其の笑語に就て見べし」(『玉襷』一〇〈『新修平田篤胤全集』六、五七六頁〉)。
(33)遠藤潤「幕末における国学・仏教と国家——平田国学の仏教批判と仏教からの反批判——」(口頭発表)、Tokugawa Conference, Selwyn College, Cambridge, 二〇〇八年。
(34)「高玉家宛平田銕胤書簡」嘉永二年閏四月七日(「相馬地方における平田銕胤書簡」Ⅳ『國學院大學日本文化研究所紀要』第九九号、二〇〇七年)。
(35)『玉襷』(『新修平田篤胤全集』六)三〜六頁。
(36)谷前掲註(25)『平田篤胤の著述目録　研究と覆刻』九五〜九八頁。
(37)宣教使が用いた書籍に平田国学関係書が多く含まれている点については、『明治維新神道百年史』一(神道文化会、一九六八年)参照。なお、明治六年八月から七年一二月までに教部省の許可を得て刊行された教義書については、小川原正道が作成した「教義書リスト」(小川原『大教院の研究——明治初期宗教行政の展開と挫折——』慶應義塾大学出版会、二〇〇四年、九四〜一〇七頁、所載)を参照。
(38)小川原前掲註(37)『大教院の研究』一二二〜一二五頁、および、遠藤潤「「神道」からみた近世と近代」(『岩波講座宗教　三　宗教史の可能性』岩波書店、二〇〇四年)参照。
(39)常世長胤「神教組織物語」中之巻(『日本近代思想大系　五　宗教と国家』所収)。
(40)「宗教関係法令一覧」(『日本近代思想大系　五　宗教と国家』所収)。

(41) 鎌田純一「平田神社の創建」(『國學院雑誌』七四—一一、一九七三年)。
(42) 明治一一年五月二五日付、福住正兄宛平田胤雄・平田銕胤書簡(見城悌治「近代報徳思想と国学」『近代報徳思想と日本社会』ぺりかん社、二〇〇九年)。
(43) 「平田家資料」書翰一八—二一—二八—一。
(44) 『本教教会規約・好古社規則(合綴)』(豊橋市立図書館羽田八幡宮文庫蔵、和一七七—七)。樋口雄彦「伊豆における平田派国学門人の一動向——羽田直秀(富士万)宛平田銕胤書簡の紹介から——」(『沼津市博物館紀要』第一三号、一九八九年、所収)。
(45) 遠藤前掲註(38)「「神道」からみた近世と近代」参照。
(46) 藤井貞文『明治国学発生史の研究』(吉川弘文館、一九七七年)三〇頁。
(47) 同前、三二一~三三三頁。
(48) 明治一一年八月三一日付、福住正兄宛平田胤雄・平田銕胤書簡(見城前掲註〈42〉「近代報徳思想と国学」所収。一部引用者が変更し、返り点などはひらいて表記した)。
(49) Ernest M. Satow, "The Revival of Pure Shin-tau," *Transactions of the Asiatic Society of Japan* Vol.III Appendix, 1875(アーネスト・サトウ「古神道の復活」『アーネスト・サトウ神道論』庄田元男編訳、平凡社、二〇〇六年)。

あとがき

天理大学おやさと研究所で行なった研究会「開祖論・教祖論の構築・脱構築」の日程は以下のとおりである。

二〇〇八年一一月一日
幡鎌一弘　「「教祖論・開祖論の構築・脱構築」の研究会について——天理教の教祖伝——」
竹部　弘　「金光教における教祖探究の一断面——教祖の自伝的資料と伝承資料の間——」
二〇〇九年一月三一日
大谷栄一　「日蓮はどのように語られたか?——近代日蓮像の構築過程の文化分析——」
永岡　崇　「新宗教文化の脱教団的展開——思想としての教祖研究——」
二〇〇九年八月一日
宮本要太郎　「教祖が語る・教祖を語る」
井上善幸　「如来の化身としての親鸞・一学徒としての親鸞」
二〇一〇年一月二三日
武井順介　「断片化される教祖像——世界救世教いづのめ教団信者の体験談を手がかりとして——」
遠藤　潤　「平田篤胤と気吹舎——教祖論・開祖論から見た「大人《うし》」と「門人組織」——」

この企画は、宮本要太郎氏の聖伝研究に触発された幡鎌が、おやさと研究所の宗教研究会の主題として取り上げることとし、宮本氏をお誘いして始めることになった。本来、宮本氏に研究会の冒頭を飾っていただきたかったところだが、二〇〇八年度の一年間在外研究に出られたため、宮本氏の参加が翌年度からになったのは、やむないこととはいえ残念であった。

幡鎌の発想がそうさせるのだが、『戦争と宗教』（天理大学出版部、二〇〇六年）同様、新宗教（民衆宗教）を主たる対象とする研究者だけではなく、仏教・神道などの研究とも連関させて、異種（?）格闘技をしたいという思いが強く、それぞれの分野で活躍されている方にお願いをした。企画を立てるときには、宗教学における宗教概念の見直しや歴史学の動向、とりわけ日本近世史の分野で近年研究が深められた書物論（読書論）が念頭にあった。しかし、それぞれの報告の中で、仏教史・教団史あるいは近世文学（仏教文学）において教祖伝の編纂史が回顧されていたことを教わり、自身の不明を恥じるばかりであった。また、キリスト教についても寄稿していただこうとある方に依頼したが、イエス伝に論及し始めたら、キリスト教の教義学そのものをたどることになり、容易に踏み込めないと説明され、あっさりと断られた。教祖の議論の歴史は、「教団」の歴史そのものなのである。研究会に参加し、論考を寄せられた各位、あるいはやむない事情で今回論考をお寄せいただけなかった武井順介氏にも、心よりお礼申し上げる。

本研究会の企画に合わせて、二〇〇九年九月一三日、日本宗教学会第六八回学術大会（於　京都大学）でパネル「教祖伝の脱構築」をもっている。以下はその構成である。

宮本要太郎「記憶・ナラティヴ・教祖伝」

永岡　崇　「新宗教文化の脱教団的展開――思想としての教祖研究――」
幡鎌一弘　「稿本天理教教祖伝の成立」
竹部　弘　「教祖像の力学――金光教の教祖探究から――」
（司会・コメンテーター）　堀内みどり

今回の研究会の報告書である本書も、前回の『近世民衆宗教と旅』（二〇一〇年）と同じく、法藏館のお世話になった。法藏館とのご縁は、前回のあとがきにも記したとおり、元編集長の上別府茂氏と幡鎌とが研究会でご一緒したところにある。今回も、戸城三千代編集長、田中夕子氏、富積厚文氏には、大変丁寧に編集作業を進めてくださった。教義に立ち入れば立ち入るほど、宗派独特の用語がちりばめられ、門外漢には取りつきにくいところもあるが、その垣根を取り払うように注意を促していただいた。宗教文化の心得のようなものなのかもしれない。出版業界そのものが転換点を迎えていることは、この一年の間に、新聞や文庫にかわって、スマートフォンでデジタル化したそれを読んでいる人をかなり見かけるようになって、痛切に感じられるようになった。およそ利益を生みそうもない今回の企画をお引き受けいただいたことに、衷心よりお礼を申し上げたい。本書とあわせて『近世民衆宗教と旅』を読んでいただければ幸いである。

東日本大震災が起こった二〇一一年三月一一日は、忘れることのできない日になった。また、九月には台風で、奈良県・和歌山県・三重県を中心に大きな被害が出た。このような事態に際して、創唱者が信者に対して呼びかけている教団もあるが、直接その声は聞こえなくても、教祖なら震災に遭い家族や生活を失った人々に何を語り、あるいは世の中に何を問いかけるだろうか、と思いを馳せるだろう。教祖は、その存在を信じる人々の命、生活を心の中で支え続けているに違いない。

あとがきは、二〇一一年末には記し終えていたが、大桑斉氏からの年賀状の言葉が印象に残ったので、ここにその一部を紹介したい。

親鸞ならどうしたのか。ただ念仏のみという言葉が返ってくる。飢饉で死にゆく人々に、驚くべきにあらずと書き送った親鸞。呼応するように、傲慢な私が津波に会えたことをありがとういい、ただ念仏して生きる、という門徒の人の声が聞こえた。

本書の出版には、天理大学おやさと研究所から助成を受けている。天理大学おやさと研究所および学校法人天理大学にあわせてお礼申し上げる。

二〇一二年一月

幡鎌一弘

執筆者紹介（五十音順）

井上善幸（いのうえ　よしゆき）
一九七一年生まれ。龍谷大学法学部准教授。共編『問答と論争の仏教――宗教的コミュニケーションの射程――』（法藏館、二〇一二年）、論文「「行文類」における『安楽集』の引用意図について」（『真宗学』第一二三・一二四合併号、二〇一一年）ほか。

遠藤　潤（えんどう　じゅん）
一九六七年生まれ。國學院大學研究開発推進機構准教授。著書『平田国学と近世社会』（ぺりかん社、二〇〇八年）、共編著『日本史小百科神道』（東京堂出版、二〇〇二年）、論文「「神道」からみた近世と近代」（『岩波講座　宗教　三』岩波書店、二〇〇四年）ほか。

大谷栄一（おおたに　えいいち）
一九六八年生まれ。佛教大学社会学部准教授。著書『近代日本の日蓮主義運動』（法藏館、二〇〇一年）、著書『近代仏教という視座』（ぺりかん社、二〇一二年）、共著『冥顕論――日本人の精神史――』（法藏館、二〇一二年）ほか。

竹部　弘（たけべ　ひろし）
一九五九年生まれ。金光教教学研究所所長。論文「近世農民の世界観と金光大神の信仰」（『金光教学』第三八号、一九九八年）、「金光大神における超越の視座」（『金光教学』第四七号、二〇〇七年）ほか。

永岡　崇（ながおか　たかし）
一九八一年生まれ。宗教研究者。共著『憑依の近代とポリティクス』（川村邦光編、青弓社、二〇〇七年）、論文「飯降伊蔵と「おさしづ」の場――「親神」共同体の危機と再構築――」（『宗教研究』第三五六号、二〇〇八年）ほか。

幡鎌一弘（はたかま　かずひろ）
→奥付に記載

堀内みどり（ほりうち　みどり）
一九五六年生まれ。天理大学おやさと研究所教授。著書『ラーマクリシュナ』（清水書院、二〇一一年）、論文「Smrt z vidika tenrikyo（天理教の死について）」（『Zivljenje, smrt in umiranje v medkulturni perspektivi』Univerza v Ljubljani, 二〇一一年）、「北陸への天理教伝道」（『北陸宗教文化』第二〇号、北陸宗教文化学会、二〇〇八年）ほか。

宮本要太郎（みやもと　ようたろう）
一九六〇年生まれ。関西大学文学部教授。著書『聖伝の構造に関する宗教学的研究――聖徳太子伝を中心に――』（大学教育出版、二〇〇三年）、論文「聖なる都市のコスモロジー――儀礼都市から祝祭都市へ――」（木岡伸夫編著『都市の風土学』ミネルヴァ書房、二〇〇九年）ほか。

幡鎌一弘（はたかま　かずひろ）
1961年生まれ。東京大学文学部卒業、神戸大学大学院文学研究科修士課程修了、天理大学おやさと研究所研究員。
編著『近世民衆宗教と旅』（法藏館、2010年）、共著『奈良県の歴史』（山川出版社、第二版、2010年）、共著『奈良の鹿――「鹿の国」初めての本――』（京阪奈情報教育出版、2010年）、共著『戦争と宗教』（天理大学出版部、2006年）など。

語られた教祖
――近世・近現代の信仰史――

二〇一二年三月二五日　初版第一刷発行

編　者　幡鎌一弘
発行者　西村明高
発行所　株式会社　法藏館
京都市下京区正面通烏丸東入
郵便番号　六〇〇-八一五三
電話　〇七五-三四三-〇〇三〇（編集）
〇七五-三四三-五六五六（営業）

装幀者　佐藤篤司
印刷　立生株式会社・製本　新日本製本株式会社

ISBN 978-4-8318-6222-8 C3021

定価表

中井章考著	大学におけるキャリア形成支援	二,三〇〇円
岩井貴美佐藤有理編著	ダイバーシティ時代の経営学 I	一〇,〇〇〇円
木本明恵著	事例でわかる中小企業の後継者選び	一,二〇〇円
木下和也著	図解でわかる意思決定の経営学	一,七〇〇円
谷地弘安著	マネジメントの基礎	三,〇〇〇円
M.フリードマン・L.J.サヴェッジ著	効用分析と選択行為	三,〇〇五円
大塚茂雄著	日本の経営学の歩み	三,六〇〇円
鍬田一雄著	近世日本の年貢と本百姓経営	三,〇〇五円

（価格税別）